이성과 윤리학

이성과 윤리학

칸트와 현대 독일 윤리학

김 정 주 지음

철학과현실사

□ 머리말

칸트 윤리학은 이성의 윤리학이다. '이성'이란 말에 현대인들은 보통 귀를 막아버린다. 현대의 철학은 현대의 예술처럼 이성이란 말에 대한 불신에서 생겨났다. 그것은 이성이란 말을 '실존'이란 구체적 사태와 '언어'의 객관적 분석과 대립시켰다. 그렇다면 칸트의 명성은 가끔 힘든 노력 끝에 떠올리는 전통에 대한 희미한 기억에만 의존하게 되며, 오늘날 칸트에 대한 연구는 과장해서 말한다면 무의미한 작업이 될 것이다.

칸트의 이성 윤리학이 오늘날 무슨 의미가 있는가? 칸트의 도덕적 사유가 단순히 역사의 기록에만 그치지 않고 오늘날의 도덕적 문제에 대한 본질적 통찰에도 기여하고 있다고 생각하는 것은 일견 쉽지가 않다. 그럼에도 불구하고 칸트의 이성 윤리학에 대한 오늘날의 정당화는 칸트와 현대의 이성 윤리학의 관계에서 살펴볼 수 있다. 칸트 윤리학은 어쩌면 바로 얼마 후 위기 상황으로 내몰린 근대의 의식 철학에만 속할지 모른다. 근대의 의식 철학은 이성의 자기 존재와 자기 권력을 동일시하는 방정식 이론에 속한다는 비판을 받고 있다. 그것은 주체성의 점증하는 월권과 자만의 과정을 보여준다는 것이다. 그런데 현대의 지성은 자기 출생에 대한 역공에서 자신을 정의하려는 좀더 생생한 욕구도 소유하지만, 무엇이 자신 앞에 놓여 있고 그 자신의 자기 이해에서 무엇과 관계해야 하는가를 오인하곤 한다. 이런 맥락 속에서 칸트 윤리학이 현대의 문제 의식과 문제 해결에 얼마나 기여하고 있는가 하는 것은, 칸트 윤리학이 현대의 윤리적 반성의 수준에 상응하는 현대의 이성 윤리학의 정립에 얼마나 기여하고 있는가에 달려 있다. 만일 칸트 윤리학이 현대의 규범적 의식과 합치할 수 있는 가능성을 명백히 보여준다면, 근대적 의식의 오만불손에 그의 윤리학도 속해 있다는 평가는 물론, 허무주의와 힘에의 의지의 등가에 대한 니체의 정식에서 근대적 의식에 대한 최상의 철학적 표현을 발견하는 평가도 설득력을 상실할 것이다.

그렇다면 어떤 의미에서 칸트 윤리학이 현대의 윤리적 의식과 합치할 수 있는가? 이 물음에 대한 대답은 무엇보다도 먼저 철학적 사유 일반의 역사성에 대한 진지한 성찰을 요구한다. 만일 철학이 진리를 추구한다면, 철학이 역사적 상대성에 의존한다고 말하는 것은 그 고유한 의미를 상실한다고 말하는 것과 마찬가지일 것이다. 플라톤의 이데아론, 아리스토텔레스의 형이상학, 칸트의 이성비판 그리고 헤겔의 사변적 체계는 철학적 사유의 끊임없는 변화를 종식시키려는 계획을 체계화한 시도들이었다. 그들은 그들 이전의 혹은 동시대의 철학적 사색들이 당면한 지성적 문제들을 본질적으로 해결하지 못하고 줄곧 변하고 있다는 사실에 대해 불만을 가졌으며 이에 따라 역사적 의존성을 극복하고 생명력 있는 해결을 추구했다. 이런 관점에서 본다면 오늘날 지배적인 상대주의, 다원주의는 전통과의 단절을 통해 새로운 출발점에 대한 자부심을 가졌지만, 이 출발점의 고유성도 역시 상대적인 것일 뿐이다.

각 시대에는 끊임없이 변화하는 사회 상황에 따라 언제나 새로운 문제들이 등장하곤 한다. 이 새로운 문제 상황들은 그 때까지 지성의 든든한 배경으로 유지되어온 동시대의 사유와 지식으로는 당장 해결될 수 없는 한계다. 그런데 지성의 사유 는 단순히 과거의 반성으로 회귀되어선 안 되지만 지속성과 수용성의 특성도 가지고 있다. 사유를 사유하는 주체의 현실적 맥락과 분리해서 이해할 수는 없지만, 역사적 제약에 대한 사 유의 초월성은 바로 사유의 생명력을 의미한다. 생명력 있는 철학적 사유는 새 문제들을 해결할 수 있는 개념·원리·방 법·도식 등을 발견해야 한다. 그러나 그것은 문제 해결을 위 한 이론적 틀을 독창적으로 고안해내는 것이 아니라 고전적 사유 체계로부터 새로운 이론적 형상의 실마리를 발견한다. 이 에 따라 고전 철학은 새로운 문제 상황의 차원에선 현대와 거 리를 둘 수밖에 없지만, 문제 해결의 차원에선 현대 이론들의 구성에 관여함으로써 시대적 제약성을 초월하면서 자신의 생 명력을 유지할 수 있다. 칸트는, 그의 이전과 동시대의 윤리학 이 이미 오랫동안 요구되어 왔던 도덕성의 기초를 구조적으로 정확히 다루지 못했다고 생각했다. 그의 도덕적 통찰도 전적으 로 새로운 도덕적 현상의 발견이 아니라 그 당시의 윤리적 현 상의 체계적 확인과 해명이었다. 이런 맥락 속에서 하나의 고 전적 윤리학으로서 칸트 윤리학의 의미 있는 생명력은, 이 이 론이 현대의 도덕적 문제 상황을 해결하기 위한 여러 체계적 대안들로 기능하는 현대의 중요한 도덕적 이론들의 구성에 얼 마나 기여하고 있는가에 달려 있다. 달리 말하자면 칸트 윤리 학이 단순히 하나의 역사적 기록만이 아니라 현대에까지도 지속적인 생명력을 유지하기 위해선, 현대의 영향력 있는 여러 윤리적 이론들이 칸트 윤리학을 주제·목표·내용·방법·절차·개념·도식의 측면에서 변형이나 재구성 혹은 비판적 수용의 형태로 자체에 포함해야 한다는 것이다.1)

현대 철학에서 새로운 패러다임을 위한 결정적인 방법론적 전제들은 20세기의 언어적 전환(linguistic turn)에 의해 이루어졌다. 비트겐슈타인(L. Wittgenstein)의 언어 분석 철학에서의 의미 비판, 후기 비트겐슈타인의 말놀이론, 퍼어스(Ch. S. Peirce)에서 모리스(Ch. W. Morris)까지의 화용론적 기호학 그리고 언어의 의미 구성적 사용에 대한 오스틴(J. L. Austin)과 서얼(J. R. Searle)의 발견이 그런 언어적 전환의 과정에 기여했다. 이에 따라 현대 철학은 언어에 대한 공통의 관심을 가지게 되었다. 그렇다고 이것이 철학은 이제 단적으로 언어 철학이어야 함을 의미하는 것은 아니다. 그것은 고전적인 물음들을 포함한 모든 철학적 물음들, 이를테면 인식론과 학문론, 윤리학과 사회 철학, 역사학과 미학의 물음들도 어느 정도나마 언어적 개념들과 장치들로 논의될 수 있다는 것을 의미한다. 독일은 현상학과 해석학의 도움으로 앵글로색슨 계통의 언어 철학을 수용하는 데 별 어려움이 없었다.

이러한 언어적 전환의 과정에서 그러나 다른 한편으론 하이데거와 비트겐슈타인 이후 회의주의가 정점에 달하고 있다. 현대의 합리성 위기는 규범 윤리학의 가능성에 대한 반박에까지 이르고 있다. 이성의 자기 계몽이 또한 동시에 이성의 자기 비판, 말하자면 이성의 요구들에 대한 이성 자신의 비판적 검증

---

1) 지적 사유의 생명력에 관해선 R. Bubner, *Modern German Philosophy*, 1-9; D. Henrich, "Fichtes ursprüngliche Einsicht", 188-189 참조. 또한 특히 칸트에 관해선 K. Engelhard / D. H. Heidemann (Hg.), *Warum Kant heute?* 참조.

이라는 것은 칸트 이래의 철학, 특히 선험 철학의 진행 과정을 이룬다. 무엇보다도 아펠의 담론적 합리성은 최근까지 일시적으로나마 이러한 진행의 마지막 단계를 이룬다. 그러나 최근의 합리성 비판들은 담론 이론가들이 생각한 것보다 훨씬 심각하고 광범위하다. 자연과 사회의 과학기술적 통제를 거부하는 신화에 대한 관심이나 근대의 근본적 사유 기초들의 철저한 해체를 주장하는 포스트모던적 인식론 등이 확산되어 있다. 더욱이 이성 철학의 의미에 대한 물음조차도 포스트모던적 무관심과 냉담에 직면해 있다. "포스트모던적 삶의 감정은 두 요소로 짜여 있다. 첫 번째는 전체에는 더 이상 의미가 없다는 경험이고, 두 번째는 이것이 우리가 슬픔에 잠길 이유일 필요는 없다는 단호한 결심이다."[2] 이성의 유의미성에 대한 극단적인 거부는 우리에게 유희와 돈을 가져다주기도 한다. 기본적인 것, 원칙적인 것, 진지한 것에 대한 물음은 우리를 고단하게 만들기도 한다. 최근의 합리성 비판들은 윤리적으로 편협한 목적 합리성뿐 아니라 자신의 역할을 검증적 비판으로 제한하는 하버마스와 아펠의 담론적 합리성에도 관계한다. 이에 따라 담론적 합리성의 이론이, 계몽주의자들에 의해 인간적 존재의 종차(種差)로 규정되었던 이성이 인간적 존재의 일부분만 차지할 수 있다는 사실을 은폐한다면 그것은 오늘날의 비판들을 극복할 수 없을 것이다. 이런 상황 속에서, 한편으론 죽음을 향한 개별적 실존을 강조한 하이데거, 다른 한편으론 인간의 유한성을 과소평가하여 무에 직면하는 행위자의 실존을 등한시한 하버마스와 아펠을 극복하고자 하는 규범 윤리학이 제안되고 있다. 이 윤리학은 에벨링의 기초화용론적 윤리학이다. 기초화용론적 윤리학의 기초는 의식적 존재의 이성, 즉 독단적 회의와

---

2) B. Guggenberger, *Sein oder Design*, 28.

보편적 죽음에 대한 저항 의식으로서의 인간적인 보편적 실천 이성이다.

규범적 이성 윤리학을 정립하고자 하는 하버마스와 아펠 그리고 에벨링은 칸트 윤리학의 비판적 수용자들이다. 그들은 칸트처럼 그들 이전의 시대 혹은 동시대에 만연된 회의를 체계적으로 극복하고자 한다. 이때 그들은 칸트 윤리학을 단순히 지성사적 사실의 기술을 위해 주제화하지 않고 있으며, 또한 칸트 윤리학을 자신들의 고유한 이론과 비교해 평가 절하함으로써 결국 자신들의 이론을 정당화하는 식으로 칸트 윤리학을 자의적으로 오용하지 않고 있다. 그들은 칸트의 도덕적 가정들에 대한 끊임없는 지성사적 논의와 비판과의 연관 속에서 칸트 윤리학의 변형과 재구성을 수행하고 있다.3) 이 점은 또한

---

3) 헨리히에 따르면 대체로 전통적 해석 방식은 세 유형이다. "의역-설명하는 (phrasierend-erläuternd) 주해, 발생적(genetisch) 주해 및 논증적 재구성(argu-mentierende Rekonstruktion)"이 그것들이다. "설명에선 전 저서의 원문 현황이 핵심 부분들의 해석을 위해 제공된다. 발생적 주해는 철학자의 관점을 자기 자신의 저서에 전달한다. 따라서 그것은 이 저서가 어떤 난점들과 고찰들에서 생겨났는지를 보여주며, 이때 주해자는 이론의 이전 단계들을 이론 자체의 개념들로 미리 기술하지 않도록 조심해야 한다. 설명하는 주해는 모든 이해에 불가결한 최소한도이고, 발생적 주해는 원문과의 자립적인 관계 때문에 고차적인 가치를 가지고 있는데, 이는 맨 처음 저자 자신을 원문 발견의 길로 이끈 저자의 관점들을 그 발생적 주석이 명확히 하기 때문이다. 그러나 이 두 주해 형식들은 똑같이 원문 자체의 사고 연관성과 논거 연관성을 천착할 수 없는 단점을 보여준다. 설명하는 주해는, 이 연관성이 저자가 그 연관성에 주는 표현들에서 원칙상 무제한적으로 접근될 수 있다는 것을 전제로 하고 있으며, 발생적 주해는 물론 원문으로의 길을 결정하는 근거들을 전개하고 있기는 하지만 그러나 선택된 이론의 기본적 원문들을 반드시 대면한다. 재구성적 절차만이 원문을 해명하고자 한다. 그것은 맨 먼저 애매하게 남아 있는 개념들에 이것들을 명료하게 하는 정의들을 부여한다. 그리고 나서 그것은 불투명하게 표현된 복잡한 원문에서 전제들과 논거들을 따로 떼어내고, 이것들로부터 독립적인 추론들을 통해 원문의 결론들에 가능한 한 합치하는 그런 결론들에 도달하고자 한다. 따라서 그러한 재구성은 본래적으로 말하면 원문을 참된 기능을 갖고 있는 적절

칸트 윤리학의 측면에서 본다면 현대까지 이어지고 있는 칸트의 지적인 생명력을 입증한 것이다.4)

이런 맥락 속에서 필자는 칸트의 순수실천이성, 하버마스와 아펠의 담론적 이성 그리고 마지막으로 포괄적 이성이라고 말할 수도 있는 에벨링의 저항 의식 혹은 의식적 존재에 기초한 규범적 이성 윤리학의 여러 이론들을 체계적으로 설명하고 또한 상호 비교하고자 한다. 이때 필자는 그들의 이론들을 논의하면서 이성의 옹호를 시도할 때, 이성과 윤리학이라는 큰 틀에서 특히 합리성과 사회성, 합리성과 인간성, 인간성과 도덕성, 도덕성과 숙명성 사이의 관계에 주목할 것이다.

이 책은 모두 2부로 구분되어 있다. 제1부는 칸트 윤리학에 관한 내용이고 제2부는 현대 독일 윤리학에 관한 내용이다. 칸트와 현대 독일 윤리학에 대한 필자의 서술들은 전혀 독창적인 해석들이 아니다. 그러기엔 필자의 능력은 한계가 뚜렷하다. 하버마스와 아펠에 대한 연구는 독일 유학 시절 필자의 부전공 공부와 깊은 관련이 있다. 그들에 대한 필자의 서술은 근본적으로 이미 유학 시절에 축적된 지식들에 근거하고 있으며, 어떻게 보면 단순히 이러한 근본적인 입장들의 발전적 확대이자 심화일 따름일지 모른다. 필자는 원래 독일에서 개신교 신학을 부전공으로 공부하고 싶었지만, 필자의 거주 지역인 쾰른에선 가톨릭 신학을 공부할 수밖에 없었다. 하버마스와 아펠에

한 도출의 도식으로 번역하는 것이다"(D. Henrich, *Identität und Objektivität*, 9-10).

4) "천재적 인간은 역설적으로 그리고 틀리게 서술한다고 하더라도, 그래도 사람들은 그로부터 언제나 그 무언가를 배운다. 천재에 의해 서술된 것에 대해선 사람들은 숙고해야 한다"(I. Kant, *Vorlesung über Enzyklopädie*, 85 : (재인용) D. Henrich, "Über die Einheit der Subjektivität", 30).

대한 필자의 견해는, 필자가 부전공 과목으로 선택한 가톨릭 조직신학의 연구 모임(휜 교수님의 인도 아래 석·박사 과정 대학원생들의 모임)에서 6학기 동안 집중적으로 다루었던 내용들을 국내에서의 지속적인 관심과 체계적인 연구를 통해 확대하고 심화한 결과다. 그러므로 하버마스와 아펠에 대한 필자의 견해는 본질적으로 휜 교수님의 것일지도 모른다는 생각이 든다. 그리고 또한 한스 에벨링에 대한 연구의 단초도 위의 연구 모임에서 찾을 수 있다.

이 책은 다음과 같은 고려 사항들을 포함하고 있다.

1. 현대 독일학자들(하버마스·아펠·에벨링)의 이성 윤리학에 대한 본 글들은, 물론 필자가 이미 지면을 통해 밝힌 다수의 논문들에 기초하고 있지만, 그러나 이 논문들을 단순히 보완하는 데 그치지 않고 개념과 내용 그리고 방법의 차원에서 체계적으로 심화하여 확대하고 있다. 어떤 개념과 내용 그리고 방법이 기존의 논문들에 첨가되어 있는가 하는 것은, 해당된 각 글의 첫머리에서 상세히 설명될 것이다.

2. 약칭은 참고 문헌 속에 표시되어 있다.

3. 이 책에선 내용과 인용이 반복된 곳이 눈에 띈다. 이것은, 칸트로부터 시작해서 하버마스와 아펠을 거쳐 에벨링으로 나아가는 이 책의 체계적 구성을 위해 각각의 글이 무엇보다도 선행된 글들에 대한 일관된 분석과 비판에서부터 시작하기 때문이다.

자유 경쟁과 효율성을 강조하는 신자유주의적 시장경제의 이념이 지배하고 있는 오늘날에 인문학은 부가가치를 별로 창출하지 못하는 비실용적인 학문으로 홀대받고 있다. 이런 가운데서 졸저의 출판을 기꺼이 허락해준 [철학과현실사]에 더할 나위 없는 감사를 드리고 싶다. 제 학문의 스승들이신 한전숙 교수님과 뒤징(K. Düsing) 교수님, 또한 횐(H.-J. Höhn) 교수님의 은혜는 어느 순간에라도 망각할 수 없다. 또한 늘 옆에서 교훈과 용기를 주는 아내, 제 삶의 동기와 의미를 새롭게 해준 늦둥이 외아들 융, 그리고 제 삶에 언제나 책임과 동시에 희망을 허락하신 하나님께 고마움을 전하고 싶다.

2009년 3월 8일

김 정 주

이성과 윤리학
<u>　　　　　　　　　　</u>
차 례

차 례

제1부
칸트 윤리학

제1장
칸트의 『실천이성비판』에서 도덕 법칙과 자유

1. 『실천이성비판』의 구조

칸트의 비판 철학은 인간의 이성이 세 가지 관점에서 입법자라는 것을 입증한다. 오성이 시간과 공간 속에서 감성에 주어지는 모든 자연적 현상들에 자신의 고유한 사유 형식들인 범주들을 부여함으로써 자연의 합법칙성을 산출하면, 자연의 본질에 대한 선천적 인식들로 이루어진 자연의 형이상학(존재론으로서의 일반 형이상학)이 성립한다. 반성적 판단력은 자연을 선천적으로 인식될 수 있는 전체로 가능하게 하는 법칙을 자기 자신에게 부여한다. 실천이성, 더 정확히 말하면 순수실천이성은 모든 감성적 경향성으로부터 독립된 도덕성의 근본 법칙을 우리 의지의 선천적 규정 근거로 제시하며, 이를 통하여 자유는 순수실천이성의 고유한 입법으로서의 자율로 규정된다. 이에 따라 칸트에겐 순수한 이성 인식으로서 "철학은 인간적 이성의 입법"에 대한 이론이다.1) 인간의 선천적 능력이 입법하는 두 영역은 자연의 영역과 자유의 영역이다.[2] 오성의 입법은 현상들의 총체로서의 자연의 합법칙성을 산출하고, 이성의 자기 입법은 법칙의 표상에 따른 활동의 능력으로서의 의지를 규정한다. 자연의 법칙과 자유의 법칙은 인간의 오성과 이성을 통해 가능하다.

칸트 윤리학의 기초는 순수실천이성이다. 칸트 윤리학은 인간의 내재적 순수실천이성에 기초할 따름이며, 신·최고선·행복에의 성향·상식·감성적 본능에 기초하지 않는다. 그것은 도덕성의 기초에 대한 이성의 순수한 인식이다. 이런 의미에서 칸트 윤리학은 "순수한 윤리학" 혹은 "이성 윤리학"으로 규정될 수 있다.[3] 그에겐 윤리학과 자유론은 동일한 것이다. 말하자면 도덕 법칙은 그 전제로서의 자유에 이르며, 반대로 자유는 도덕 법칙과의 결합이 없이는 "불합리한 것"이 된다.[4] 칸트 윤리학은 도덕적 통찰을 그 구조·원리·작용 그리고 마지막으로 목적의 왕국과의 관련에서 규정한다. 확실한 것은 칸트에겐 도덕은 자유 없이는 생각될 수 없고 자유는 도덕 법칙 없이는 생각될 수 없다는 것이다.[5]

칸트 윤리학은 주어진 객체의 인식에 대한 해명을 목표로 삼는 것이 아니라 우리의 행위를 통해 존재해야 할 것에 대한

---

1) Refl. 4925 (XVIII 30).

2) KdU XII.

3) H. J. Paton, *The Categorical Imperative*, 23-25 참조.

4) A 39=B 56. B 70 참조. 어떤 것이 "불합리한 것(Unding)"이라는 것은 그것이 자기 모순성, 사유 불가능성을 포함한 것임을 의미한다. 또한 A 292=B 348 참조.

5) "그러므로 자유와 무조건적 실천 법칙은 상호 의거한다. 그런데 여기서 나는 그것들이 또한 실제로도 서로 다른 것들인가, 아니면 오히려 무조건적 법칙은 단순히 순수실천이성의 자기 의식이 아닌가, 그러나 이 순수실천이성은 자유의 적극적 개념과 전적으로 일치하는가를 묻지 않는다"(KpV 52).

이성의 순수한 인식이다. 윤리학의 탐구 대상은 이론적 인식으로서가 아니라 실천적 인식으로서, 즉 "대상들 자체의 현존의 근거가 될 수 있는 한에서의 인식"이다.[6] 그런데 윤리학의 대상은 인식론의 대상과 다르지만, 윤리학의 목표를 달성하기 위한 방법은 인식론의 방법("코페르니쿠스적 혁명")에 따른다. 이에 따라 특히 『실천이성비판』을 중심으로 칸트 윤리학을 다루고자 한다면, 우리는 무엇보다도 먼저 『순수이성비판』의 과제와 방법을 살펴본 후, 그러고 나서 『실천이성비판』의 과제와 방법을 다루어야 한다.

1) 『순수이성비판』의 과제와 방법

(1) 『순수이성비판』의 일반적 과제 : 선천적 종합 판단의 탐구

칸트 인식론의 일반적 질문은 "어떻게 선천적 종합 판단이 가능한가"다. 모든 판단은 최소한 기본적으로 정언적 판단 형식('S는 P다')에 따르는 주어 개념과 술어 개념의 결합이다. 가언적 판단 형식('A가 B라면 C는 D다')과 선언적 판단 형식('A는 B이거나 C다')에 따르는 판단은 판단들 사이의 관계다. 모든 판단은 후천적이거나 선천적이다. 어떤 것이 '후천적'이라는 것은 그것이 경험, 더 정확히 말해서 경험의 내용을 구성하는 감각들로부터 도출된다는 것을 의미한다. 따라서 '후천적' 판단은 '경험적' 판단을 의미한다. 어떤 것이 '선천적'이라는 것은 그것이 어떤 경험이나 감각에도 의존하지 않는다는, 즉 경험적이지 않는다는 소극적인 의미뿐 아니라 엄밀한 보편성과 필연성을 가지고 있다는 적극적인 의미도 포함한다. '선천적'이라는 말은 보통 '순수한(rein)'이라는 말과 동일한 의미로 사

---

6) KpV 80.

용된다. 어떤 것이 선천적이라는 것은 어떤 것이 논리적으로 (시간적이 아니라) 경험에 선행하면서, 즉 논리적으로 경험과 상관이 없으면서 동시에 이 경험을 필연적으로 가능하게 한다는 것을 의미한다.

모든 판단은 분석적이거나 종합적이다. 분석 판단이란 우리가 대상들을 지시하는 어떤 주어진 개념(주어 개념)을 단순히 모순율에 위배되지 않으면서 경험과 상관없이(선천적으로) 분석하여 주어 개념으로부터 술어 개념을 도출하고, 그러고 나서 이 두 개념을 결합할 때 생기는 판단이다. 따라서 분석 판단의 진리는 이 판단에서 사용된 주어 개념의 의미론적 분석에 의해 통찰될 수 있다. 만일 도출된 술어가 주어를 부정한다면 이 판단은 논리적으로 모순이 된다. 그러나 분석 판단은 주어진 주어 개념 속에 함축되어 있는 것만을 술어 개념에서 명석하고 판명하게(klar und deutlich) 할 뿐 주어가 가리키는 대상의 인식은 증가시킬 수 없다. 따라서 인식의 문제를 다루고자 하는『순수이성비판』은 분석 판단을 주제화하진 않는다. 우리의 인식을 증대시키는 판단은 반드시 종합적이어야 한다. 그리고 필연적으로 우리의 인식을 증대시키는 판단은 선천적 종합 판단이다. 따라서『순수이성비판』은 선천적 종합 판단을 일차적 탐구 대상으로 삼아야 한다.

종합 판단은 분석 판단의 부정이 모순을 포함하지만 모순 없이도 반박될 수 있다. 왜냐하면 종합 판단은 우리가 주어로부터 이 주어에 포함되어 있지 않은 술어로 이행함으로써 형성되는 판단이기 때문이다. 그것은 후천적이거나 선천적이다. 종합 판단의 가능성은 어떻게 우리가 주어와 술어를 결합시키는 제삼의 사태를 발견할 수 있는가에 달려 있다. 후천적 종합 판단의 경우에 우리는 이 '제삼자(Drittes)'를 전혀 어려움 없이 발견할 수 있다. 즉, 주어 개념이 지시하는 대상을 경험적으로 지각함으로써, 정확히 말해 대상을 현실적으로 경험함으로써 발견할 수 있다.7) 따라서 후천적 종합 판단은 경험적 대상 자체에 대한 판단, 즉 객관적으로 타당한 판단이다. 물론 이 경우에 경험의 대상이 무엇을 의미하는가가 먼저 문제시되어야 한다.

만약 주어 속에 포함되어 있지 않은 술어가 선천적인 경우, 즉 경험과 상관이 없고 엄밀한 의미에서의 보편성과 필연성을 갖는 경우, 그 술어를 포함한 판단은 선천적 종합 판단이다. 그런데 종합 판단이 객관적으로 타당한 인식이라면, 선천적 종합 판단의 객관적 타당성은 이 선천적 종합 판단이 경험과 상관 없이 보편성과 필연성을 포함한 채 객관적으로 타당한 인식이 라는 것을 의미한다. 이 같은 선천적 종합 판단을 가능하게 하는 제삼자를 발견하기란 결코 쉽지가 않다. 단 선천적 종합 판단들을 정당화하는 제삼자는 마찬가지로 선천적이어야 한다. 『순수이성비판』의 과제는 이 제삼자를 시간과 공간이라는 순수 직관들에서, 좀더 정확히 말하면 이 순수 직관들이 경험의 가능성의 선천적 조건들인 이상 가능한 경험의 선천적 조건들에서 발견하는 것이다. 칸트는 보통 이 경험의 선천적 조건들 일반(시간과 공간의 순수 직관들만이 아니라)을 "경험의 가능성"으로 표현한다.8) 그런데 순수한 수학과 순수한 자연과학과 형이상학은 선천적 종합 판단들로 구성되어 있는 체계들이다. 따라서 "어떻게 선천적 종합 판단은 가능한가" 하는 『순수이성비판』의 일반적 물음은 세 종류의 특수한 문제들, "어떻게

---

7) A 8, B 12 참조.

8) A 156=B 195, A 157=196, A 217=B 264, A 732-733=B 760-761, A 766=B 794 참조. 또한 A 155=B 194, A 158=B 197 참조.

순수한 수학이 가능한가", "어떻게 순수한 자연과학이 가능한가", "어떻게 형이상학이 한편으론 자연 소질로서 그리고 다른 한편으론 학문으로서 가능한가"라는 문제들을 포함하고 있다.

"어떻게 … 가능한가"로 표현되는 학문들의 정초에 대한 문제를 다룰 때, 우리는 수학과 자연과학의 진리(객관적 타당성)를 의심하지 않는다. 순수한 수학과 순수한 자연과학의 진리 요구가 아니라 항상 사실로서 전제되어 있는 수학과 자연과학의 진리의 가능성이 고려되는 한, 과연(ob) 수학과 자연과학이 실제로 참된가 어떤가, 즉 과연 이 학문들이 실제로 그 대상들과 합치한가 어떤가가 문제가 아니라, 어떻게(wie) 수학과 자연과학이 가능한가만이 문제가 된다. 선천적 종합 판단의 가능성에 대한 『순수이성비판』의 일반적 물음은 특히 학적인 형이상학의 정초에 관계한다. 제1『비판』의 원래의 과제는 형이상학 정초다. 그런데 경험의 한계를 넘어서는 선천적 인식임을 자임하는 형이상학적 사유가 수학과 자연과학의 판단처럼 어려움 없이 참되게 수용될 수 있는 것은 아니다.9) 첫째, 예컨대 수학은 시간과 공간의 순수 직관들에 의존하지만 형이상학은 순수한 직관이든 경험적 직관이든 아무런 감성적 직관도 필요로 하지 않는다. 또한 우리에겐 지성적 직관도 부재하다. 그러므로 우리는 예컨대 세계의 시초(혹은 세계의 시초의 부재)를 직관할 수 없다. 둘째, 형이상학은 감성적 경험을 초월하므로 경험의 차원에서 확증될 수 없다. 셋째, 형이상학에서 사용된 선천적 이성은 주로 객체들에 대한 우리 개념들을 단순히 분석하기만 한다. 그러나 이성의 분석 자체는 우리의 인식을 확장시킬 수 없고 단순히 우리의 개념들을 명석하고 판명하게 할 따름이다.10) 따라서 우리는 무엇보다도 먼저 과연 형이상

---

9) A 4-6=B 8-10 참조.

학이 수학과 자연과학처럼 가능한가 어떤가, 즉 참된 선천적 종합 판단들로 이루어져 있는가 어떤가를 물어보고, 그러고 나서 만일 형이상학이 참된 학문으로 가능하다면, 어떻게 형이상학이 참된 학문으로 가능한가를 물어봐야 한다.11)

칸트는 선험적 감성론과 진리의 논리학인 선험적 분석론에서 인식 능력들(감성과 오성)에 대한 반성적 이론, 즉 선험적 인식론을 통해 『순수이성비판』의 일반적 물음, 즉 학적 형이상학의 본질을 표현하는 선천적 종합 판단의 가능성에 관한 물음을 해결하고자 한다. 간단히 말해서 우리의 오성이 시간과 공간 속에서 직관적으로 주어지는 모든 현상들에 자신의 고유한 판단 형식들인 범주들을 부과해서 자연 현상들의 합법칙적 통일성을 산출하면, 자연의 본질에 대한 선천적인 종합적 인식들로 이루어지는 자연의 일반 형이상학(존재론)이 성립한다. 여기서 우리가 인식할 수 있는 것은 감성적 현상들일 뿐이며, 초감성적 세계의 형이상학적 인식은 불가능하다. 그럼에도 불구하고 우리에게 이성이 있는 한 우리는 경험의 한계를 넘어서 초감성적 물자체의 영역들, 즉 독단적 특수 형이상학의 예지적 대상들인 자유, 영혼의 불멸, 예지적 세계, 신 등에게 접근하고자 하는 형이상학적 충동도 불가피하게 느낀다. 이 문제를 다루는 부문이 바로 가상의 논리학인 선험적 변증론이다. 이 선험적 변증론에선 사변적 추론 능력으로서의 협의의 이성이 문제시된다. 오성이 이성에 넘겨주는 모든 경험적 판단들은 조건적인 것들이다. 왜냐하면 그 경험적 판단들은 모순 법칙이

---

10) A 65=B 90 참조.

11) H. J. Paton, *Kant's Metaphysics of Experience*, 제1권, 80–82 참조. 선험적 변증론은 제외하고,『순수이성비판』의 과제와 방법에 대한 서술 내용은 대체로 졸저『칸트의 인식론』(19–37, 148–149)에서 발췌된 내용이다.

아니라 인과 법칙에 의해서 이루어지기 때문이다. 그러나 모든 자연 현상들은 제각기 원인을 가지고 있다는 선천적 법칙을 자연에 부여하는 우리의 인간적 오성은 현상들의 원인들을 한 단계씩 무한히 추적해나갈 수밖에 없다. 이에 반해 우리의 이성은 무조건적 통일의 표상들을 발견해서 인과적으로 조건지어진 현상들의 무한한 계열을 하나의 통일로 파악하고자 한다. 이 표상들이 바로 이성의 개념들인 이념들이다. 정언 판단이 모든 우유성들의 근거가 되는 실체의 범주를 산출하는 것처럼, 이성의 정언적 추론은 우리의 모든 심리적 표상들의 근거가 되는 절대적 사유 주체의 무조건적 통일의 이념, 즉 영혼 (Seele)의 이념을 산출한다. 가언 판단이 인과성의 범주를 산출하는 것처럼, 이성의 가언적 추론은 인과적으로 조건지어진 현상들의 무한한 계열에 대한 무조건적 통일의 표상, 즉 세계 (Welt)의 이념을 산출한다. 마지막으로 선언 판단이 실체들 사이의 상호 작용의 범주를 산출하는 것처럼, 이성의 선언적 추론은 사유 일반의 모든 대상들의 무조건적 통일의 이념, 즉 최고 존재자로서의 신(Gott)의 이념을 산출한다. 따라서 영혼, 세계, 신의 이념들은 우리의 이성 활동에 의해 생기는 이성 자신의 개념들이다.

이성은 오성에게 자신의 이념들을 부여해서 다양한 오성적 인식들에서 체계적 통일을 산출한다. 이처럼 이념들의 규제적 (regulativ) 사용으로 인하여 우리의 인식은 전체성과 통일성에 도달하게 된다. 그러나 만일에 이성이 이념들을 구성적으로 (konstitutiv) 사용해서, 마치 합리적 형이상학자들이 한 것처럼 객관적 실재의 선천적 인식들을 줄 수 있다고 가정한다면, 이런 가정은 잘못된 추리만을 낳는다.12) 변증론, 특히 이율배

---

12) 모순율은 칸트에 따르면 모든 분석 판단의 충분 조건으로서 형식 논리학의

반에 따르면 비록 이성이 본성상 감성에 주어진 것을 넘어서서 조건지어진 것으로부터 무조건적인 것으로 나아갈지라도, 이성이 이념들을 물자체에 적용하여 이 물자체에 대한 객관적인 선천적 인식을 낳는다고 한다면 이것은 모순에 빠진다. 이성의 이념들로부터의 모든 이론적 인식은 단적인 가상이라는 것이 선험적 변증론의 결과다. 그러한 모순은, 우리가 불가지적 물자체를 현상들과 구별하여 우리의 선천적 인식의 대상은 현상적 세계일 따름이라는 것을 밝힌다면 해결된다. 그 대신에 영혼, 세계, 신과 같은 특수 형이상학의 대상들은 칸트의 도덕 형이상학에서 실천이성에 의해서 요청들로 이끌어지며 도덕적 가정들로 정당화될 수 있는 것들이다. 도덕적 경험에 근거하는 합리적 신앙이 또한 우리의 이론적 인식의 제한을 어느 정도 극복하게 할 수 있다. 그런데 만일 우리가 현상계의 구성적 개념들인 범주들을 궁극적 실재에 적용할 수 있다고 가정하면, 예컨대 원인과 결과의 범주를 물자체에 적용할 수 있다고 가정하면, 도덕성을 위해 필수적인 자유는 명백히 불가능하게 된다.13)

최상의 원칙이지만, 참된 종합 판단에 관해선 "소극적" 조건일 따름이다. 왜냐하면 분석적 사고는 주어 개념만 주어지면 모순율에 맞추어 이 주어에서 술어를 도출하면 되지만, 사고가 대상의 인식이 되기 위해선 모순율과 같은 사고의 형식 논리적 원칙을 위배해선 안 될 뿐 아니라 또한 주어지는 대상도 필요로 하기 때문이다. A 58-60=B 82-84, A 150-152=B 189-191 참조. 그런데 합리적 형이상학자들은 단지 모순율을 근거로 범주들을 분석함으로써 사물 일반에 대한 선천적인 종합적 인식들을 획득할 수 있다고 주장한다. 그러나 이러한 분석은 칸트의 견해에 따르면 대상의 개념들을 명석하고 판명하게 할 뿐 어떤 대상의 인식도 낳을 수 없다.

13) B XXVIII-XXIX.

(2) 『순수이성비판』의 방법 : 코페르니쿠스적 전환과 논증 방식

　『순수이성비판』의 일반적 과제를 해결하기 위해 칸트는 "코페르니쿠스적 전환(Kopernikanische Wende)"의 방법을 제안한다. 만약 우리의 인식(인식 능력과 인식 작용)이 지금까지의 탐구 방식처럼 대상에 근거한다면 우리는 단지 대상에 대한 경험적 인식만을 획득할 뿐이지만, 대상이 우리의 인식에 근거한다면 우리는 대상에 대한 선천적 인식을 획득할 수 있다.[14] 말하자면 우리의 인식 능력이 주어진 사물들에 본질적 특성들을 자발적으로 부여하기 때문에 그 사물들의 본질적 특성들에 대한 선천적 인식을 산출할 수 있다. 이 점은 선천적 인식의 가능성에 대한 칸트 자신의 혁명적이고 역설적인 견해다. 따라서 선천적 종합 판단의 가능성에 대한 문제를 해결하기 위해서는 인식 능력들과 인식 작용들, 그리고 이 인식 능력들에 근거하는 인식 조건들에 대한 문제가 먼저 다루어져야 한다. 이러한 문제를 다루는 이론은 간단히 말해서 인식론이다. 그런데 위의 인식 방식들이 선천적인 것들인 한 이것들을 문제 삼는 인식론은 "선험적"이다.[15]

　선험적 인식론은 선천적인 것, 즉 대상들의 선천적 인식과 이 선천적 인식의 요소들을 다루는 반성적 학문이다. 수학과 자연과학(순수한 수학의 분야와 순수한 논증적(diskursiv) 분야를 포함한 순수한 물리학)과 특히 형이상학(한편으론 진리 요구와 상관없이 논증적 원칙들을 매개로 해서 초감성적인 것으로 나아가는 이론적 초월과 다른 한편으론 엄밀히 학적인 형이상학)의 본질을 이루고 있는 선천적 종합 판단의 가능성

---

14) B XVI-XVII, B XXII 주석, A 92=B 124-125, A 128-129, B 166-167 참조.
15) B 25, 또한 A 11-12. 이러한 인식론적 시도는 무엇보다도 J. Locke가 수행했다(*An Essay Concerning Human Understanding*, 특히 "Introduction" 참조).

을 정당화하고자 하는 칸트의 인식론은 그 자체가 선험적 이론이기 때문에 그것은 엄밀한 의미에서의 선천적 인식들, 수학과 자연과학과 형이상학과는 다른 이론적 위상을 가지고 있다. 선험적 인식론은 감성적 대상들로 향하는 수학과 자연과학, 초감성적 대상들에 관계하는 형이상학처럼 직접적으로 대상들로 향하지 않는다. 그것은 대상이 감성적이든 초감성적이든, 실재적이든 관념적이든 이 대상 자체에 관계하는 학문과는 전연 다른 인식 반성의 학문이다. 모든 선천적 인식이 선험적 인식은 아니다. 수나 삼각형과 같은 관념적 대상들을 다루는 수학은 물론 객관적으로 타당하지만 결코 선험적, 반성적, 비판적 학문이 아니다. 수학이 객관적 인식을 준다는 것을 보여주는 이론만이 선험적이라 불릴 수 있다.

엄밀한 의미에서의 선천적 인식들(수학·자연과학·형이상학)의 가능성을 다루는 선험적 인식론은, 선천적 인식들의 필연적 조건들을 분석하여 이 인식들의 조건들로서 순수 직관들(시간과 공간)과 순수한 논증적 개념들(실체나 원인 같은 오성의 범주들 등)을 발견하는 이론이다. 이처럼 선험적 인식론은 엄밀한 의미에서의 선천적 인식들과 이 선천적 인식들을 구성하고 있는 인식 요소들(시간과 공간이라는 우리의 순수 직관들, 오성의 범주들과 이성의 이념들을 포함한 우리의 순수 개념들)을 다루는 반성적 이론이다.

이때 모든 선천적인 것은 우리 마음의 인식 능력에 기인한다. 따라서 선험적 인식론은 인식 능력에서 선천적인 것의 근원을 발견해야 한다. 그런데 선천적인 것의 근원을 인식 능력에 둔다는 것은 그 선천적인 것이 객관적으로 타당하다면 결국 그것이 관계하는 대상은 마음과 아무 상관이 없는 물자체일 수 없으며 오직 시간·공간적 현상일 따름이라는 결론을 낳는다. 그러므로 선험적 인식론은 선천적 인식(엄밀한 의미에선 완전한 선천적 인식으로서의 선천적 학문을 의미하고, 넓은 의미에선 또한 이 학적인 인식의 요소들도 포함하는 선천적 인식)에 대한 반성적 이론인 한, 일차적으로 선천적인 것의 '주관적 근원'들인 감성과 오성(상상력도 포함)과 이성을 다루며, 그러고 나서 이 주관적 근원들에 근거한 선천적인 것의 '객관적 타당성'과 이 객관적 타당성의 '범위와 한계'도 규정한다.16)

"어떻게 선천적 인식은 가능한가"를 다루는 칸트의 논증 방식은 선험적 연역의 초판에서 설명된 것처럼17) 두 가지 방식, 즉 분석적 혹은 역행적 방식과 종합적 혹은 전진적 방식으로 이루어져 있다. 분석적 혹은 역행적 논증은 조건지어진 것으로부터 조건으로 상승하는 방식이다. 만일 우리가 경험의 필연적 조건들을 미리 전제하지 않고 먼저 우리의 경험을 주어진 사실로 받아들이고 나서 그런 후에 이 경험 속에 필연적으로 포함되어 있어야 하는 여러 조건들(예컨대 통각의 통일, 범주들, 선험적 도식들, 순수 오성 원칙들)을 발견하고자 한다면, 이러한 유형의 경험 분석은 경험적 인식의 최하위 단계인 지각으로부터 출발한다는 의미에서 역행적 논증 절차다. 그러나 경험 분석이 포함하는 방법적 성격은 순환 논증의 가능성이 있다. 만일 우리가 한편으론 예컨대 범주들이 주어진 경험의 필연적 조건들이기 때문에 언제나 경험에서 발견된다고 주장하고, 다른 한편으론 범주들이 언제나 경험에서 발견되기 때문에 경험의 필연적 조건들을 이룬다고 주장한다면, 우리는 순환 논증에

---

16) A XII, A 10, B 23, A 57=B 81, A 154=B 193.
17) 칸트는 선험적 연역의 초판에서 "본래의" 설명을 제3절(A 116-126)에서 행한다. 그런데 그는 A 116-119에서만 종합적 증명 방식을 택한 "본래의" 설명을 하고, A 119-126에선 또다시 분석적 증명 방식을 택한 "예비적" 설명의 길을 따른다.

빠질 것이다.

우리가 경험의 필연적 조건들로서 예컨대 범주들을 정당화하고자 한다면, 종합적 혹은 전진적 논증 절차를 밟아야 한다. 이 전진적 절차는 조건으로부터 조건지어진 것으로 하강하는 방식이다. 이 전진적 논증 절차를 통해 우리는 범주들을 경험과 상관없이 주제화할 수 있다. 이 같은 방식으로만 우리는 경험에서 발견되는 경험의 필연적 조건들을 순환 논증의 가능성을 배제하면서 올바르게 논의할 수 있다. 그러기 때문에 분석적 혹은 역행적 논증은 "예비적인" 것인 데 반해 종합적 혹은 전진적 논증은 "본래의" 완전한 것으로 여겨진다.18) 그런데 전진적 논증은 주로 경험의 필연적 조건들의 선험적 특성과 관계하기 때문에, 경험 안의 경험적 요소들은 정초 과정에서 중요한 역할을 맡지 못한다.

2)『실천이성비판』의 과제와 방법

(1)『실천이성비판』의 일반적 과제 : 순수실천이성의 해명

칸트 윤리학의 기초는 순수실천이성이다. 그러기 때문에 『실천이성비판』의 일반적 과제는 "순수실천이성이 있다는 것을 단적으로 해명해야 한다"는 것이다.19) 이러한 일반적 과제를 해결하기 위한 『실천이성비판』의 프로그램은 분석론에 집

---

18)『순수이성비판』에서 본래 전개되고 있는 논거는 전진적 혹은 종합적 논거다. 반면에『형이상학 서론』은 역행적 혹은 분석적 논거에 따른다 : Prol., Vor. (IV 263), §4 (IV 274-275) 참조. 이런 논거들에 관해선 특히 H. J. Paton, *Kant's Metaphysics of Experience*, 제1권, 130, 457, 476 참조.

19) KpV 3.『실천이성비판』의 일반적 과제와 방법에 대한 명쾌한 서술에 관해선 특히 M. Baum, *Die transzendentale Deduktion in Kants Kritiken*, 177-179 참조.

약되어 있다. 우선 "이러한 분석론은 순수이성이 실천적일 수 있다는 것, 즉 그 자체로 모든 경험적인 것과 상관없이 의지를 규정할 수 있다는 것을 해명한다. 더욱이 순수이성으로 하여금 우리에게 자신을 실제로 실천적인 것으로 증명하게 하는 사실 (Faktum)을 통해서, 말하자면 순수이성으로 하여금 의지를 행위하게끔 규정하게 하는 도덕성의 원칙에서의 자율을 통해서, 분석론은 그러한 것을 해명한다. 이 분석론은 동시에, 이 사실은 의지의 자유에 대한 의식과 불가분하게 결합되어 있으며, 아니 그것과 하나라는 것을 보여준다."20)

『실천이성비판』의 일반적 과제를 수행하기 위한 분석론의 위와 같은 프로그램은 우선 다음과 같은 네 가지 소과제들을 제시한다. 첫째, 윤리적 논의의 출발점은 선악과 같은 의지의 객체들이 아니라 오히려 의지의 원칙으로서의 실천 법칙이어야 한다. 이를 위해 『실천이성비판』은 역설적 탐구 방법("코페르니쿠스적 혁명")을 필요로 한다. 둘째, 도덕 법칙의 근본적 특징들이 무엇인가가 논의되어야 한다. 셋째, 순수이성은 순수실천이성의 사실을 통해 자기 자신을 순수실천이성으로 입증해야 한다. 넷째, 도덕 법칙은 자율의 법칙이어야 한다. 그런데 칸트는 "순수실천이성이 있다는 것을 단적으로 해명해야 한다"는 『실천이성비판』의 일반적 과제를 해결하기 위해 먼저 소과제들을 해명하며, 그리고 나서 이 해명의 전제들과 결론들을 토대로 "순수실천이성의 원칙들의 연역"에 대한 절에서 도덕 법칙과 이와 함께 자유의 연역에 대한 문제를 논한다. 그는 이 같은 논의들을 통하여 『실천이성비판』의 일반적 과제를 체계적으로 완수한다.21) 도덕 법칙과 이와 함께 자유의 연역

---

20) KpV 72.

21) 『실천이성비판』에 대한 이러한 주제적 설명은 『도덕형이상학 정초』의 설

에 대한 논의는 결국『실천이성비판』의 체계적 완성이다. 이에 따라 "최고선의 명칭 아래 순수실천이성의 대상의 무조건적 전체성"을 규정하려는 시도에 근거하는 변증론은『실천이성 비판』의 일반적 과제를 다루지 못한다.[22] 이러한 주제적 탐구의 의미에서『실천이성비판』에서의 분석론과 변증론의 구분은『순수이성비판』에서의 분석론과 변증론의 구분과 본질적으로 유사하다.

(2)『실천이성비판』의 방법 : 코페르니쿠스적 전환과 논증 방식

『순수이성비판』의 전제들에 따르면 객체를 인식하기 위해서는 우리는 한편으론 주어진 객체의 감성적 직관과 다른 한편으론 직관된 객체를 사유하기 위한 개념을 필요로 한다. 이때 우리는 직관과 개념의 통합을 통한 객체의 인식을 판단에서 수행한다. 만일 판단의 술어 개념이 경험적 개념이라면 이판단은 경험 판단이고, 만일 판단의 술어 개념이 범주라면 이판단은 순수 오성의 원칙이다.

윤리학은 주어진 객체의 인식에 대한 해명을 목표로 삼는 것이 아니다. 그것은 우리의 행위를 통해 존재해야 할 것에 대한 이성의 순수한 인식이다. 그러므로 그것은 이성적 존재의 의지에 대한 해명, 즉 이성적 존재에 의해 인식되는 주어진 객체들과의 연관성 속에서가 아니라 이성적 존재에 의해 실현되어야 하는 객체들과의 연관성 속에서 바로 이 이성적 존재의 인과성에 대한 해명을 목표로 삼는다. 칸트에겐 "의지란 어떤 법칙의 표상에 합당하게 행위하게끔 자기 자신을 규정하는 능

명 과정과 본질적으로 유사한 측면이 있다. 이『정초』의 제2장에선 정언명법이 다섯 가지 정식으로 표현되고 있으며, 제3장에선 연역의 문제가 논의된다.

22) KpV 194.

력"이다.23) 이때 그는 보통 의지를 실천이성과 동일시하곤 한다.24) 그런데 이러한 의지는 원리를 갖고 있을 뿐 아니라 또한 객체를 목적으로 갖는다. 이성적 존재의 경험적 의지, 즉 경험적 실천이성은 우리의 자연적 경향성들에 의존하며, 합리적 계획을 통하여 우리의 최대한의 행복(욕구들의 체계적 만족 혹은 욕구된 목적들의 체계적 실현)을 성취하기 위해 감성적 경향성들을 질서정연한 체계로 조직화하는 능력이다.25) 이에 따라 그것은 가언명법에 종속된다. 그러나 칸트가 염두에 두고 있는 것은 정언명법(유한한 이성적 존재에게 해당된 도덕 법칙)에 종속된 이성적 존재의 순수 의지, 즉 순수실천이성이다. 우리는 행복을 산출하는 감성적 경향성도 의식하지만, 또한 동시에 유한한 이성적 존재로서 도덕 법칙에 종속되는 한에서 순수 의지를 소유한다.

이제 칸트는 의지가 단지 경험적으로만 규정될 수 있는가, 아니면 선천적 근거를 통해서 규정될 수 있는가를 문제 삼는다. 즉, 의지를 규정하는 근거를 문제 삼는다. 그런데 우리가 먼저 개념적으로 표상된 의지의 대상을 추구하고 그러고 나서 이 대상을 의지를 규정하는 법칙의 근거로 삼는다면, 이 경우엔 의지는 경험적으로만 규정될 뿐이다. 물론 의지의 선천적 법칙이 결여되어 있다면, 의지의 대상은 의지의 규정 근거가 될 수 있을 것이지만 그러나 이러한 대상의 실현은 경험적일 따름이다. 대상 실현의 시금석은 "우리 쾌감 혹은 불쾌감과의 대상의 합치"일 따름이며, "쾌감에 적합한 것은 경험을 통해서

---

23) GMS 427. 의지란 "법칙의 표상에 따라, 즉 원리에 따라 행위하는 능력"이다(GMS 412).

24) H. J. Paton, *The Categorical Imperative*, 81-82 참조.

25) J. Rawls, *Lectures on the History of Moral Philosophy*, 258, 263, 267 참조.

만 이루어질 수 있기" 때문이다.26) "쾌란 삶의 주관적 조건들과의 대상 혹은 행위의 합치에 대한 표상이다."27)

칸트는 우리의 의지를 선천적으로 규정하기 위해선 의지의 객체가 아니라 실천 법칙을 우리 의지의 규정 근거로 사유할 수 있어야 한다고 주장한다. 의지의 선천적 규정 근거를 추구하는 그는, 의지의 대상에 선행하여 의지의 규칙을 규정하는 "코페르니쿠스적" 사유 방식을 제안한다.28) 기존의 윤리학에선 사용되지 않은 방법으로 여겨지는, 실천 철학에서의 이러한 사유 방식은 일종의 "방법의 역설"이다. 『순수이성비판』에서 사용되는 코페르니쿠스적 사유 방식은 『실천이성비판』에선 이성적 행위자의 의지를 규정하는 문제에 적용된다. 그는 우리 의지의 선천적 규정 가능성에 대해 물으면서, 결론적으로 의지의 선천적 규정 가능성을 정당화하기 위해선 선이나 악과 같은 의지의 객체로부터가 아니라 의지의 법칙으로부터 논의를 시작할 것을 요구한다. 우리가 객체를 의욕하는 것은, 우리의 의지에게 개념적으로 생각된 객체를 실현하도록 명령하는 바로 의지의 법칙에 대한 사유 때문이다. 의지의 법칙이 의지의 규정 근거일 경우에만 의지 규정은 선천적인 것이 되며, 또한 동시에 의지의 법칙은 순수한 실천 법칙이 된다. 그렇다면 우리의 의지로 하여금 미리 개념적으로 표상된 어떤 객체를 실현하게 하는 실천 법칙은 무엇인가.

칸트는 순수한 실천 법칙에 대한 개념적 분석을 통해 결국

---

26) KpV 111.

27) KpV 16 주석.

28) 카울바하는 『도덕형이상학 정초』에서 주체가 그 자체로 선한 객체를 인식하는 것이 아니라, 보편화 가능성의 원칙에 따라 객체의 선악을 규정하는 것을 "도덕 철학의 코페르니쿠스적 전환"으로 여긴다(F. Kaulbach, *Immanuel Kants "Grundlegung zur Metaphysik der Sitten"*, 24).

도덕 법칙에 대한 사유에 도달한다. "도덕 법칙은 무엇인가"라는 물음은 "어떻게 도덕 법칙이 선천적인 종합적인 실천적 명제로서 가능한가"라는 물음으로 이어진다. 이때 칸트는 인식론에서처럼 윤리학에서도 한편으론 단순히 이미 참된 명제들로 전제되어 있는 선천적 종합 명제들의 가능성을 정당화하는 문제와 다른 한편으론 칸트 자신이 타당한 학문으로 정초하고자 하는 도덕 철학의 선천적 종합 명제들을 무엇보다도 확립하는 문제를 구분한다. 첫 번째 문제는 "어떻게 선천적 종합 명제가 가능한가"라는 물음에만 관계하는 데 반해, 두 번째 문제는 맨 먼저 "과연 선천적 종합 명제가 가능한가"라는 물음에 관계하고, 그러고 나서 만일 선천적 종합 명제가 가능하다면, "어떻게 그것이 가능한가"라는 물음에 관계한다.[29]

그런데 만일 우리가 이미 받아들여진 일상적인 도덕적 신념을 단순히 분석하고 도덕 법칙을 도덕적 신념의 근본적 조건으로 규정하는 역행적 절차만 밟는다면, 이런 역행적 방식은 순환 논증을 낳을 수 있다. 말하자면 우리가 한편으론 도덕 법칙이 도덕적 신념의 필연적 전제이기 때문에 이 도덕 법칙은 항상 도덕적 신념에서 발견된다고 주장하고, 다른 한편으론 도덕 법칙이 항상 도덕적 신념에서 발견되기 때문에 이 도덕 법칙은 도덕적 신념의 필연적 전제를 이룬다고 주장한다면, 우리는 순환 논증에 빠지게 될 것이다. 그러기 때문에 우리가 이러한 순환 논증의 오류를 피하기 위해선, 인식론의 "본래의" 논증 절차이기도 한 종합적 혹은 전진적 절차에 따라야 한다. 이에 따라 우리는 일상적인 도덕적 신념과 상관없이 궁극적으로 이성의 사실을 통해 통찰될 수 있는 자율의 원리로부터 출발해야 한다.[30]

---

29) H. J. Paton, *The Categorical Imperative*, 202-203 참조.

2. 도덕 법칙

1) 경험적 실천이성과 행복의 질료적 원리

의지란 칸트에 따르면 실천적 법칙의 표상에 따라 행위를 결정하는 능력이다. 칸트 윤리학의 출발점은 의지에게 미리 개념적으로 표상된 어떤 대상을 실현할 것을 명령하는 실천 법칙이다. 종래의 도덕철학자들의 과오는 칸트에 따르면 그들은 맨 먼저 의지의 대상을 추구했고 이 대상을 의지의 법칙을 위한 근거로 삼았다는 데 있다. 의지의 그러한 대상은 선이었고, 그러므로 고대의 도덕 철학은 최고선을 인간적 행위의 궁극 목적으로 규정하는 것으로부터 출발했다. 그러나 그러한 대상은 실천 법칙의 부재 시에는 행위의 평가를 위한 보편적 기준이 될 수도 있지만, 단지 후천적인 기준일 수밖에 없다. 왜냐하면 선이나 악은 경험적으로만 파악될 수 있기 때문이다.[31]

---

30) H. J. Paton, 같은 책, 26-27, 202-203 참조. 롤즈는 칸트의『실천이성비판』은 단순히 순수실천이성의 비판만이 아니라 경험적 실천이성의 비판도 포함하는 모든 실천이성 능력의 비판이라고 주장한다(J. Rawls, *Lectures on the History of Moral Philosophy*, 258). 그에 따르면『실천이성비판』은 두 과제를 포함한다. 그것은, 먼저 "순수실천이성이 있다는 것"을 보여주어야 하고, 그런 후에 "어떻게 실천이성이 우리의 일상적인 도덕적 사고, 감정, 행위에서 나타나는가"를 보여주어야 한다. 말하자면 그것은, 먼저 순수이성은 실천적이라는 것, 즉 의지를 직접적으로 규정할 수 있다는 것, 그런 후에 순수실천이성의 실재성은 이성의 사실에서 정당화된다는 것을 보여주어야 한다(같은 책, 254). 이때 칸트에게서처럼 그에게도 이성의 사실은 자유의 실재성을 정당화하고 이를 통해 결국 도덕적 통찰을 하는 순수실천이성의 실재성을 정당화하는 기초가 된다. 그러나 칸트가 이성의 사실을 지성적인 도덕적 통찰로 생각하는 데 반해, 그는 그것을 일상적인 도덕적 의식으로 이해한다(같은 책, 253-272 참조). 이에 따라 그의 칸트 이해가 순환 논증의 가능성을 완전히 배제한다고는 말할 수 없다.

31) KpV 111 참조. 실천이성과 그 원리들에 관해선 졸고「칸트에서 교육학의

질료적 원리들은 객체를 이 객체의 현실성을 원하는 우리 의지의 질료로 전제한다.32) 그러므로 이러한 객체의 조건 아래서만 우리는 우리 의지의 실천적 원리를 채택할 수 있다. 이때 우리의 의지는 객체의 표상이 쾌감을 동반하는 한에서 이 객체를 실현하도록 규정되어 있다. 그러나 객체의 그 어떤 표상이 쾌감을 유발하는가 하는 물음은 선천적으로는 해결될 수 없고 경험을 통해서만 해결될 수 있다. 쾌감과 같은 감정은 보통 범주적으로 규정될 수 있는 객체의 실제적 존재를 전제로 하고 있지만, 그러나 그 자체로 보면 결코 객체의 어떤 표상일 수 없고 단지 우리 마음의 주관적 상태에 불과하다. 쾌감이란, 유한한 자연적 인간이 본성적으로 자기 보존의 목적을 추구하는 과정에서 질료적 자연과 관계를 맺을 때 생긴 주관적 욕구 만족의 감정일 뿐이다. 물론 우리는 그러한 감정 속에서 비록 무규정적인 방식으로나마 우리 자신의 심리적인 개별적 상태와 심지어 현존을 직접적으로 의식할 수 있을지 모른다. 이와 같이 쾌감은 개념적으로 표상된 객체를 실현하거나 획득할 때 생기는 주관적 상태일 따름이기 때문에 엄밀한 의미에서의 보편성과 필연성이 결여되어 있다. 말하자면 그것은 모든 이성적 존재들에 대해서, 그리고 또한 바로 동일한 존재에 대해서는 모든 상황에서 언제나 타당한 것은 아니다. 욕구의 만족을 위해서 불가피하게 요구된 자연에 대한 의존성으로부터 출발하는 윤리학은 어떤 고유한 실천적 원리를 자체에 가질 수 없으며 이미 존립하는 자연 질서에 대한 이론적 인식에 의존할 것이다. 이러한 자연 질서는 물론 이론적 인식의 관점에선 오성의 범주적 구성 활동을 통해 객관적인 것으로 파악되기는 하

윤리학적 정초에 대한 연구」, 147-152 참조.

32) "모든 의욕은 또한 대상, 따라서 질료도 가질 수밖에 없다"(KpV 60).

지만, 그러나 실천의 관점에선 단지 인간의 본성적 자기 만족 및 현존과 관계할 뿐, 이성적 존재의 순수 의지(순수실천이성)에 의존하지 않는 질서다.

객체의 실현에서 생긴 쾌감의 주관적 상태에 기인하는 모든 실천적 원리들은 행복의 원리에 속한다.33) 이성적 존재들로서 우리는 행위의 주관적 원리들, 즉 준칙들을 행복의 원리에 따라 선택할 수 있다. 우리와 같은 유한한 존재들은 우리 삶에 필수적인 모든 수단들을 소유할 수 없기 때문에, 행복은 더욱 더 모든 결핍된 존재들의 불가피한 준칙이 된다. 그러나 행복의 원리는 의지 규정의 선천적인(엄밀한 의미에서 보편적이고 필연적인) 원리가 아니며 단지 경험적이고 주관적이며 상대적인 타당성만 갖는다. 경험적 실천이성은 감성적 경향성들의 조화로운 만족 혹은 욕구된 목적들의 조화로운 달성으로서의 행복을 최대한 실현하기 위하여 합리적 계획을 수립하고 욕구 능력에 속하는 다양한 욕구들을 조직화한다.34) 칸트는 경험적

---

33) 칸트는 때론 행복을 전 생애에 걸쳐 지속적인 쾌락의 가능한 최대치로 여기는 쾌락주의적 견해를 취하곤 한다(예컨대 KpV 40 참조). 그러나 그에게 행복은 감성적 욕구들의 조화로운 만족 혹은 욕구된 목적들의 조화로운 실현으로 여겨진다(GMS 405 참조). 이 행복의 구성 요소들에 욕구된 대상들 혹은 추구된 목적들, 예컨대 부, 지식과 통찰력, 장수와 건강 등이 포함되어 있다(GMS 418 참조). 이에 관해선 H. J. Paton, *The Categorical Imperative*, 85-87 참조. 그런데 칸트는 인간의 욕구에 대해 자세하게 설명도 하고 있다. "인간의 모든 욕구는 형식적이거나(자유와 능력에 관계하거나) 혹은 질료적이다(어떤 객체에 관계한다). 다시 말해 공상의 욕구 혹은 향락의 욕구다. 마지막으로 인간의 모든 욕구는 행복의 요소들로서의 이 양자의 단적인 지속에 관계한다. 첫 번째 종류의 욕구들은 명예욕, 지배욕, 소유욕이다. 두 번째 종류의 욕구들은 성욕(성적인 쾌락), 물욕(풍요로운 삶), 교제욕(환담의 취미)이다. 마지막으로 세 번째 종류의 욕구들은 생명, 건강, 안락(미래에 근심 없음)에 대한 애착이다"(Päd., IX 492).

34) KpV 217 참조.

실천이성의 조직화 원리들로서 구체적으로 영리함(Klugheit)의 원리 및 숙달(Geschicklichkeit)의 원리와 같이 가언명법의 형식을 지닌 질료적 원리들을 제시한다.

2) 순수실천이성과 순수실천이성의 근본 법칙

유한한 이성적 존재의 의지를 위한 실천 법칙은 어떤 특성들을 포함해야 하는가. 그것은 보편타당성, 즉 모든 유한한 이성적 존재의 의지에 대한 타당성을 포함해야 한다. 실천 법칙의 본질은 보편성이다. 보편타당성을 지닌 실천 법칙을 발견하기 위해선 우리는 무엇보다도 의지의 주관적 행위 원리로서의 준칙으로부터 이 준칙의 우연적 질료를 배제해야 한다. 우리가 의지의 모든 질료적 규정 근거들을 배제한다면, 이때 남아 있는 것은 "보편적 입법의 단순한 형식"뿐이다. "만일 이성적 존재가 그의 준칙을 실천적 보편 법칙으로 생각해야 한다면, 준칙을 질료의 측면에서가 아니라 단순히 형식의 측면에서 의지의 규정 근거를 포함하는 그러한 원리로만 생각할 수 있다."[35] 보편적 입법의 단적인 형식이 유한한 이성적 존재의 의지를 위한 실천 법칙의 필연적 조건이 된다. 그러므로 모든 준칙의 보편타당성을 평가하는 필연적 기준은, 이 준칙을 동시에 보편적 실천 법칙이게 하는, 즉 준칙을 모든 이성적 행위자들에 대해 타당하게 하는 준칙의 보편적 입법의 형식, 압축적으로 말해 준칙의 형식이다. 준칙에 보편적 입법을 위한 자격을 부여하는 바로 이 준칙의 형식 때문에, 준칙은 또한 보편적 실천 법칙으로도 사유될 수 있다.[36]

---

35) KpV 48.

36) "내가 … 인식하고 있는 실천 법칙은 보편적 입법을 위한 자격을 갖추어야

칸트는 유한한 이성적 행위자의 선천적 규정 원리로서 순수한 실천 법칙의 본질적 특징(보편성)에 대한 분석으로부터 "순수실천이성의 근본 법칙"을 발견한다. "네 의지의 준칙이 항상 동시에 보편적 입법의 원리로서 타당할 수 있도록 행위하라."[37] 이성적 행위자의 의지는 법칙의 표상에 따라 행위하는 능력이다. 그런데 순수실천이성의 근본 법칙은 이성적 행위자의 의지라는 개념으로부터 분석될 수 없다. "왜냐하면 어떤 존재가 이성을 소유한다는 것으로부터, 이성이 보편적 입법을 위한 준칙의 자격에 대한 단적인 표상을 통해서 무조건적으로 자의를 규정하는 능력, 이에 따라 그 자체가 실천적인 능력을 포함한다는 것이 전혀 도출되지 못하기 때문이다. … 가장 이성적인 세계 존재조차도 그의 자의를 규정하기 위해선 항상 그에게는 경향성의 객체에 기인하는 어떤 동기를 필요로 할 수 있을 것이다."[38] 순수실천이성의 근본 법칙에서 생각된 결합, 즉 도덕적 근본 법칙에서 한편으론 이성적 의지와 다른 한편으론 이 의지의 준칙의 보편타당성의 결합은 이성적 의지라는 단순한 개념으로부터 분석적으로 도출될 수 없다. 왜냐하면 이 개념에

한다. 이것은 동일한 명제이고 따라서 그 자체로 명료하다"(KpV 49).

37) KpV 54.

38) Rel., VI 26 주석. "그러나 인간은 역시, 이성이 그 자신을 위해 말하는 모든 것에 대해 무관심하고 따라서 이성을 단순히 감성적 존재로서의 그의 욕구를 만족시키는 도구로만 사용하는, 그렇게 전적으로 동물이지는 않다. 왜냐하면 이성이 인간에게 단지 본능이 동물에게 하는 것과 같은 것만을 위해 종사하는 것이라면, 인간이 이성을 가지고 있다는 사실이 인간을 가치 면에서 단순한 동물성보다 더 높여주지 않기 때문이다. 그런 경우라면 이성은 인간을 더 높은 목적을 향해 규정하지 않고, 동물에게 정해주었던 것과 똑같은 목적을 인간에게도 갖춰주기 위해 자연이 이용한 특별한 수법일 따름일 것이다"(KpV 108). 프라우스는 칸트가 단순히 이성을 이론적이면서도 실천적인 것으로 전제하고 있다고 비판한다(G. Prauss, *Kant über Freiheit als Autonomie*, 14 참조).

선 그 어떤 법칙의 표상을 통한 의지의 이성적 규정만이 문제가 되는 이상, 의지가 종속되는 법칙은 필연적으로 도덕 법칙일 필요는 없으며 어떤 질료적 조건에 종속될 수 있는 원리들(예컨대 영리함의 원리와 숙달의 원리)도 될 수 있기 때문이다. 결국 칸트에겐 도덕 법칙에서 생각된 결합, 즉 이성적 의지와 이 의지의 준칙의 합법칙성의 결합은 종합적이다. 더구나 이 결합이 그 어떤 경험에도 의존하지 않는 한 선천적이다. 모든 개념은 본질적으로 "가능한 판단의 술어"다.[39] 모든 명제는 최소한 정언적 형식, 즉 주어 개념과 술어 개념의 결합을 포함해야 한다. 어떤 명제가 종합 명제라는 것은 술어가 주어로부터 분석적으로 도출되지 않는다는 것을 의미한다. 어떤 명제가 선천적 종합 명제라는 것은 주어와 술어의 종합이 경험과 상관이 없으면서 또한 보편성과 필연성을 갖는다는 것을 의미한다. 어떤 명제가 근본적인 선천적 종합 명제라는 것은 이 명제가 최상의 보편성을 갖는다는 것을 의미한다. 어떤 명제가 실천적인 의미에서 근본적인 선천적 종합 명제라는 것은 이 명제가 주어진 객체의 인식이 아니라 개념적으로 표상된 객체의 실현을 의욕하는 의지의 규정에 관계한다는 것을 의미한다. 이와 같이 윤리학의 대상은, 이론적 인식으로서가 아니라 실천적 인식으로서, 즉 "대상들 자체의 현존의 근거가 될 수 있는 한에서의 인식"으로서 선천적 종합 명제다.[40]

선천적인 종합적인 실천적 명제를 의미하는 순수실천이성의 근본 법칙은, 이성적 행위자가 자신의 준칙을 구상할 때 이 준칙이 동시에 모든 이성적 존재에게 보편타당한 실천 법칙이 될 것을 요구한다. 이러한 요구에 따라 실천이성은 의지의 모

---

39) A 69=B 94.
40) KpV 80.

든 질료적 규정 근거, 즉 의지의 모든 우연적이고 경험적인 성격을 배제하고 준칙에서 보편적 입법의 단순한 형식만을 추출하며, 이러한 준칙의 보편타당한 형식에 대한 표상을 통해서 의지를 규정한다. 준칙의 형식 혹은 보편성이 곧 실천 법칙의 본질을 형성한다. 주관적 행위 원리로서의 준칙은 보편적 입법을 위한 자격을 부여하는 준칙의 형식에 의해서만 보편적 실천 법칙으로 승격될 수 있다. 이런 준칙의 형식을 포함하는 보편 법칙에 대한 요구가 순수실천이성의 근본 법칙이다. 이처럼 순수실천이성의 근본 법칙은 준칙에 일정하게 주어진 질료(목적)에도 불구하고 준칙에 보편타당성을 요구함으로써, 의지에게 준칙 자체의 보편타당성만을 의욕할 것을 요구한다.[41]

3) 실천이성의 명법들 : 가언명법과 정언명법

이성적 존재의 의지를 규정하는 원리는 그것이 모든 이성적 존재에 타당하다면 객관적 원리다. 객관적 원리란, 만일 이성이 경향성을 완전히 규제한다면 어떤 이성적 존재도 필연적으로 따라서 행위할 실천적 원리다. 그러므로 객관적 원리는 실천이성의 원리다.[42] 그러나 우리의 경향성은 실천이성의 활동에 대한 주관적 방해물일 수 있기 때문에, 우리의 준칙은 도덕

---

41) 특히 GMS 432 참조.

42) GMS 400 주석. 모든 자연적 사건은 무생물의 경우에서처럼 메커니즘을 통하거나, 동물의 경우에서처럼 본능을 통하여 결정되기 때문에 실천적 과정이 될 수 없다. 모든 실천적 행위는 의지 규정의 근거로서의 개념을 요구한다. 이때 의지 규정의 개념이 자연 개념이라면, 의지 규정의 원리는 자연(감성적 경향성)의 동기를 만족시키기 위한 영리함의 원리와 숙달의 원리며, 이 원리들은 "기술적-실천적"("실천적-가능적")이다. 의지 규정의 개념이 자유 개념이라면 의지 규정의 원리는 도덕 법칙이며, 이 도덕 법칙은 "도덕적-실천적"("실천적-필연적")이다. KdU XII-XIII.

성의 원리든 영리함과 숙달의 원리들이든 실천이성의 객관적 원리와 합치하지 못할 수 있다는 것이 우리의 실천적 경험의 역설이다. 신과 같은 완전한 존재의 신성한 의지는 그 자신의 이성적 완전성으로 말미암아 자유로우면서도 필연적으로 선한 행위를 하지만, 우리와 같은 모든 유한한 존재의 불완전한 의지는 감정 및 경향성의 방해를 받기 때문에, 행복을 추구하는 경우에서나 더욱이 목적을 위한 수단을 선택하는 경우에서도 전적으로 이성적일 수는 없다. 그러기 때문에 실천이성의 모든 객관적 원리들은 유한한 이성적 존재들로서의 우리에게 명법들로 다가온다.

실천이성의 객관적 원리는 칸트에 따르면 가언명법이든가 아니면 정언명법이다. 실천이성의 원리가 욕구의 목적에 의해 조건지어진다면, 그것은 이성적 존재에겐 가언명법으로 다가온다. 이 가언명법은 "만일 각 이성적 존재가 어떤 목적을 의욕한다면, 또한 동시에 이 목적을 위한 수단으로서의 행위도 의욕해야 한다"는 형식으로 표현된다. 이러한 실천이성의 명령은 욕구된 목적에 의하여 조건지어지며, 욕구된 목적의 특성에 따라서 실천이성이 명령하는 수단적 행위도 또한 가변적인 것이 된다. 가언명법은 다시금 두 유형, 즉 숙달의 명법과 영리함의 명법으로 구분된다. 만일 욕구의 목적이 어떤 이성적 존재에 의해 아마도 의욕되는 것이라면, 이 목적을 실현하기 위한 수단으로서의 행위를 할 것을 명령하는 가언명법은 개연적 (problematisch) 명법, 즉 숙달의 명법이다. "숙달이란 모든 임의적 목적을 실현하기에 충분한 능력의 소유다. 그러므로 그것은 어떤 목적도 규정하지 않으며, 추후에 상황에 따라 목적을 규정한다."[43] 여기선 "과연 목적이 합리적이며 선한 것인가는

---

43) Päd., IX 449.

전연 문제가 아니고 오로지 그 목적에 도달하기 위해 사람들이 무엇을 해야만 하는가만이 문제다." 사람들은 "여러 가지 임의적 목적들을 위한 수단들의 사용에서 숙달에 마음을 쓴다."[44] 만일 욕구의 목적이 각 이성적 존재에 의해 본성적으로 의욕되는 행복이라면 가언명법은 실연적(assertorisch) 명법, 즉 영리함 혹은 합리적 자기애의 명법이다. "사람들은 자기 자신의 최대의 안녕을 위한 수단의 선택에서 숙달을 좁은 의미에서의 영리함이라 부를 수 있다. 그러므로 자신의 행복을 위한 수단의 선택에 관련된 명법은 … 또한 언제나 가언적이다. 그 행위는 단적으로 명령된 것이 아니라 오로지 다른 어떤 의도를 위한 수단으로만 명령된다."[45] 이처럼 숙달의 명법과 영리함의 명법은 목적과 수단의 관계를 표현한다는 점에서 서로 합치하며 이에 따라 가언적이다. 그러나 어떤 욕구의 목적에 의해서도 조건지어지지 않는 실천이성의 객관적 원리는, 모든 유한한 이성적 존재에겐 선한 행위 그 자체를 명령하는 정언명법이 되며, 이 정언명법은 필증적(apodiktisch) 명법이다. 오직 도덕성의 명법만이 정언적이다. "이 정언명법은 행위의 질료 및 이 행위로부터 결과할 것에 관여하지 않고, 행위를 유발하는 형식과 원리에 관여한다. 행위의 본질적 선은 그 행위로부터 나오는 결과가 무엇이든 심정에 있다."[46]

---

44) GMS 415.

45) GMS 416.

46) 같은 곳. 실천이성의 명법들에 관해선 GMS 413-416 참조. 또한 H. J. Paton, *The Categorical Imperative*, 113-115 참조. 개연적 · 실연적 · 필증적 명법은 양상의 세 계기들(개연성 · 실연성 · 필연성)에 따른 판단의 분류에 의존한다. 오성이 어떤 판단을 논리적 가능성(모순의 단적인 부재)을 포함한 것으로 사고한다면 이 판단은 개연적이다. 판단력이 어떤 판단의 진리성(현실성)을 단적으로 긍정한다면 이 판단은 실연적이다. 이성이 어떤 판단을 사고의 법칙들에 따라 필연적으로 추론한다면 이 판단은 필증적이다(A 74-76=B 100-101).

순수실천이성의 근본 법칙으로서 정언적 도덕 법칙은 유한한 이성적 행위자의 감성적으로 촉발될 수 있는 의지에 대해서도 타당성을 가져야 한다. 우리는 이성을 통해 도덕 법칙을 의지의 선천적 규정 근거로 의식하지만, 그러나 또한 동시에 우리는 욕구들의 체계적 만족 혹은 욕구된 목적들의 체계적 질서로서의 행복을 산출하는 감성적 경향성도 의식한다. 따라서 유한한 이성적 행위자의 의지는 도덕 법칙에 종속될 수도 있지만, 또한 동시에 의지의 보편타당한 규정 근거에 배치되는 감성적 경향성과 행복의 준칙에 종속될 수도 있다.47) 그러므로 우리는 경향성을 전적으로 지배하지 못하는 유한한 이성적 행위자이기 때문에, 도덕 법칙은 이성적이면서 또한 동시에 감성적이기도 하는 우리의 의지에 대해 아무런 질료적 조건과 상관없이 정언명법에 표현되어 있는 절대적 의무나 당위로 필연적으로 다가온다. 그러기 때문에 유한한 의지의 도덕 법칙과의 관계는 의무의 관계다. 도덕 법칙이 명령한 행위들은 실천이성의 지성적 자기 강제에서 발생하는 의무들이며, 이 의무들은 행해져야 할 의무들일 뿐 현실적으로 의욕된 의무들은 아니다.48)

현상들에 적용될 경우 "가능성" 개념은 "그 어떤 시간에서"라는 선험적 시간 규정(선험적 도식)을, "현실성" 개념은 "특정한 시간에서"라는 시간 규정을, "필연성" 개념은 "모든 시간에서"라는 시간 규정을 포함해야 한다(A 144-145= B 184).

47) KpV 57 참조. 또한 KpV 140 참조.

48) 칸트는 "인간은 천성적으로 도덕적으로 선한가 악한가"라고 묻기도 한다. 그의 대답에 의하면 "그 어느 것도 아니다. 왜냐하면 인간은 천성적으로 결코 도덕적 존재가 아니기 때문이다. 그의 이성이 의무와 법칙의 개념들로까지 고양될 때만 그는 도덕적 존재가 된다. 그러나 우리는, 그는 본래부터 모든 악덕들에 대한 충동들을 지니고 있다고 말할 수 있다. 왜냐하면 그는 그를 자극하는 경향성들과 본능들을, 이성이 이들과는 반대의 방향으로 그를 이끌어가고자 함

신과 같은 완전한 존재의 신성한 의지는 그 자신의 이성적 완전성으로 말미암아 자유로우면서도 필연적으로 선한 행위를 수행하지만, 모든 유한한 존재의 불완전한 의지는 감정과 경향성의 방해를 받기 때문에 도덕 법칙은 그에겐 자기강제성을 띤 의무가 된다. 그런데 이 의무는 실제로 의욕된 것이 아니라 실천을 통해 이루어져야 할 것이기 때문에, 결국 도덕 법칙이 저절로 의지의 준칙을 위한 근거로 구상되지는 않는다.49) 의욕의 질료에 의존하는 주관적 원리는 무조건적으로 보편타당한 법칙으로 표현될 수는 없다. 도덕 법칙은 우리의 준칙이 준칙의 특정한 질료적 내용에도 불구하고 준칙의 입법적 형식의 이념이라는 순수실천이성의 이념과 합치하도록 우리에게 명령한다. 바로 준칙의 입법적 형식이 준칙의 특정한 질료적 내용에 상관없이 준칙을 순수실천이성의 이념에 합치하는 보편 법칙으로 격상시킨다. 선여된 목적들에 의존하지 않으면서 단지 정언적 도덕 법칙에만 합당한 준칙은 이에 따라 보편타당성을 자체에 포함하고 있는 원리가 된다. 그러므로 도

에도 불구하고 지니고 있기 때문이다. 그러므로 그는 충동이 없으면 순결할 수는 있지만 오직 덕, 따라서 자기 강제를 통해서만 도덕적으로 선할 수 있다" (Päd., IX 492). 칸트는 인간의 자연적 소질에 내재해 있는 근본악도 강조한다. "만일 도덕적 질서의 전도를 향한 성향이 인간적 본성 안에 있다면 인간에게는 악을 향한 본성적 성향이 있다. 이 성향 자체는 도덕적으로 악한 것이다. 왜냐하면 그것은 결국 자유로운 자의에서 찾아야 하고 이에 따라 자의에 귀속될 수 있기 때문이다. 이 악은 모든 준칙들의 근거를 타락시키기 때문에 근원적이다. 또한 이 악은 자연적 성향으로서, 인간의 힘을 통하여 근절될 수 없다. 왜냐하면 이러한 근절은 선한 준칙을 통해서만 이루어질 수 있으며, 모든 준칙들의 최상의 주관적 근거가 타락한 것으로 전제될 경우엔 이러한 근절은 일어날 수 없기 때문이다. 그럼에도 불구하고 그러한 성향은 극복될 수 있어야 한다. 왜냐하면 그것은 자유롭게 행위하는 존재로서의 인간의 내부에서 발견되기 때문이다"(Rel., VI 37).

49) KpV 146 참조. 또한 KpV 108, GMS 397, 413, 428 참조.

덕 법칙의 이념에 합당한 준칙을 통한 의욕의 대상은 준칙 자체의 보편타당성일 뿐이다. 이에 따라 "각 이성적 존재에 대한 고유한 보편타당성을 동시에 자체에 포함하고 있는 준칙에 따라 행위하라"는 원칙이 부과된다.50) 우리가 이러한 보편화된 준칙을 의욕할 수 있을 경우에만, 준칙은 도덕적으로 선한 것이 되며 이성적 의지의 도덕적 노력의 대상이 된다. 우리가 준칙의 보편타당성의 단적인 이념을 실제로 의욕할 경우 발생할 수도 있는, 도덕 법칙에 대한 실재적 반감은 무시될 수 있다. 각 의욕은 의욕된 대상을 갖지만, 그러나 이 의욕의 대상이 필연적으로 의지의 준칙을 규정하는 근거가 되는 것은 아니다. 왜냐하면 오히려 의욕의 대상은 준칙에 따라 생기는 결과일 수 있기 때문이다. "순수실천이성의 모든 지시들에서 의지 규정만이 문제가 되고, 자기 의도의 완수의 (실천적 능력의) 자연적 조건들은 문제가 되지 않는다."51)

우리가 도덕 법칙을 우리에게 부과되는 강제로 의식한다면, 순수 의지는 정언적 의무의 특정한 현실적 인식을 포함한다. 순수 의지의 자기 강제는 이론적으로 "설명될 수 없는"52) 방식으로 순수 의지의 자기 의식, 즉 순수 의지의 실천적 활동성에 대한 의식에 기인할 뿐, 순수 의지의 근본적으로 불가지한 본성에 대한 인식에 기인하는 것은 아니다. 도덕 법칙은 실천적 인식, 즉 의욕된 객체의 실현을 목표로 삼고 있는 인식을 가능하게 한다. 왜냐하면 그것은 실현되어야 할 객체의 직관에 의존하는 것이 아니라, 오히려 주체의 관점에서 여전히 획득되어야 할 객체에 선행하여 의지를 규정할 수 있기 때문이다.

---

50) GMS 438. 또한 GMS 432 참조.
51) KpV 116.
52) KpV 74.

4) 숙달의 규칙, 영리함의 충고와 도덕성의 명령

　실천이성의 서로 다른 유형의 명법들은 의지를 강제하는 방식에 따라 서로 다른 강제를 표현한다. 이때 "숙달의 규칙"과 "영리함의 충고"는 "도덕성의 명령"과 구별되어야 된다.53) 우리가 아마도(본성적으로가 아니라) 어떤 특정한 목적을 의욕하는 한 우리는 숙달의 규칙에 의해 구속된다. 이와는 달리 행복을 목적으로 삼는 영리함이나 합리적 자기애의 충고는 숙달의 규칙에 비해서 더욱 큰 불확실성과 더욱 큰 구속력을 동시에 포함한다. 어떤 이성적 존재가 자신의 행복이 어디에 있는가를 확신하는 것은 매우 어렵기 때문에 이성적 존재들의 성향, 여건 및 신념에 따라 서로 다른 충고를 적용하는 것이 가능하다. 그러기 때문에 영리함의 충고는 더욱 불확실한 것이다. 그러나 어떤 존재가 이성적이라면 본성적으로 의욕되는 행복의 실현을 거부하는 것은 불합리하기 때문에 영리함의 충고는 더 큰 구속력을 지닌다. 도덕성의 명령만이 엄밀한 의미에서의 법칙이라 불릴 수 있다.54) 도덕성의 명령은, 어떤 이성적 존재가 숙달되게(이성적으로) 행위함으로써 자신의 특정한 목적을 추구하게 되거나, 영리하게(이성적으로) 행위함으로써 자신의 본성적 행복을 실현하게 되거나, 심지어 도덕적으로 행위함으로써 더욱더 행복을 실현할 수도 있다는 것에 의존하지 않는다. 도덕의 법칙은 감성적 경향성과 행복의 실현을 저해한다고 하더라도 모든 유한한 이성적 존재들에게 필연적으로 다가온다.

---

53) GMS 416. 숙달의 규칙, 영리함의 충고와 도덕성의 명령에 관해선 H. J. Paton, *The Categorical Imperative*, 115-116 참조.
54) GMS 416. GMS 413에선 가언명법이든 정언명법이든 모든 명법은 법칙으로 표현된다.

숙달의 명법이든 영리함의 명법이든 모든 가언명법은 분석 명제다.55) 목적의 개념은 수단의 개념을 포함한다는 이러한 분석 명제는 칸트에겐 특별한 설명이 요구되는 주제가 아니다. 숙달의 명법은 분석 명제다. 목적은 언제나 욕구의 어떤 객체 혹은 결과다. 그것은 또한 목적을 위한 하나의 수단을 요구하며, 이 수단은 언제나 이성적 인간의 어떤 가능한 행위다. 이에 따라 어떤 의욕된 목적의 개념은 이 의욕된 목적을 위한 수단의 개념을 포함한다. 그러므로 숙달의 원리는 분석 명제다. 그러나 불완전한 인간의 이성은 자신의 행위들을 필연적으로 규제하지 못하므로, 숙달의 분석 명제는 우리 인간에겐 "만일 어떤 이성적 인간이 목적을 의욕한다면, 또한 수단도 의욕해야 한다"는 명법의 형식으로 정식화된다. 영리함의 명법도 숙달의 명법과 마찬가지로 분석 명제다. 만일 어떤 이성적 인간이 완전히 이성적이라면, 목적을 의욕하면 또한 동시에 필연적으로 수단도 의욕한다. 그러나 인간은 이를 거부하는 비이성적인 욕구도 가지고 있기 때문에 분석 명제로서의 영리함의 원리는 "이성적 인간은 목적을 의욕하면 또한 수단도 의욕해야 한다"는 명법의 형식을 취할 수밖에 없다.

그러나 순수실천이성의 근본 법칙에 대한 설명에서 본 것처럼 정언명법은 종합적이다. 말하자면 한편으론 이성적 의지와 다른 한편으론 이 의지의 준칙의 합법칙적 형식의 결합은 종합적이다. 그리고 이 결합이 그 어떤 경험에도 근거하지 않는 한 선천적이다. 또한 이 결합이 객관적 인식이 아니라 의지의 규정에 관계하는 한 실천적이다.

---

55) GMS 417-419 참조. 또한 H. J. Paton, *The Categorical Imperative*, 123-127 참조.

5) 도덕 법칙의 의식으로서 이성의 사실

도덕성의 근본 법칙은 유한한 이성적 행위자가 준칙을 구상할 때 준칙의 합법칙적 형식을 준칙으로 선택할 것을 명령한다. 우리가 이 근본 법칙을 욕구된 객체에 의해 조건지어진 의지의 행위를 위한 법칙으로가 아니라 의지 자체만을 위한 법칙으로 사유한다면, 준칙 자체의 합법칙성에 대한 개연적 사유는 최소한 논리적으로 불가능한 것(모순적인 것)은 아니다. 그런데 우리가 도덕 법칙의 개념을 분석하고 이를 통해 도덕 법칙을 개연적으로 사유한다고 하더라도 이러한 사유를 통해 도덕 법칙이 무조건적으로 명령되는 "사태는 아주 이상한"56) 것이다. 칸트는 이런 문제점을 해결하기 위해 『실천이성비판』에선 이성의 사실에 대한 이론을 제안한다.57)

---

56) KpV 55.

57) 헨리히에 따르면 도덕적 통찰은 "두 가지의 것, 즉 인식과 감정의 근원적 통일"이다. 그런데 "이성의 사실에 대한 칸트의 새 이론은 도덕적 통찰에서의 정서적 요소에 대한 그의 학설의 중대한 변화를 초래했다. 칸트는 도덕적 의지의 유일하게 타당한 동기로서의 '법칙의 존경'에 대한 학설을 가져왔다." "'이성의 사실'과 '법칙에 대한 존경'이라는 개념들은 제2 『비판』의 핵심 개념들이다"(D. Henrich, "Der Begriff der sittlichen Einsicht und Kants Lehre vom Faktum der Vernunft", 87. 112, 113). 도덕적 통찰의 정서적 요소로서 도덕 법칙의 존경은 칸트에겐 이성적 존재의 의지가 도덕 법칙에 복종한다는 것에 대한 의식에 의해서 생긴 감정이다. 말하자면 그것은 "영향으로부터 받아들여진 감정이 아니라 이성 개념에 의해 스스로 일으켜진 감정이며, 이에 따라 경향성이나 공포에 그 원인이 돌려지는 … 모든 감정과는 종적으로 구별된다. 내가 직접적으로 나에 대한 법칙으로 인식하는 것을 나는 존경을 가지고 인식한다. 이 존경은 나의 감관에 대한 다른 영향의 매개 없이 순전히 나의 의지가 법칙에 종속된다는 것에 대한 의식을 의미한다"(GMS 401 주석). 그리고 『도덕형이상학 정초』 제1장에서 제시된, 도덕 법칙의 존경에 대한 사례들은 이성의 사실을 예증한다고 보는 견해로서 Hiltscher, *Kant und das Problem der Einheit der endlichen Vernunft*, 83-85 참조.

이성의 사실에 대한 이론은 그의 윤리학의 방법론적 변화를 본질적으로 보여주는 이론이다. 칸트는 『도덕형이상학 정초』와 『실천이성비판』에서 도덕 법칙과 자유의 관계를 전연 다른 방식으로 논의한다. 『도덕형이상학 정초』는, 자유의 실재성을 직접적으로 통찰할 수 있는 지성적 직관58)이 우리에게 부재함에도 불구하고 사유 가능한 자유의 개념을 윤리학의 합리적 해명을 위한 출발점으로 삼음으로써 순환 논증의 오류에 빠질 수 있다. 그러기 때문에, 『실천이성비판』은 『도덕형이상학 정초』에서의 해명에서 드러난 순환 논증의 가능성을 비판하면서 도덕 법칙 자체로부터 출발한다.

칸트는 『도덕형이상학 정초』에서 도덕 법칙을 자유의 이념으로부터 도출하려는 시도를 한다. 그러나 단순히 사유될 수 있는 자유의 이념을 도덕 법칙의 정당화를 위한 출발점(제삼자)으로 삼는 논증은 순환 논증의 오류에 빠질 수 있다는 것이다. 그에게 자유는 비합법칙성이 아니며, 오히려 자기 시초적인 예지적 원인의 결과와의 합법칙적 결합을 포함한다. 의지 자체가 의욕하는 합법칙적 결합으로서 자유는 자율이다. 그리고 예지계에서 비시간적 원인의 결과와의 결합이 포함하는 합법칙성은 도덕 법칙이다. 그런데 우리가 자유로부터 의지의 자

---

58) 선험적 감성론의 주제가 되는 직관은 우리 인간에겐 언제나 감성적인 것으로서 직접적으로 개별적 대상에 관계하기 때문에 개별적일 뿐 아니라 또한 수동적이고 직접적인 표상이다. 우리 인간은 수동적 감성을 구비하고 있어서 감성적 직관만 획득할 수 있을 뿐(A 67-68=B 92-93, B 135), 신처럼 직관적 오성 혹은 지성적 직관을 소유할 수 없다(A 68=B 92, 또한 B 68, B 159). 감성적 직관이 직접적이고 수동적인 데 반해 지성적 직관은 직접적이면서 동시에 사고와 같이 능동적인 혹은 자발적인 것이다. 따라서 이 지성적 직관은 어떤 유한한 존재에게도 구비되어 있지 않고 다만 자기 충족적인 근원적 존재에게만 있다(B 72). 이런 존재에겐 대상은 바로 인식 작용 자체에 의해 산출될 것이다(B 145). 말하자면 인식 작용 자체가 바로 창조적 활동이다.

율과 도덕 법칙을 추론하기 위해선 먼저 도덕 법칙의 의식을 가정해야만 한다. 여기서 "자유에서 자율로 그리고 자율에서 도덕 법칙으로 향하는 우리의 추론 중에 은밀한 순환 논법, 말하자면 아마도 우리가 도덕 법칙만을 위해서 자유의 이념을 근거로 삼고, 나중에는 또다시 이 도덕 법칙을 자유로부터 추리할지도 모른다는 은밀한 순환 논법이 포함되어 있지 않을까 하는 의구심"이 들 수 있다.59) 그러나 무엇보다도『순수이성비판』의 전제들에 따르면 우리에겐 자유의 실재성을 직접적으로 통찰할 수 있는 지성적 직관이 없다. 만일 우리에게 그런 지성적 직관이 있다면, 우리는 의지의 자유를 직접적으로 인식하고 이 자유의 이념으로부터 도덕 법칙을 분석적으로 도출할 수 있을 것이다. 이 경우엔 자유는 도덕 법칙의 존재 근거(ratio essendi)가 되면서 동시에 인식 근거(ratio cognoscendi)가 될 것이다.60) 이처럼『도덕형이상학 정초』에서 칸트는 도덕 법칙의 존재 근거를 이루는 자유의 이념의 필연적 전제로부터 논의를 착수하지만, 이러한 논의는 지성적 직관의 부재로 우리는 자유의 이념을 통찰할 수 없기 때문에 결국 순환 논증의 가능성을 포함할 수 있다는 가능성을 인정하게 된다.

이에 따라 칸트는『실천이성비판』에선『도덕형이상학 정초』에서와는 달리 궁극적인, 더 이상 어떤 전제로도 환원될 수 없는 자유의 이념이 아니라 도덕 법칙의 의식을 도덕성 해명의 출발점으로 삼게 된다. "우리는 순수한 이론적 원칙들을 의식하는 것과 마찬가지로 순수한 실천 법칙들도 의식할 수 있다."61) 그

---

59)『도덕형이상학 정초』에서의 순환 논증에 대한 비판에 관해선 GMS 453 참조. 또한 GMS 450, KpV 52 참조.

60) KpV 5 주석 참조.

61) KpV 53. 또한 KpV 140 참조.

러므로 "순수이성의 사실(Faktum)"로서 도덕 법칙에 대한 필증적으로 확실한 선천적인 의식은 자유의 이념을 정당화하기 위한 원리가 된다.62) "(우리가 의지의 준칙을 구상하자마자) 우리가 직접적으로 의식하는 것은 도덕 법칙이다. … 이 도덕 법칙은 우리에게 맨 먼저 제공되며, 또한 이 도덕 법칙은 이성이 그 법칙을 어떤 감성적 조건에 의해서도 극복될 수 없는, 정말로 이 조건으로부터 독립된 규정 근거로 제시함으로써 바로 자유의 개념에 이른다."63) 도덕 법칙의 의식은 이성의 사실이다. 유한한 이성적 행위자에게 다가오는 도덕 법칙의 명령에 대한 의식은 명령에 선행하는 그 어떤 것으로부터 도출될 수 없다. 이 명령은, 우리가 우리 의욕의 준칙을 기획할 때 그 자체로 우리에게 떠오른다.64) 그런데 여기서 "도덕 법칙의 인정

---

62) '이성의 사실'을 가리키는 단어들과 이와 연관된 표현들은 『실천이성비판』에선 9번만 나온다(KpV 9, 56, 72, 74, 81, 163, 187 등). 이때 물론 칸트는 '이성의 사실'을 도덕 법칙 자체(56, 81) 혹은 자율(72) 등으로 표현하는 등, '이성의 사실' 개념을 다의적으로 사용하고 있지만, 필자는 '이성의 사실'을 내재적 대상과 의식의 통일, 즉 도덕 법칙의 지성적 의식으로 이해하고자 한다. 헨리히는 이성의 사실을 도덕 법칙으로 해석한다(D. Henrich, "Der Begriff der sittlichen Einsicht und Kants Lehre vom Faktum der Vernunft", 77-115 : 같은 이, "Kant's Notion of a Deduction and the Methodological Background of the First *Critique*", 37, 43 참조). 페이튼(H. J. Paton, *The Categorical Imperative*)은 이성의 사실을 한편으론 도덕 법칙 자체로(203), 다른 한편으론 도덕 법칙의 의식으로(221) 규정한다. 뒤징은 칸트가 이성의 사실을 도덕 법칙이나 자율 등으로 표현하는 것은 칸트 고유의 "압축적 어법" 때문이라고 말하면서 그것은 "도덕 법칙의 근원적 의식"이라고 주장한다(K. Düsing, "Spontaneität und Freiheit in Kants praktischer Philosophie", 229 주석). 그러나 이성의 사실을 도덕 법칙의 지성적 의식이 아니라 도덕 법칙의 일상적 의식으로 규정하는 견해로는 특히 J. Rawls, *Lectures on the History of Moral Philosophy*, 253-272 참조. 백종현(「『실천이성비판』 연구」, 454 등), 강영안(『도덕은 무엇으로부터 오는가』, 83, 86, 159 등)은 이성의 사실을 도덕 법칙 자체로 이해한다.

63) KpV 53.

64) KpV 56.

은 ··· 실천이성의 활동에 대한 의식인데, 이 활동은 주관적(정념적) 원인들이 자신의 활동을 방해하는 이유에서만 행위에서 나타나지 못한다."[65] 우리가 도덕 법칙을 인정한다는 것은, 우리가 도덕 법칙을 준칙들의 도덕성을 판정하기 위해 주어진 원리로 의식할 뿐 아니라 또한 동시에 그 자체로 활동하는 실행 원리로도 의식한다는 것을 의미한다.[66] 그러므로 도덕 법칙에 따르는 행위의 결핍은 실천이성의 결함으로부터 이해될 수 있는 것이 아니라 그 활동이 감성적 동기에 의해 방해받기 때문이다.

우리는 앞서 이성적 의지의 도덕적 근본 법칙은, 말하자면 이성적 의지와 보편 법칙과의 결합은 분석적이 아니라 종합적이고 또한 경험과 상관없이 선천적이라는 것을 살펴보았다. 이성의 사실은 이 결합이 직접적으로 이루어진다는 것을 입증한다. 도덕 법칙은 그 자체로 이미 의지의 충분한 지성적 규정 근거로 주어져 있다. 그것은 모든 이성적 행위자의 의무만을 내용적으로 정식화한다. 준칙들의 합법칙성에 대한 사유를 통한 의무 의식은 의지의 강제를 포함한다. 이처럼 도덕 법칙에서 사유된, 한편으론 이성적 의지와 다른 한편으론 이 의지의 준칙의 보편타당성의 선천적이고 종합적인 결합은 동시에 직접적인 것이다. 이 같은 의미에서 도덕 법칙은 직접적 소여로서의 선천적이고 종합적이며 실천적인 명제다.

그런데 『순수이성비판』에 따르면 선천적 인식의 가능성은 감성적 대상들에 제한되어 있지만, 여기서는 무엇보다도 순수 원칙, 즉 감성적 경향성의 제한을 받지 않는 실천적 인식들, 곧 의무들에 대한 의식을 가능케 하는 순수 원칙이 우리에게 주

---

65) KpV 140.

66) M. Baum, *Die transzendentale Deduktion in Kants Kritiken*, 186 참조.

어져 있다. 『순수이성비판』에서 순수 오성의 종합적 원칙들은 시간과 공간과 같은 순수 직관들에 의존하고 시간과 공간 속에서 경험적 직관을 통해 주어질 수 있는 경험적 대상들에 대해 타당성을 가질 뿐이지만, 『실천이성비판』에서 실천적 순수 원칙은 시간과 공간과 같은 순수 직관들이든지 지각과 같은 경험적 직관이든지 어떠한 종류의 직관에도 의존하지 않는 선천적 종합 명제다. 오성의 이론적 순수 원칙들은 가능한 경험적 직관과의 관계에서 객관적 타당성을 가질 뿐 단순한 개념들만으로는 결코 가능하지 않은 데 반해, 이성의 실천적 순수 원칙은 실천 법칙의 개념에 대한 단순한 분석을 통해 사유될 수 있을 뿐 아니라 그것에 대한 직접적 의식을 통해서 우리에게 단적으로 주어질 수 있다. 물론 실천적 순수 원칙에 대한 의식이 행위 능력으로서의 의지에 지성적 규정 근거로 작용한다고 하더라도, 그렇다고 해서 감성적 대상들의 한계를 넘어서서 도덕 법칙의 직접적 인식(지성적 직관)이 가능하다는 것은 아니다. 순수한 도덕 법칙은 우리의 모든 감성적 직관들을 전제하지 않으면서, 도덕 법칙의 지성적 의식을 통해 직접적 소여로서의 필증적 확실성을 가진다.

유한한 이성적 존재의 의지는 법칙의 표상에 따라서 행위를 결정하는 능력으로 여겨진다. 이 법칙이 의지 자체만을 위한 법칙이라면, 그것은 우리가 우리 의지의 준칙을 구상할 때 우리 마음에 불가피하게 떠오르는 법칙이다. 말하자면 그것은 우리가 의지의 주관적 원리로서의 준칙을 선택할 때 이 준칙의 보편적 형식의 이념을 불가피하게 준칙으로 선택하게 되는 법칙이다. 그런데 이러한 의지의 보편적 근본 법칙은 이미 일상적으로도 주어져 있다. 말하자면 "그 가능성에 관한 모든 추론에 앞서"67) 도덕 법칙은 사실로서 상식에도 주어져 있다. 상식적인 인간도 도덕 법칙을 자각하고 있다. "이 원칙은 … 어떠한 탐색도 어떠한 창안도 필요 없다. 그것은 오래 전부터 모든 인간의 이성 속에 존재했었고 이 이성의 존재와 하나가 되어 있었다."[68] 생활 세계적인 인간의 이성은 도덕 법칙을 그 보편적 형식에서 추상적으로만 의식하지 않고 오히려 항상 실제로 눈 앞에 두고 있고 그것을 판단의 규범으로 사용한다.[69] "모든 자연적 인간 이성"이 도덕 법칙을 이성의 의지를 위한 최상의 법칙으로, 완전히 선천적인 법칙으로 인정함으로써, 순수 이성의 단적으로 실천적인 성격은 "가장 평범한 실천적인 이성 사용"을 통해서도 이해될 수 있다. 도덕 법칙은 도덕형이상학으로서의 "학문이 그것을 마치 하나의 사실인 것처럼 사용하기 위해 손에 쥘 수 있기 이전에" "평범한 이성의 판단"에서 정당화된다. 이에 따라 "순수실천이성은, 최초의 자료로서 모든 학문의 기초가 되어야 하는 원칙으로부터 반드시 시작해야 한다."[70] 그런데 일상적인 도덕적 경험에서 도덕 법칙의 의식은 명료한 의식은 아니다. 그러기 때문에 도덕 법칙이 우리의 일상적인 도덕적 사고·감정·행위·성격 등에서 나타난다는 사실을 명료히 인식하기 위해선 이성은 "비판적 반성"을 수행해야 한다. 이성의 사실은 "반성을 통해 우리가 이미 알고 있는 근본적 사실"이다. "반성이란 인식의 과정들과 작용들에 대한 기술적인 지식도 아니고 더구나 철저한 지식도 아니다. 그것은 그것들에 특유한 것, 아마도 그것들이 의존하는 일반적 원칙들과 규칙들

---

67) KpV 163.

68) KpV 188. 칸트에 따르면 "선의지라는 개념은 이미 자연적인 건전한 오성에 내재해 있고 가르칠 필요는 없으며, 오히려 단지 계발될 필요만 있다"(GMS 397).

69) GMS 403-404.

70) KpV 163.

에 대한 지식일 따름이다."71) 본래 이성의 사실은 칸트에겐 개념적이고 사유적인 것이다. 칸트는 이런 이성의 사실에서 생활세계적 준칙들의 도덕적 검증을 위한 기준을 고려하고 있는 것이 아니라 근원적인 윤리적 원칙을 제시하고 있다.

순수실천이성의 사실, 즉 정언적으로 표현된 도덕 법칙에 대한 직접적이고 지성적인 의식은 순수실천이성의 자기 의식, 즉 자기 자신의 필연적 활동 및 이 활동의 원칙에 대한 순수실천이성의 직접적 의식이며, 곧 도덕 법칙의 현실성을 표상한다. 도덕 법칙의 현실성은 내감에 경험적으로 주어져 있는 것이 아니라 실천이성이 자신의 자기 의식에 있어서 알고 있다. 의욕된 객체들을 현실적 객체들로 실현하고자 하는 이성은 각 준칙을 준칙의 도덕 법칙과의 합치에 따라서 평가할 수 있다. 우리의 의지가 도덕 법칙을 통해 규정된다는 사실에 대한 지성적 의식은 바로 순수이성이 자신을 사실상 실천적인 것으로 입증한다는 것을 보여준다. 이처럼 도덕 법칙의 현실적인 지성적 의식으로서 이성의 사실에 대한 이론을 통해서, 이와 함께 순수이성으로부터의 무조건적으로 확실한 실천적 인식을 통해서 『실천이성비판』의 일반적 과제 가운데 소과제가 해명될 수 있다. 말하자면 "순수이성이 실천적일 수 있다는 것, 즉 그 자체로 모든 경험적인 것과 상관없이 의지를 규정할 수 있다는 것", "더욱이 순수이성으로 하여금 우리에게 자신을 실제로 실천적인 것으로 증명하게 하는 사실(Faktum)"이 완전히 해명될 수 있다.72)

---

71) D. Henrich, "Kant's Notion of a Deduction and the Methodological Background of the First *Critique*", 42–43.
72) KpV 72.

3. 의지의 자유

우리는 내적인 경험을 통해서 자유를 증명할 수 없다. 왜냐하면 외적인 경험에서와 마찬가지로 내적인 경험에서도 모든 경험 대상은 외적인 자연이든 내적인 자연이든 자연을 지배하는 인과 법칙에 종속되기 때문이다. 또한 우리는 도덕 법칙과는 달리 자유를 직접적으로 의식할 수는 없다. 우리는 모든 감성적 조건과 상관없이 자유를 의식할 수는 있지만, 그러나 이를 통해서 우리는 자유의 소극적 개념만 가질 수 있다. 우리의 의지가 자유롭다는 사실을 직접적으로 의식하기 위해선 우리는 우리 자신의 의지에 대한 지성적 직관을 소유해야 하지만, 이 지성적 직관은『순수이성비판』의 전제에 따르면 우리에겐 불가능한 능력이다. 만일 우리가 지성적 직관을 통해 의지의 자유를 인식할 수 있다면, 우리는 이 의지의 자유로부터 도덕 법칙을 분석적으로 도출할 수 있을 것이다.

앞에서 본 것처럼, "우리가 직접적으로 의식하는 것은 도덕 법칙이다. … 이 도덕 법칙은 우리에게 맨 먼저 제공되며, 또한 이 도덕 법칙은 이성이 도덕 법칙을 어떤 감성적 조건에 의해서도 극복될 수 없는, 정말로 이 조건으로부터 독립된 규정 근거로 제시함으로써 바로 자유의 개념에 이른다."[73] 도덕 원리 자체는, "어떤 경험도 증명할 수 없지만 그러나 사변 이성이 (자신과 모순이지 않기 위해서 …) 최소한 가능한 것으로 가정할 수밖에 없었던 다 탐구하지 못한 그런 능력의 연역을 위한 원리로 사용된다. 이 능력은 자유의 능력이다. 그 자체로는 정당화하는 어떤 근거도 필요로 하지 않는 도덕 법칙은 이 도덕 법칙을 자신들에게 구속력이 있는 것으로 인식하는 존재들에

---

[73] KpV 53.

겐 자유의 가능성뿐 아니라 자유의 현실성도 증명한다."74) 이처럼 우리가 의식할 수 있는 보편적 입법의 이념이 비로소 우리를 자유의 이념으로 인도한다. 왜냐하면 직접적으로 의식된 도덕 법칙은 독립적으로(어떤 감성적 경향성에도 의존하지 않는다는 의미에서) 우리의 의지를 규정하는 근거이기 때문이다. 바로 여기서 선험적 자유의 의미들, 즉 소극적 의미(독립성)와 적극적 의미(자기 시초)가 실천적으로 규정될 수 있다. 도덕 법칙의 설명될 수 없는 사실은 자유에 적극적 의미를 부여하는 이념이다. 우리는 우리 의지의 지성적 규정 근거로서의 도덕 법칙을 주어진 것으로 직접적으로 의식하기 때문에, 자유를 인식할 수 있는 지성적 직관을 필요로 하지 않고도, 우리가 자유롭다는 사실을 추론을 통해서 의식할 수 있다.

1) 선험적 자유

우리의 오성이 시간과 공간 속에서 감성에 주어지는 모든 현상들에 자신의 사유 형식들인 범주들을 적용하여 자연 현상들의 합법칙성을 산출하면, 자연의 본질(합법칙성)에 대한 선천적인 종합적 인식들로 이루어지는 자연의 존재론(일반 형이상학)이 성립한다. 그러나 여기서 우리가 인식할 수 있는 것은 감성적 현상들일 뿐 초감성적 세계의 형이상학적 인식은 불가능하다. 그럼에도 불구하고 우리에게 이성이 있는 한 우리는 경험의 한계를 넘어서서 초감성적 물자체의 영역들, 즉 독단적 특수 형이상학의 예지적 대상들인 자유, 영혼의 불멸, 예지계, 신 등에 접근하고자 하는 형이상학적 충동도 불가피하게 느낀다. 그런데 변증론, 특히 이율배반에 따르면 비록 추론의 능력

---

74) KpV 82.

으로서 이성이 본성상 감성에 주어진 것을 넘어서서 조건지어진 것으로부터 무조건적인 것으로 나아가고자 할지라도, 이성이 자신의 개념들인 이념들을 물자체에 적용하여 이 물자체에 대한 선천적 인식을 산출할 수 있다는 주장은 모순에 빠진다. 특수 형이상학은 순수한 사고에 의해서만 세워진 사상의 건축물일 뿐이고 자연의 존재론처럼 이론적 학문으로서는 불가능하다. 특수 형이상학의 대상들은 『순수이성비판』의 전제들에 따르면 이론적으로는 인식될 수 없는 것들이다. 이성의 이념들로부터의 모든 이론적 인식은 단적인 가상이라는 것이 바로 선험적 변증론의 결과다. 만일 우리가 불가지적 물자체를 경험적 현상들과 구별하여, 우리의 선천적 인식의 대상은 감성적 현상계일 따름이라는 것을 밝힌다면, 우리는 그러한 모순을 해결할 수 있다. 현상과 물자체의 구별과 함께, 자연적 현상들에 대한 엄밀히 학적인 존재론으로서 형이상학(일반 형이상학)의 가능성은 정당화될 수 있지만, 순수이성으로부터의 하나의 이론적 가설로서의 특수 형이상학은 거부된다. 그러나 칸트는 또한 형이상학의 궁극적 대상들을 실천적 관점에서 정당화하기 위한 과정을 밟는다. 특수 형이상학의 대상들은 칸트의 도덕형이상학에서 실천이성에 의해 요청들로 이끌어지며 도덕적 가정들로 전적으로 새롭게 정당화될 수 있는 것들이다.

자유의 개념은 『순수이성비판』에선 우주론적 계열들의 완성을 위해 가능한 사고로서 가정된다. 『순수이성비판』의 제3이율배반에 따르면, 감성적 자연을 가능하게 하는 인과성의 법칙을 우리가 모든 자연적 원인들에 무제한적으로 적용할 때 원인들의 무한한 연쇄가 발생하여 결국 모순이 생긴다. 원인들은 항상 존재하는 것이 아니라 한 번 발생한 상태로서 다시금 또 다른 원인을 필요로 한다. 시간의 모든 경과된 단편들은 이

전의 시간 단편들에 의해 조건지어지기 때문에, 따라서 무한히 소급된 시간 계열로 인해 어떤 최초의 상태도 가능하지 않을 것이기 때문에, 시간의 조건 아래 놓인 감성계 안에서 원인들의 무한한 계열의 완전한 전체성은 불가능할 것이다. 그러나 인과성의 범주는 이종(異種)적인 것의 종합적 통일의 개념이기 때문에, 감성계 안에서의 현상들은 시간의 조건 아래에서 발생하는 상태들이라고 할지라도, 그 절대적 시초를 예지적 원인에서 가질 수 있다는 것에 대한 사유는 가능하다. 원인 없이도 어떤 상태가 발생할 수 있다고 하는 사유는 불가능하기 때문에, 자연적 상태들의 가능성을 위해서 원인들의 절대적 자발성에 대한 사유는 논리적으로 타당하다. 그러나 이러한 절대적 자발성은 시간 속의 현상들 가운데서 발견될 수 없다. 이에 따라『순수이성비판』에서의 제3이율배반의 정립에서 칸트는 무조건적 자발성에 대한 사유의 가능성과 필연성, 더욱이 현상들 가운데서의 원인들의 절대적 전체성에 대한 사유의 가능성과 필연성을 증명한다. 말하자면 제3이율배반의 정립은 자연의 인과 법칙은 무조건적 보편성의 관점에서 보면 자기 모순적이라는 것을 보여주면서 절대적 시초에 대한 사유의 가능성과 필연성을 증명한다. 여기선 무한한 연속성으로서의 시간의 특성 때문에 무한히 소급되는 감성적 원인들의 계열을 완전한 전체로서 규정하는 오류는 더 이상 발생할 수 없다.75)

---

75) 칸트의 이러한 견해는 고전적 합리론의 독단론으로 귀환하게 된다는 비판을 받을 수 있다. 예컨대 알버트에 따르면 최종적 근거 설정(Letztbegründung)의 모든 시도는 무한 역행이나 논리적 순환이나 근거 설정 절차의 단절에 이르기 때문에 헛된 노력으로 끝난다. 이때 다른 모든 진술을 정초할 수 있지만 그 자체는 더 이상 정초될 수 없는 자명한 진술, 예컨대 데카르트의 명증성 원리와 같은 것은 특히 절차 단절의 오류를 범하고 있는 독단이다(H. Albert, *Traktat über kritische Vernunft*, 11-13 참조).

전적으로 인과성으로부터 독립된 절대적 시초로서 이러한 절대적 자발성은 『순수이성비판』에서 선험적 자유로 규정된다. 따라서 절대적 자발성으로서 선험적 자유는 어떠한 외적 조건들에도 의존하지 않으며, 더 이상의 근거나 조건에 대한 물음은 중단된다. "경험적 조건들로부터의 독립성"은 선험적 자유의 소극적 특징이다. 그리고 "일련의 사건들을 자신으로부터 시작하는 능력"은 선험적 자유의 적극적 특징이다.[76] 그런데 "만일 현상이 물자체라면 자유는 구제될 수 없다."[77] 최초의 예지적 원인을 정립하려면 선험적 관념론의 도입, 즉 현상과 물자체의 구분이 필요하다. 선험적 자유의 능력은 경험 대상들의 총체로서의 자연에서는 가능하지 않다. 왜냐하면 각 작용이 선행적 원인의 결과라는 것을 의미하는 자연의 인과 법칙은 경험 일반의 가능성의 조건들에 속하기 때문이다. 그러나 동시에 『순수이성비판』은 경험의 모든 대상들은 단순한 현상들이고 결코 물자체가 아니라는 것을 증명한다. 존재론적으로 서로 다른 두 종류의 대상들이 있는 것이 아니라 오직 두 종류의 서로 다른 측면에서 고려된 하나의 대상만이 있다. 동일한 대상이 있는 그대로의 대상과 우리에게 현상하는 한에서의 대상으로 이해된다.[78] 우리가 순수 오성의 범주만으로 사유하는 대상은 물자체며, 이 물자체는 우리가 지성적 직관의 결핍으로 인식할 수 없는 대상인 반면, 현상은 우리가 감성적 직관과 범주를 통하여 경험하는 대상이며 물자체의 현상이다. 달리 말하면 현상은 우리의 감성과 오성에 의해 변형된 것으

---

76) A 553-554=B 581-582. A 449=B 477에선 적극적 의미에서의 자유는 "일련의 계기적 사물들이나 상태들을 자신으로부터 시작하는 능력"으로 기술되어 있다.

77) A 536=B 564.

78) B XXVI-XXVII 참조.

로 현상하는 물자체다.

선험적 자유의 경우에서 인과성의 순수한 오성 개념은 현상들이 아닌 비감성적 대상들에 적용된다.[79] 선험적 자유는 물자체의 예지적 세계를 정립하는 자유다. 우리는 선험적 자유의 이념을 비감성적 직관의 결핍으로 인해 인식할 수는 없지만, 원인(근거)의 인과성이라는 순전히 지성적인 오성 개념(범주)을 통해 사유할 수는 있다. 그러므로 이성은 오성의 개념과는 다른 새로운 종류의 인과성을 적용하는 것이 아니다. 이 인과성은 이성의 개념(이념)으로 확장된 오성의 개념이다. 감성적 직관 없이 원인의 인과성의 개념만으로는 인식이 불가능하다고 하더라도, 이 개념은 감성적 직관에 상관없이 오성에 근거한다. 원인의 인과성에 대한 단적인 사유는 감성적 직관에 의한 제한이 없이도 대상들 일반에 대해서 타당할 수 있다. 그러므로 원인은 예지계 속에도 있을 수 있으며, 원인의 결과들은 감성계에서 발생할 수 있다. 이런 경우에는 원인의 개념은 예지계에 적용되고 있다. 인과성의 개념은 이종적인 것의 종합의 통일이기 때문에, 이 개념에서 결합된 것으로 생각된 것들의 특성을 고려할 필요는 없다. 우리는 이러한 비감성적 원인의 개념을 선험적 자유에 적용시켜 이 선험적 자유를 감성계 속에서 발생하는 행위의 예지적 이념으로 사유할 수 있다. 이처럼 우리는 동일한 세계를, 한편으론 자유로부터의 인과성을 박탈하여 단적인 현상으로 파악할 수 있고, 다른 한편으론 그러한 인과성을 선험적 자유에 부여하여 무모순적으로 사유할 수 있다. 선험적 자유는 단지 인과성으로부터 독립된 것으로 이해된 자유다. 왜냐하면 절대적 자발성의 개념이란 단지 행위가

---

79) 인과성 개념을 통해 선험적 자유를 설명하는 것에 관해선 M. Baum, *Die transzendentale Deduktion in Kants Kritiken*, 190-191 참조.

어떠한 외적인 조건들에도 의존하지 않는다는 것, 즉 계속된 근거에 대한 물음은 중단된다는 것만을 의미하기 때문이다. 이러한 선험적 자유는 자연적 인과성으로부터 독립해 있으면서 또한 예지적 자기 시초의 의미도 포함한다. 그러나 예지계에서의 자기 시초의 개념을 통한 선험적 자유에 대한 확증은 선험적 자유에 대한 어떤 종합적 인식도 아니다. 왜냐하면 선험적 자유의 단순한 개념만을 통해선, 말하자면 어떤 직관의 도움도 없다면 어떤 인식도 성립할 수 없기 때문이다. 우리는 예지적 대상들에 대해서 어떠한 직관(감성적 직관이나 지성적 직관)도 갖지 못하기 때문에, 선험적 자유에 대한 모든 이론적 인식은 불가능하다. 절대적 자발성은 이념으로 확장된 인과성 범주일 뿐 그것이 적용될 존재론적 대상은 없다. 『순수이성비판』의 선험적 변증론의 결과들에 따르면 순수이성의 이념들로부터의 모든 이론적 인식은 단적인 가상이다.

2) 의지의 자율

선험적 자유는 독립성이라는 소극적 의미와 자기 시초라는 적극적 의미를 가지고 있다. 그러나 선험적 자유의 적극적 의미는 아직은 무규정적인 특징이기 때문에 엄밀히 말하면 선험적 자유의 소극적 의미와 구별될 수 없다. 이제 그것은 『실천이성비판』에선 실천적으론 규정된다. 자유의 적극적 개념으로서 자율은 순수실천이성의 고유한 입법이며, 이를 통해 자기 시초는 규정된 의미를 확보한다.[80] 우리는 이성을 통해 도덕법칙을 의지의 선천적 규정 근거로 직접적으로 의식하지만, 또한 동시에 우리는 행복을 산출하는 감성적 경향성도 의식한다.

---

80) KpV 59, GMS 446 참조.

따라서 유한한 이성적 존재의 의지는 도덕 법칙에 종속하는 한에서 순수 의지이지만, 또한 동시에 의지의 보편타당한 규정 근거에 위배될 수도 있는 감성적 경향성 혹은 행복의 준칙도 포함한다.81) 유한한 이성적 의지는 신성한 의지가 될 수 없으므로, 도덕 법칙은 그에게는 단적인 명령으로 부과된다. 그것은 어떤 질료적 조건과도 관계없는 명령으로 다가온다. 그것은 단지 강제만 포함할 뿐이다. 유한한 이성적 의지는 신성한 의지와는 달리 준칙의 합법칙성을 필연적으로 선택하는 것은 아니며, 도리어 준칙들을 채택할 때 준칙의 합법칙성의 이념을 도외시할 수 있다. 그러기 때문에 유한한 의지의 도덕 법칙과의 관계는 의무의 관계다. 도덕 법칙에 의해 명령된 행위들은 실천이성의 지성적 자기 강제에서 발생하는 의무들이다. 이 의무들은 실현되어야 할 의무들일 뿐 현실적으로 의욕된 의무들은 아니다. 도덕 법칙의 이념이 저절로 준칙들의 선택으로 이끌어지진 않는다. 유한한 이성적 의지의 이러한 특징은 의지의 고유한 입법으로서 의지의 자율에 대한 규정으로부터 이해될 수 있다.

이제 의지의 특성은 의지의 유일한 규정 근거가 준칙의 입법적 형식이라는 데 있다. 이성만이 준칙의 입법적 형식의 이념을 사유할 수 있고 이런 이념은 어떤 감성적 현상도 아니다. 만일 인간적 의지가 준칙의 입법적 형식이라는 이성의 이념을 통해서 규정된다면, 그것은 자연적 현상들을 지배하는 인과 법칙으로부터 독립적인 능력이 되며, 만일 인간적 의지가 준칙의 입법적 형식의 이념 외에 다른 어떤 규정 근거도 포함하지 않

---

81) KpV 57 참조. 우리의 유한한 의지는 도덕 법칙에 종속한다면 순수 의지다. 그러나 우리는 "욕구들과 감성적 동인들에 의해 촉발된 존재"이기 때문에 우리의 유한한 의지는 "신성한 의지, 즉 도덕 법칙을 거역하는 어떤 준칙도 가질 수 없는 의지"가 될 수 없다(KpV 57).

는다면, 그것은 엄밀한 의미에서 자유로운 능력이 된다. 인간적 의지의 자유에 특징적인 것은, 인간적 의지는 준칙의 경험적 질료에 의해서 규정될 수 없으며 오히려 자신의 준칙의 입법적 형식의 이념에 의해서만 규정될 수 있다는 데 있다.

물론 자유는 도덕 법칙의 존재 근거이지만, 도덕 법칙은 자유의 인식 근거다.[82] 순수실천이성은 모든 감성적 경향성으로부터 독립된 근본 법칙을 우리 의지의 선천적 규정 근거로 제시하며, 이제 자유는 순수실천이성의 고유한 입법으로서의 자율이 된다. 실천이성은 그 이성적 활동에서 이 활동 및 활동의 원칙인 도덕 법칙을 통찰하는 자기 의식을 소유하고 있고, 이를 통하여 인간적 존재는 또한 자기 자신을 이런 도덕 법칙의 원리에 따라 행위할 수 있는 자유로운 존재로 생각한다. 이때 도덕 법칙은 모든 이성적 존재의 실천적 활동을 위한 필연적 원칙이면서 유한한 이성적 존재가 자기 자신에게 부과한 원칙, 따라서 자율의 원칙이 된다. 또한 실천이성은 도덕 법칙에 대한 자기 의식적 통찰을 통해서 자기 자신이 감성적 경향성의 타율적 동기에 의해 지배되는 현상계의 구성원이 아니라 자율의 원칙에 따르는 예지계의 입법적 구성원이라는 사실을 의식하게 된다. 이처럼 실천이성은 실천적 자기 의식을 통해 도덕 법칙의 소여를 직접적으로 의식함으로써 자유의 현실성을 통찰하게 되며 또한 목적의 예지적 왕국의 입법적 구성원으로서의 자기 존재의 확실성을 의식하게 된다.[83] 그런데 우리의 고유한 유한한 이성은 정언적 도덕 법칙의 이념에 따라 보편 법칙을 우리 자신에게 선천적으로 부여하지만(선천적으로 입법

---

82) KpV 5 주석 참조.
83) 이성의 사실과의 관련 속에서 실천이성의 자기 의식에 관해선 H. J. Paton, *The Categorical Imperative*, 220-221, 245-246, 258-259 참조.

하지만), 그러나 우리의 고유한 의지가 도덕 법칙의 결여로서 항상 동반하는 경향성은 이성적 의지의 활동에 대한 실제적 방해물이며, 따라서 이성적 의지의 준칙들은 저절로 도덕 법칙과 합치하진 않는다. 의지 자신 안에 있지 않는 규정 근거에 대한 의지의 의존성은 타율이다.

이와 같이 도덕 법칙의 사실성에 대한 지성적 의식은 자유의 이념으로 이어진다. "이성은 자기 자신을 자신의 원리들의 창조자로 간주해야 한다."[84] 우리의 순수 의지는 비감성적인 도덕 법칙을 우리 의지의 선천적 규정 근거로 제시하며, 이제 자유는 순수 의지의 고유한 입법을 의미하는 자율로 규정된다. "자율의 원리는, 선택의 준칙이 동시에 보편법칙으로서 동일한 의욕 안에 포함되는 것 외에는 달리 선택을 하지 않는다는 것이다."[85] "그러므로 자유 의지와 도덕 법칙 아래 있는 의지는 동일한 것이다."[86] 만일 우리가 준칙의 보편타당성의 이념에 따라 행위하기를 원한다면, 말하자면 우리가 준칙을 구상할 때 준칙의 보편적 형식 자체를 의욕의 대상으로 삼는다면, 이것은 우리의 자유로운 ─ 경향성의 결정으로부터 벗어나서 자신의 원리를 따를 수 있다는 의미에서 자유로운 ─ 의욕과 행위를 보여준다. 이제 우리는 의지의 자율의 원리에 따라 규정될 수 있는 준칙만 자신의 행위 규범으로 삼는다. "이성적 존재의 의지는 자유의 이념 아래에서만 그 자신의 의지일 수 있다."[87] 결국 도덕 법칙에 대한 의식은 순수 의지 및 이 순수 의지의 자율에 포함된 여러 특징들에 대한 이해를 가능하게

---

84) GMS 448.
85) GMS 440.
86) GMS 447.
87) GMS 448.

한다. 이처럼 이성의 사실, 즉 도덕 법칙 자체의 사실적 의식을 통해서만 순수 의지의 자율은 추론될 수 있다.

"순수실천이성의 근본 법칙"에 대한 의식, 즉 "네 의지의 준칙이 항상 동시에 보편적 입법의 원리로서 타당할 수 있도록 행위하라"는 명령에 대한 의식에 포함된 이성의 실천적 자기 입법은 이미 자율을 표현하고 있다.[88] 물론 실천적 자기 입법은 이성적 행위자로서의 우리가 또한 어떤 조건 아래에서 우리의 행위를 위한 임의의 원리들, 이를테면 목적들의 실현에 대한 선행적인 관심에 의존하는 질료적 원리들(예컨대 영리함의 원리와 숙달의 원리)을 정립할 수도 있다는 의미를 포함하고 있다. 그러나 도덕 법칙은, 우리가 보편성의 이념에 따라 우리의 준칙들을 선택할 것을, 우리가 우리 준칙들을 통해서 보편타당성의 이념에 따라 모든 이성적 존재의 의지에 타당한 입법자가 될 것을 무조건적으로 명령한다. 선여된 질료에 의존하지 않으면서 도덕 법칙에만 적합한 준칙은 보편타당성을 자체 속에 포함하고 있는 원리다. 말하자면 우리는 다른 모든 이성적 의지에게도 타당한 우리의 고유한 입법을 수행하기를 의욕한다. 우리가 준칙의 보편적 형식 자체를 의욕할 수 있을 경우에만, 준칙은 도덕적으로 선한 원리가 되며, 이에 따라 이성적 의지가 실현하고자 하는 도덕적 노력의 대상이 된다. 이와 같이 도덕 법칙은 그것에 포섭되어야 할 객체들의 직관들에 의존하지 않고 주체의 관점에서 여전히 획득되어야 할 객체에 선행해서 의지를 규정할 수 있다면 실천적 인식, 즉 의욕된 객체의 실현을 목표로 삼고 있는 인식을 낳을 수 있다.

---

88) 칸트는 의지의 자율만을 도덕의 유일한 최상의 원리로 간주한다. 그런데 라이히는 칸트가 의지의 자율을 보편 법칙의 수립과 혼동하고 있다고 비판한다. 자기 입법의 보편적 사유는 선여된 목적에 의존할 수 있다는 것이다(K. Reich, *Rousseau und Kant*, 14-15 참조).

오성은 원인(근거)이라는 순전히 지성적인 개념을 가지고 있다.[89] 오성에 선천적 근원을 가진 이 원인의 개념은 물론 감성적 직관의 도움이 없다면 아무런 인식도 산출할 수 없지만, 그럼에도 불구하고 근원적으로 보자면 어떤 직관과도 상관이 없다. 이와 함께 원인의 오성 개념은 그 자체만으로는 객체의 인식적 규정일 수는 없지만, 그러나 감성적 직관에 제한되지 않고 대상들 일반에 대해서 타당할 수 있다. 그러기 때문에 그것은 비감성적인 예지계에 대해서도 타당한 개념일 수 있다. 원인과 결과의 개념은 오성이 이종적인 다양을 종합하기 위해 사용하는 개념이다.[90] 이에 따라 이러한 개념에 의해 종합된 원인과 결과의 구체적 특성들은 도외시될 수 있다. 말하자면 설사 원인이 예지계에 속해 있다고 하더라도, 이 원인의 결과들은 감성계에서 발생할 수도 있다. 그런데 원인의 개념은 또한 인간적 의지와 관련된 주체의 규정일 수도 있다. 만일 이성이 원인의 개념을 주체에 적용해 원인의 개념을 통해 단순히 주체에 대해 사유한다면, 이러한 사유는 실천적 관점에서 주체의 규정을 위해 충분한 표상이다.[91] 이성은 이러한 오성 개념에 따라서만 사유할 수 있다. 그것은 새로운 종류의 인과성을 적용하는 것이 아니라 이성 그 자체가 순수이성으로서 의지를 규정하기 위해 인과성의 개념을 사용한다. 그것은 비감성적이고 예지적인 원인의 개념을 자기 자신에 적용하여 자기 자신을 감성계의 현상으로서의 행위의 예지적 행위자로 사유할 수 있다. 여기서 예지계에 대해 타당한 법칙은 감성계에 대해서도

---

89) 인과성 개념을 통해 의지의 자율을 설명하는 것에 관해선 M. Baum, *Die transzendentale Deduktion in Kants Kritiken*, 201-202 참조.

90) A 144=B 183, A 189-211=B 232-256 등 참조.

91) B 166 주석 참조.

타당할 수 있다는 점이 드러난다.

　이성의 사실(도덕 법칙의 사실적 의식)은 원인의 인과성에 대한 인식을 정당화할 수 없지만, 그러나 원인의 인과성을 통한 사유가 단순히 자의적이거나 공허한 사유는 아니라는 것을 지시한다. 자유의 인과성은 『순수이성비판』에선 우주론적 계열들의 완성을 위해 무모순적이라는 의미에서 단순히 개연적인 개념으로만 가정되었기 때문에 그것은 완전히 공허한 개념에 불과했다. 절대적 자발성은 오성의 인과성 범주가 확장된 이념일 뿐 그것이 적용되는 대상은 존재론적인 의미에선 없었다. 단적으로 인과성 범주에만 기인한 모든 인식은 가상일 따름이었다. 이런 관점에서 본다면 독립성이라는 소극적 의미와 자기 시초라는 적극적 의미를 포함한 선험적 자유는 전적으로 무규정적인 개념일 따름이다. 이에 따라 『순수이성비판』에서의 선험적 자유의 개념은 윤리적으로 규정되어야 한다. 말하자면 순수 오성의 개념에 의존하지 않은 이성의 사실을 통해 우리 의지의 실천적 인과성의 개념은 자발적으로 활동하는 우주론적 원인의 공허한 개념에 구체적인 내용을 부여한다. 도덕 법칙의 인정은 또한 동시에 순수실천이성의 무조건적 자율을 의미하는 인간적 의지의 자유가 현실적이라는 것에 대한 의식이다. 따라서 도덕 법칙의 사실적 의식은, 감성적으로 조건지어지지 않음이라는 소극적인 의미를 포함하는 자유로부터의 인과성에 자율이라는 적극적 의미를 부여한다.

　우리의 행위가 자유롭다는 것은 우리의 의지가 준칙들의 보편타당성의 이념에 따라 행위한다는 것, 말하자면 우리의 의지가 준칙을 선택할 때 준칙의 합법칙성 자체를 준칙으로 선택한다는 것을 의미한다. 이제 선험적 자유의 무규정적 개념은 도덕 법칙에 대한 우리의 사실적 의식과 이를 통해 자유로부터의 인과성의 법칙에 대한 우리의 사실적 의식을 통해 실천 철학적 관점에서 적극적인 의미를 부여받는다. 이와 함께 선험적 자유의 형식적 사고는 내용을 획득한다. 왜냐하면 도덕 법칙의 사실적 의식을 통해 통찰된 자유의 현실성은 초감성계에 놓여 있기 때문이다. 우리는 우리의 의지가 도덕 법칙의 지배를 받는다는 것을 의식함으로써 우리는 동시에 인과 법칙에 따르는 자연적 사물들의 질서와는 다른 예지적 질서를 사유한다. 이처럼 도덕 법칙의 지성적 의식은 또한 이성적 의지가 현존하는 예지적 질서의 의식을 포함한다. 결국 순수 오성에 기인한 인과성의 개념은 현상들이 아닌 초감성적 대상들에 실천적인 방식으로 적용된다. 의지의 인과성의 법칙, 즉 도덕 법칙이 감성계 안의 현상들인 행위들을 규제하는 초감성적 원인 (근거)이라면, 자유의 이념도 도덕 법칙의 이념에 합치해서 일종의 인과성의 의미를 포함하고 있다. 도덕 법칙의 이념이 의지를 지성적으로 규정하는 근거로 작용하는 한, 자유로부터의 인과성은 의지의 자유가 존재하는 초감성계에 직접적으로 적용된다. 자유로부터의 인과성에 따라 가능한 이성적 의지의 예지적 질서는, 지성적 직관은 우리에게 구비되어 있지 않기 때문에 우리 자신에 대한 지성적 직관에 의해서가 아니라 정언명법의 의식에 의해서만 사유될 수 있을 뿐이다.

순수실천이성은 내감이 없이도 순수한 자기 의식을 통해 도덕 법칙의 현실성을 의식하며, 도덕 법칙의 현실성에 대한 의식을 통해 의지에 적용된 인과성 개념의 타당성을 확신한다. 도덕 법칙의 이념이 인과성을 가지고 있다면, 입법적 자율로서의 자유의 적극적 개념도 인과성을 가지고 있다. 도덕 법칙의 의식은 비감성적 원인으로서의 자유로부터의 원인을 정당화한다. 그렇다고 하더라도 우리는 예지적 원인을 인식할 수 없다. 모든 감성적 조건들로부터 독립된 예지적 원인에 대한 인식을 위해선 이 예지적 원인에 대한 내적인 비감성적 직관이 우리에게 구비되어야 하지만 우리의 이론 이성은 비감성적 직관을 결여하고 있기 때문이다. 순수이성 자체가 실천적이라는 것을 통해 우리의 이론 이성은 아무 것도 인식하지 못한다. 이성의 사실이 선험적 자유의 공허한 사유에 실천적 의미를 부여한다고 하더라도, 우리는 예지적 직관의 부재로 선험적 자유의 가능성을 인식할 수 없었던 것과 마찬가지로 실천적으로 규정된 자유, 즉 의지의 자유도 똑같은 이유로 인식할 수 없다.

또한 의지의 자율에 대한 논의에선 우리의 의지가 의욕된 객체 자체를 실현할 만큼 충분한 인과적 능력을 소유하고 있는가 하는 물음은 중요하지 않다. 이런 물음은 의지가 본래 선인가 악인가, 우리의 의지가 준칙 자체의 보편타당성의 이념 자체를 준칙으로 수용할 만큼 충분한 능력을 소유하고 있는가 하는 물음들과 마찬가지로 의지의 본성에 대한 이론적 고찰에서만 답변될 수 있을 뿐이다. 그러한 물음은 행위 능력으로서의 의지의 규정에 대한 물음과 같은 것이 아니며 따라서 윤리적 고찰의 대상은 아니다. 그럼에도 불구하고 자율의 법칙에 대한 의식 속에 포함된 자유의 이념은 경험의 영역 속에서 행위하고 있는 인간의 실천을 내재적으로 규정하고 있는 유일한 이념이다.92) 준칙들의 합법칙적 형식에 대한 사유를 통해 의지를 직접적으로 규정하는 실천이성은 이론 이성에게는 공허하게 사유된 자유의 이념에 실천적 규정을 부여함으로써, 도덕적 통찰과 함께 자유의 이념은 "사변 이성까지도 포함하는 순

---

92) 여기서 이념은 "경험의 가능성의 원리, 다시 말하면 도덕적 지시들에 따라서 인간의 역사에서 발견될 수 있을 그런 행위들의 가능성의 원리"다(A 807=B 835). 또한 KpV 98-99 참조.

수이성의 체계의 전 건축물의 종석(宗石)"이다.[93]

4. 목적의 왕국과 최고선 그리고 도덕 법칙의 전형

1) 목적의 왕국과 최고선

우리는 우리의 의지가 도덕 법칙의 사실적 의식에 의해서만 규제되지 않고 또한 감성적 경향성들의 타율에도 종속될 수 있다는 것을 의식한다. 우리의 의지가 경향성들의 타율에 종속된다면, 우리의 의지는 외감이나 내감의 자연 현상들처럼 인과 법칙에 의해 규정된다. 그러나 또한 우리는 도덕 법칙의 사실적 의식을 통하여 우리의 의지를 규정하고 이런 도덕적 의식을 통해 감성적 경향성의 반도덕적 동기들을 규제한다면, 현실적인 것으로 통찰된 도덕 법칙은 우리의 의지를 자율적 의지, 즉 적극적 의미에서 자유로운 의지로 확증할 것이다. 의지가 인과성의 자연 법칙에 의해 규정된 의지, 즉 경험적으로 조건 지어진 의지라면, 감성적 자연에서 현실적으로 발생한 것은 단지 우연적인 것이거나 아니면 결코 도덕적으로 있어서는 안 될, 즉 도덕적으로 불가능한 것이다. 의지가 도덕 법칙에 의해 규정된 의지라면 도덕 법칙으로부터의 이탈은 불가능하다.

이성적 행위자가 도덕 법칙의 사실적 의식을 통해 자신에게 속한 것으로 생각하는 자율은 『순수이성비판』에서 고려된 우주론적 의미에서의 선험적 자유의 개념을 실천철학적으로 규정한다. 선험적 자유의 인과적 능력은 주어진 경험적 대상들의

---

93) KpV 4.

총체로서의 인과적 자연에 속할 수 없다. 모든 행위를 선행하는 원인의 결과로 규정하는 자연의 인과 법칙은 현상들로서의 대상들의 경험의 가능성 조건들에 속한다. 그러기 때문에『순수이성비판』의 제3이율배반의 해결에 따르면 "만일 현상이 물자체라면 자유는 구제될 수 없다."[94] 예지계에서 절대적 자발성의 의미를 포함하는 선험적 자유의 개념이 없다면 물론 도덕적 자유도 있을 수 없지만, 그렇다고 선험적 자유의 개념만으로 아무런 직관 없이 선험적 자유에 대한 종합적 인식이 가능한 것은 아니다.

그런데『순수이성비판』에 따르면 존재론적으로 구분된 두 세계들, 즉 현상의 감성적 세계와 물자체의 예지적 세계가 현존하는 것이 아니라, 하나의 동일한 세계가 이 세계에 관계하는 인식 주체의 관점에 따라서 두 세계로 분류된다. 제1『비판』의 결론에 따르면 인간적 경험의 모든 대상들은 감성적 직관에 주어지고 범주적 오성에 의해 사유된 현상들일 뿐이며, 오성에 의해 사유되기만 한 물자체가 아니다. 현상으로서의 경험적 대상은 인과 법칙에 의해 지배된다. 그런데 자유의 질서는 현상계에선 발견될 수 없다. 그러나 이러한 현상계로부터 자유를 박탈하여 예지계에 귀속시키는 것은 무모순적으로 충분히 사유될 수 있다. 그럼에도 불구하고 이러한 예지계는 지성적 직관의 부재로 말미암아 우리에 의해 인식될 수 없다. 자유로부터의 인과성이 속하는 예지계는 정언적으로 정식화된 도덕 법칙에 따라서 사유될 수 있을 뿐이다.

도덕 법칙의 사실적 의식은 두 사유들, 한편으론 예지계의 법칙으로서 지성적 의지 규정의 법칙에 대한 사유와 다른 한편으론 순수실천이성의 궁극 목적, 즉 최고선에 대한 사유를

---

94) A 536=B 564.

포함한다. 도덕 법칙의 사실적 의식은 우리에게 예지계의 인식을 주지 못하지만 그러나 예지계의 개념을 지시한다. 이론 이성은 예지계의 개념을 전적으로 규정할 수 없지만, 우리가 현실적인 것으로 의식하는 도덕 법칙은 예지계의 개념에 적극적 의미를 부여한다. 우리가 도덕 법칙에 따라 행위할 때 우리는 또한 예지계를 의식한다. 말하자면 우리가 준칙의 입법적 형식의 이념에 따라 행위할 때 우리는 도덕 법칙의 이념이 보여주는 예지계의 질서와 만나게 된다. 도덕 법칙의 사실적 의식을 통해 규정된 우리의 의지는 자연적 인과 법칙에 지배된 의지일 리가 없다. 이에 따라 그것은 현상계에 속할 수 없고 예지계에 속한다.95) 이와 같이 감성적 자연을 의식하는 인간에게 도덕 법칙은 명령일 따름이지만, 그러나 도덕 법칙의 현실성의 의식은 우리를, 이념에 따라 도덕 법칙이 우리의 모든 행위들의 필연적 원리가 되는 예지계로 옮겨놓는다. 우리가 인식을 통하여 예지계에 도달하지 못하면 못할수록, 도덕 법칙의 사실적 의식은 도덕 법칙으로의 우리의 귀속성을 확인시키며, 또한 과연 우리가 도덕 법칙에 적합한 행위들을 수행할 수 있는가 어떤가를 통찰할 필요 없이 도덕적 예지계를 의식시킨다.

순수이성의 사실을 통한 우리의 도덕적 통찰은 도덕 법칙이 그 이념에 따라 모든 행위들의 규정 원칙으로 생각되는 세계를 보여준다. 우리는 지성적 직관이 없으므로 초감성계를 인식할 수 없다고 하더라도 도덕적 통찰을 통해서 도덕 법칙이 초감성계의 법칙이라는 것을 인정한다. 모든 이성적 인격이 도덕 법칙에 따라 목적 자체로 대우받아야 하는 목적의 왕국은 초감성계의 본질이다. 이성적 행위자의 초감성계는 선천적으로 우리의 의지 능력을 규정하는 자율의 법칙에 의해 규정된 세

---

95) "그 자체가 현상이 아닌, 감관의 대상에서의 그것"은 예지계다(A 538=B 566).

계다. 따라서 자유로운 예지적 행위자의 현존에 대한 모든 사유는 도덕 법칙의 의식을 통해 규정된다. 만일 도덕 법칙이 초감성계 자체의 법칙이라면, 초감성계의 관점에선 도덕 법칙은 유한한 이성적 행위자의 행위들을 강제하기 때문에 유한한 이성적 행위자에겐 당위를 통해 정식화되어 있는 법칙이 아니라 오히려 바로 예지적 현존의 근본 법칙이다. 그러나 초감성계는 감성적 자연 외에 또 하나의 주어진 현존 세계가 아니라 단지 도덕 법칙의 이념에서 실현되고 이성의 이념에 따라 사유된 세계일 따름이다. 그러기 때문에 그러한 세계는 인과 법칙에 의해 기계적으로 규제된 세계일 수 없다. "이성은 경험적으로 주어진 근거에 굴복하지 않고 현상에서 나타나는 사물들의 질서를 따르지 않으며, 완전한 자발성을 가지고 이념들에 따라 고유한 질서를 형성한다. 이성은 이 질서에 경험적 조건들을 짝 맞추고, 이 이념들에 따라 심지어 아직 발생하지 않았고 아마도 발생하지 않을 행위들까지도 필연적인 것으로 설명한다. 그러나 그럼에도 불구하고 모든 행위들에 대해서, 이성이 그것들과 관련해 인과성을 가질 수 있다는 것은 전제되어 있다. 왜냐하면 그렇지 않고서는, 이성이 그의 이념들로부터 경험에서의 결과들을 기대하지 못할 것이기 때문이다."[96] "그러나 만일 우리가 바로 동일한 행위들을 이성과의 관계에서 고려한다면, 더구나 … 전적으로 이성이 행위들 자체를 산출하는 원인인 한에서의 이성과의 관계에서만 고려한다면, 한마디로 말해서 우리가 행위들을 실천적 관점에서 이 이성과 비교한다면, 우리는 자연 질서와는 전혀 다른 규칙과 질서를 발견한다. 왜냐하면 거기서는 자연 진행에 따라 발생했고 그리고 경험적 근거들에 따라 불가피하게 발생할 수밖에 없었던 모든 것이 아마도 발

---

96) A 548=B 576.

생해서는 안 되었을 것이기 때문이다."97)

모든 이성적 존재들은 자신의 준칙에 대한 구상을 통해서 자신들을 보편적 실천 법칙의 입법자들로 의식한다. 스스로 자신에게 부과한 정언적 도덕 법칙의 조건 아래 모든 이성적 존재들은, 모든 인격들을 단순히 수단으로서가 아니라 또한 동시에 목적 자체(궁극 목적으로서의 선의지)로 대우하라는 명령에 의해 체계적으로 통합된다. 이성적 존재들이 정언명법에 종속되는 목적의 왕국은, 이 체계 안에서 모든 이성적 존재들의 개인적 목적들도 조화롭게 실현되어야 하지만, 또한 동시에 모든 이성적 존재들은 목적 자체로 대우받아야 할 이상이다.98) 바로 여기에 인간의 존엄성이 놓여 있다.99)

"이성적 존재는 자기 자신에게 목적을 정립함으로써 여타의 존재들보다 자신을 두드러지게 한다. 이 목적이 각각의 선의지의 질료일 것이다. 그러나 (이런저런 목적의 달성의) 제한적 조건 없이 단적인 선의지라는 이념에선, 모든 산출되어야 할 목적은 (각각의 의지를 단지 상대적으로만 선한 것으로 만드는 것으로서) 철저히 무시되어야 하기 때문에, 목적은 여기선

---

97) A 550=B 578.
98) "나는 '왕국'이란 말이 공동의 법칙들에 의한 서로 다른 이성적 존재들의 체계적 결합을 뜻하는 것으로 이해한다. 그런데 법칙들은 그것들의 보편타당성에 따라 목적들을 규정하기 때문에, 이성적 존재들의 개인적 차이와 마찬가지로 이들의 사적인 목적들의 모든 내용을 도외시한다면, 체계적으로 연결된 (목적 자체로서의 이성적 존재들, 그리고 각 이성적 존재가 스스로 정립할지도 모르는 고유한 목적들의) 모든 목적들의 전체가 생각될 수 있다. 다시 말해 앞서 말한 원리들에 따라서 가능한, 목적들의 왕국이 생각될 수 있다"(GMS 433). 칸트의 용어 'Reich'(이 용어의 영어 번역 'kingdom' 혹은 'realm')를 칸트 자신의 이론적 관점에서 '왕국'으로 번역하려는 시도에 관해선 Paton, *The Categorical Imperative*, 187-188 참조.
99) "자율은 인간적 존재와 각 이성적 존재의 존엄성의 근거다"(GMS 436).

산출되어야 할 목적이 아니라 오히려 자립적 목적으로, 따라서 단지 소극적으로만 생각되어야만 한다. 다시 말해 그것에 반해 행위해서는 안 되며, 그러므로 그것은 단순히 수단으로서가 아니라 항상 동시에 각각의 의욕에서 목적으로서 존중받아야 한다. 그런데 이 목적은 모든 가능한 목적들의 주체 자신 이외의 다른 것일 수 없다. 왜냐하면 이 주체는 동시에 가능한 단적인 선의지의 주체이기도 하기 때문이다. 이것은 이 선의지는 모순 없이는 다른 어떤 대상의 뒤에 놓일 수는 없다는 이유에서다."[100] 이러한 선의지의 소유자로서 모든 도덕적 "인격은 그 실존이 우리 행위의 결과로서 우리에 대해 가치를 갖는 단순히 주관적인 목적이 아니라 오히려 객관적인 목적이다." 이에 따라 모든 순수한 이성적 인격은 "절대적 가치"를 갖는 데 반해 감성적 경향성의 모든 대상은 상황에 따라 우연적으로 발생하는 욕구에 의존하므로 "조건지어진 가치"만을 갖는다.[101] 그런데 완전한 선의지의 주체가 아닌 유한한 인간은 자립적이고 무조건인 목적만을 갖는 것이 아니며, 산출되어야 할 조건지어진 목적들도 갖고 있다. 이성적 인간은 무조건적 목적만을 필요로 한 것이 아니라 그 자신 유한한 인간인 이상, 존재의 다차원적 구성을 위해 불가결한 다양한 조건지어진 목적들을 임의적으로 정립한다. 그러나 "이성적 존재는, 그것의 본성상 목적으로서, 그러니까 목적 자체로서 모든 준칙에 대해 모든 단순히 상대적이고 자의적인 목적들을 제한하는 조건이 되어야 한다."[102] 이를 통해 다양한 조건지어진 목적들이 궁극적으로 무조건적 목적의 실현에 기여할 수 있으며, 이로부터 사적 목적들의 조화

---

100) GMS 437.

101) GMS 428.

102) GMS 436.

로운 체계가 정립될 수 있다.

목적의 왕국은 근본적으로 목적 자체의 왕국이다. 목적의 왕국에서 모든 인격들은 서로를 자유롭고 평등하며 독립적인 이성적 행위 주체들로 존중한다. 그들은 모든 자연적 경향성을 거부하면서 자유롭게 자신들의 의지를 정립하고 실현하고자 하는 순수한 도덕적 의지 주체들이다. 목적의 왕국을 위한 도덕 법칙은 모든 유한한 인격들에겐 정언명법으로서, 도덕적 의지의 준칙의 보편타당성을 무조건적으로 요구하는 근원적 원칙이다. 목적의 왕국은 도덕 법칙에 따라 가능한, 모든 이성적 존재의 도덕적 질서다. 그 같은 목적의 왕국은 내적인 자유로부터 상호 존중하는 모든 인격적 행위 주체들에 대한 도덕 법칙의 타당성을 보여준다. 여기선 어떠한 외적인 강제력도 필요하지 않으며, 모든 선택과 행위는 자유롭게 자신들의 의지를 정립하고자 하는 모든 인격들의 도덕적 통찰에서 생긴다. 이상적인 목적의 왕국에선 모든 이성적 인격들은 목적의 왕국의 입법적 구성원들로서 보편적 실천 법칙에 종속되어 있으며, 이에 따라 목적 자체로 대우받아야 할 도덕적 의지 주체들로 규정된다. 목적의 왕국은 도덕 법칙의 지배 아래 그 자체가 목적 자체로서 자유로운 이성적 인격들의 통합체며 이와 같은 의미에서 순전히 "윤리적 국가"[103]다. 이때 자유로운 인격들이 자기 자신들을 목적의 왕국의 입법적 구성원들로 여기기 위해선 그들은 자신들의 준칙들이 도덕 법칙에 부합해야 한다는 것, 이에 따라 그들의 준칙들은 타인들에 의해서 타인들 자신의 인간성과 합치한 것으로 인정받을 수 있는 그런 보편 법칙과 배치된 목적들에 타인들을 종속시키지 않는다는 것을 확신해야 한다.[104]

---

103) Rel., VI 94.

이처럼 비록 모든 이성적 존재들이 목적의 왕국의 구성원들로 보편 법칙에 종속되지만, 그들 자신의 이성적 의지가 자신들에게 부과한 보편 법칙에 종속되기 때문에, 목적의 왕국은 오직 구성원들의 자율 혹은 의지의 자유에 의해서만 성립될 수 있다.[105] 목적의 왕국 안에서 욕구들이나 목적들 사이의 갈등을 조화롭게 극복하고자 하는 행위들의 완전한 체계는 모든 이성적 의지의 이상으로서 실천이성의 자기 의식, 즉 자기 자신의 필연적 활동 및 이 활동의 원리에 대한 실천이성의 직접적 의식에 기인한다. 목적의 왕국은 형이상학적 예지계의 본질을 구성한다. 예지계는 그 자체가 현상계의 초감성적 원형으로서 도덕적 세계로 생각된다. 순수의지의 근본 법칙이 이 도덕적 세계의 법칙이다. 주어진 다양한 현상들이 인과 법칙에 따라 비로소 통일적 자연으로 형성되는 것처럼,[106] 예지계는 도덕 법칙의 이념에 따라서 가능하다.[107] 그러기 때문에 칸트는 목적의 왕국으로서의 예지계를 단지 "이상(Ideal)",[108] 즉 도덕 법칙의 "이념을 통해서만 규정될 수 있거나 전적으로 규정된 것"[109]으로 간주한다. 예지계의 이상은 도덕 법칙을 통한 실천이성의 이념에 대한 규정들만을 포함한다. 그런데 예지계의 이상은 실천적 인식, 즉 의욕된 대상을 실현해야 하는 인식에 관계한다. 이에 따라 예지계는 그것의 타당성을 위해 이론적 인식을 필요로 하지 않지만, 그럼에도 불구하고 그것에 대한 사

---

104) J. Rawls, *Lectures on the History of Moral Philosophy*, 204.

105) GMS 434.

106) A 542=B 570 참조.

107) "오성계의 법칙"은 곧 "자유의 이념에서 이 오성계의 법칙을 포함하는 이성의 법칙"이다(GMS 454).

108) GMS 462.

109) A 568=B 596.

유 규정들이 현실적으로 의지를 규정하는 근거를 형성한다. 인과 법칙을 통해서만 감성적 세계 속의 현상들이 비로소 자연을 형성할 수 있는 것처럼 도덕 법칙에 따라서만 예지계 속의 사물들은 초감성적 질서를 형성할 수 있다. 바로 이러한 의미에서 예지계는 단순히 이상이다.

예지계와 감성계는 일종의 원형과 모상의 관계를 형성한다.110) 말하자면 감성계가 도덕 법칙에 따라 규정된 초감성계의 짝이라는 생각은, 우리 의지를 규정하는 근거로서 원형적 초감성계의 이상이 실현되는 결과는 감성계에서 존재해야 한다는 것을 요청한다. 순수이성은 유한한 이성적 행위자가 존재하는 감성계 속에서 예지계의 이념에서 사유된 도덕적 규정들을 실현할 것을 우리의 의지에게 명령한다. 초감성적 예지계의 법칙으로서 도덕 법칙은 자유의 왕국의 이념이라는 원형에 따라 감성계에 거주하는 이성적 존재들을 도덕화하는 근거다. 정언명법의 하나의 특별한 정식에 의해 지시된 내재적 의미 내용으로서 목적의 왕국은 행위들의 이상적인 도덕적 기준이며

---

110) 철학은 "이념이란 표현을 그 근원적 의미에서 간직하는" 철학자들을 찾는다(A 319=B 376). "플라톤은 이념이라는 표현을 사용했다. 거기서 사람들은, 그가 이 표현으로써 결코 감관들로부터는 빌려오지 못한 것뿐 아니라, 경험에서 그것과 합치한 어떤 것도 발견되지 않음으로써 아리스토텔레스가 다루었던 오성의 개념들까지도 훨씬 뛰어넘는 것을 의미했음을 잘 알고 있다. 그에게 이념들이란 사물들 자체의 원형들이며, 단순히 범주들처럼 가능한 경험을 위한 열쇠가 아니다. 그의 생각에 따르면 이념들은 최고의 이성으로부터 유출하여 그로부터 인간의 이성에 주어졌다"(A 313=B 370). "만일 사람들이 그 표현의 과장을 배제한다면, … 그 철학자의 정신적 비약은 존경과 추종을 받을 만한 노력이다. 더욱이 이념들이 (선의) 경험 자체에선 완전히 표현될 수는 없다고 하더라도 경험 자체를 비로소 가능하게 하는 한, 그 철학자의 정신적 비약은 도덕과 입법과 종교의 원리들에 관해서 아주 독특한 공헌이다"(A 318=B 375). 이런 이론에 대해 칸트는 플라톤이 이해한 것보다 더 잘 이념이란 표현을 이해하는 것이 가능하다고 말한다(A 314=B 370 참조).

순수실천이성의 완전한 객체, 곧 순수실천이성의 도덕적 노력의 목표다. 목적의 왕국에는 최고의 통치자가 존재한다. 신과 같은 신성한 존재는 입법자면서 또한 목적의 왕국의 구성원들처럼 법칙에 종속되지 않는다. 그는 아무런 욕구도 없고 자신의 이성적 의지를 실현하는 능력들에 제한이 없으며, 자신의 이성적 본성의 완전성으로 인해 도덕 법칙을 필연적으로 수행하는 능력의 소유자다.[111]

도덕적 세계에 대한 사유에는 이성적 행위자의 궁극 목적의 개념, 즉 최고선의 개념이 포함되어 있다. 도덕적 세계의 개념은 최고선의 개념을 통해서 좀더 구체적으로 규정된다. 최고선은 목적의 왕국에 이상적으로 존재한다. 순수실천이성의 완전한 객체는 이 안에서 도덕적 인격들이 또한 동시에 행복을 느끼게 되는 한 최고선을 형성한다. 칸트의 최고선 혹은 최고의 도덕적 목적은 도덕성과 행복의 조화며, 의무들의 원칙으로서의 도덕 법칙의 보편타당성을 전제하고 있다. 이때 모든 것은 도덕적 통찰을 근거로 이성적 인격들의 내적이고 자유로운 결정과 선택에서 생긴다. 여기서 각 인격들은 입법자들인 동시에 구성원들로서 보편 법칙에 종속되어 있다. 도덕적 인격들은 이상적인 도덕적 왕국에서 자립적이고 자유로운 의지 주체들이며 따라서 목적 자체일 뿐이다. 물론 우리가 순수실천이성의 도덕적 이념을 실현하기에 충분한 육체적 능력을 소유하고 있다면, 우리는 필연적으로 최고선을 감성계에서 실현할 수 있을 것이다. 그런데 여기선 어떤 객관적 존재 조건들 아래에서 유한한 이성적 존재가 최고선을 실현할 수 있는가가 중요한 것이 아니라, 도덕 법칙이 유한한 이성적 존재의 의지를 규정한

---

111) GMS 433-434, KpV 58 참조. 이처럼 목적의 왕국의 이념은 "윤리적 공동체의 최고 입법자"(Rel., VI 99)로서 신의 이념을 가정한다.

다면, 최고선은 이러한 이성적 존재가 초감성계에서 필연적으로 실현하는 합법칙적 결과라는 것을 아는 것이 중요하다. 만일 우리의 의지가 도덕 법칙을 통해 규정되는 것이라면 그것은 순수 의지다. 우리는 단지 도덕 법칙의 현실성만 의식하고 있으며, 그것의 현실성으로부터 그것의 가능성을 도출한다. 그렇다면 비록 도덕 법칙 자체는 감지되는 것이 아니라 이성을 통해 사유된다고 하더라도, 도덕 법칙의 현실성에 대한 우리의 통찰의 결과는 대상의 의욕이며 또한 동시에 쾌감이나 불쾌감의 주관적 감정이다. "자유 덕택에 인간의 의지가 도덕 법칙에 의해 직접적으로 규정될 수 있듯이, 또한 이 규정 근거에 따르는 좀더 잦은 수행이 주관적으론 궁극적으로 자기 자신에 대한 만족감을 낳을 수 있다."[112] 이처럼 최고선은 순수실천이성의 내재적 의미 내용을 이루는 순수실천이성의 객체로서 우리가 끊임없이 실현하고자 노력해야 하는 객체다. 그것은 도덕 법칙에 의해 규정된 이성적 의지의 필연적 객체, 곧 "도덕적으로 규정된 의지에게 선천적으로 주어진 객체"일 뿐이다.[113]

이때 신은 최고선에서 의지와 목적의 절대적 동일성이다. 곧 신이란 "실체에서 최고의 완전성"이다.[114] '신' 개념의 이러한 규정은 신과 행복의 동일시를 포함한다. "행복이란 세상에서의 이성적 존재가 그 실존의 전체에서 모든 것을 자기 소망과 의지대로 하는 상태며, 그러므로 행복은 자연이 그의 전 목적에 합치하는 데에, 또한 자연이 그의 의지의 본질적 규정 근거에 합치하는 데에 의거한다."[115]

---

112) KpV 68.
113) KpV 6.
114) KpV 70.
115) KpV 224.

2) 도덕 법칙의 전형으로서 자연 법칙

예지계와 최고선의 개념들은 어떤 직관도 포함하지 않은 단순한 이념들에 불과하지만, 우리가 도덕 법칙을 필연적인 것으로서 통찰할 경우 접근할 수 있는 이념들이다. 이러한 단순한 이념들은 이성의 도덕적 통찰 이외의 곳에선 그 근거를 발견할 수 없다. 이에 따라 정언적으로 정식화된 도덕 법칙이 우리 의지의 준칙들의 도덕성을 평가하기 위한 원칙이 되거나 우리의 도덕적 행위를 위한 원칙이 된다는 것을 우리가 어떻게 구체적으로 알 수 있는가가 문제가 된다. 감성계의 법칙들은 이 법칙들 자체를 질료적으로 규정할 수 있는 주어진 객관적 내용들의 형식을 구성한다. 그런데 감성적 자연의 보편적 질서를 규정하는 자연 법칙은 목적론으로서,116) 예지계의 보편적 질서를 규정하는 도덕 법칙과 원칙적으로 다르더라도 이성적 행위자의 준칙들을 평가하기 위한 "전형(Typus)"으로 사용될 수 있다.117) 질료적으로 주어진 내용에 합법칙적 형식을 부과하

---

116) 페이튼은 여기서 자연 법칙은 인과론이 아니라 목적론이라고 주장하고 있으며, 벡도 그의 견해에 부분적으로 동의하고 있다. H. J. Paton, *The Categorical Imperative*, 146-157 ; L. W. Beck, *A Commentary on Kant's Critique of Practical Reason*, 159-163 참조. 또한 C. M. Korsgaard, *Creating the Kingdom of Ends*, 87-92 참조.

117) 자연 법칙이 도덕 법칙의 전형이라면, 이와 유사한 의미에서 선험적 도식(순수 오성 개념의 도식)도 순수 오성 개념의 전형으로서의 역할을 맡는다고 우리는 말할 수 있다. 순수한 논리적 범주는 감성적 현상들과 전적으로 이종적이다. 이에 따라 순수 범주를 현상들에 적용하기 위해선 순수 범주의 감성적 도식화와 함께 이 도식화의 산물로서의 선험적 범주가 요구된다. 이 선험적 범주가 순수 범주를 감성적 현상들에 적용해서 이 순수 범주에 객관적 의미를 부여하는 제삼자의 역할을 맡는다(A 138-139=B 177-178, A 145-146=B 185 참조). 이런 이유에 따라 칸트는 『판단력비판』에서 다음과 같이 말한다. "우리 개념의 실재성을 설명하기 위해선 언제나 직관이 필요하다. 이 직관은 개념이 경

는 이 목적론적 자연 법칙은 도덕 법칙의 전형이다. 실천이성은 도덕에서 "자신의 고유한 영역, 말하자면 그러나 동시에 자연의 질서인 목적들의 질서"를 가지고 있다.118) 자연 법칙이 도덕 법칙의 전형으로 사용될 수 있는 이유들은 다음과 같다. 첫째, 감성계의 법칙들은 그 자체가 단지 지성적인 원칙들로서 감성에 의존하지 않고 또한 합법칙적 행위들의 특수한 질료적 규정 근거들을 배제할 수 있기 때문에 도덕 법칙의 구체화에 사용될 수 있다. 둘째, 상식조차도 감성계의 법칙들을 초감성계의 법칙의 사례로 파악한다.119) 셋째, 감성계의 법칙들은 유추를 통해 도덕 법칙을 직관과 이를 통해 감정에 접근시킴으로써,120) 도덕 법칙을 좀더 용이하게 준칙의 구상에 적용시키고 좀더 간단하게 의지에 접근시킨다. 이러한 직관과 감정은 도덕 법칙에 적합한 준칙들에 대한 우리의 선택이 습관적으로 이루어져야 한다는 점에서 매우 중요한 고려 사항들이다.121) 실천이성의 자기 입법은 목적들을 실현하기 위한 선천적인 실천적 인식들을 산출하는데, 이 실천적 인식들의 객관적 결과들

험적 개념이라면 사례라고 불리며, 개념이 순수 오성 개념이라면 도식이라고 불린다"(KdU §59 (254)).

118) B 425.

119) KpV 123 참조.

120) GMS 436 참조.

121) 만일 자연 법칙이 도덕 법칙의 전형이라면, 우리는 도덕 법칙이 명령하는 행위들을 자연 질서로 의욕할 수 있어야 한다. "자연 질서가 감당할 수 없지만 그래도 도덕 법칙이 지시하는 행위들은 존재할 수 없는가 하는 물음에 관하여 나는 물론 존재할 수 있다고 대답한다. 말하자면 특정한 자연 질서, 예컨대 현존하는 세계의 자연 질서, 이를테면 신하는 오랫동안 신하로 머물지 않더라도 정직한 것을 항상 의무로 알고 있어야 한다. 그러나 항상 정직한 것은, 그와 같은 전형에선 자연 질서 일반의 형식, 즉 보편성에만 관계하는 자연 법칙들과 같은 것들로서 도덕 법칙들에 따르는 행위들의 연관성에 불과하다. 왜냐하면 이러한 것은 결코 어떤 자연의 특수한 법칙에도 관계하지 않기 때문이다"(XI 348).

은 감성적으로 접근될 수 있는 자연에 속해야 한다. 실천적 인식의 결과들은 목적들의 질서에서 감성적 자연으로부터 도출될 수 없지만 그럼에도 불구하고 감성적 자연 속에서 실현되어야 한다. 왜냐하면 예지계의 법칙으로서 도덕 법칙은, 자유의 왕국이라는 이념의 원형에 따라 감성계 속에 거주하는 유한한 이성적 행위자들이 윤리적 보편성을 추구하는 근거이기 때문이다.

제2장
칸트 윤리학에서 도덕 법칙과 자유의 연역

1. 연역의 일반적 의미와 과제 및 논증 방식

1) 연역의 일반적 의미

　'연역' 개념은 칸트가 그의 전 비판 철학에 걸쳐 줄곧 가장 중요하게 다룬 용어다. 그 개념은 칸트에게선 단순히 형식 논리적 의미에서 사용된 것이 아니라 법률적 맥락에서 차용된 것이다. 연역은 권리의 변호에 관계할 뿐 사실의 증명에 관계하진 않는다. 그것은 우리가 원래 소유하고 있는 선천적 표상들과 인식들을 선천적으로 올바르게 사용하고 있는가에 대한 정당화를 의미한다. '연역' 개념의 역사적 배경과 의미에 대한 철저한 이해는 헨리히의 공헌에 속한다.1) 그는 '연역' 개념을 네 가지 점에서 설명한다. 그는 '연역' 개념의 네 가지 의미를

---

1) D. Henrich, "Kant's Notion of a Deduction and the Methodological Background of the First *Critique*", 특히 32-39 참조.

먼저『순수이성비판』에서 찾고, 그러고 나서『실천이성비판』에서 재확인한다.[2] 첫째, 법률적 연역은 어떤 사태에 대한 여러 주장에서 먼저 권리 문제와 사실 문제를 구분하고 권리의 요구를 정당화하는 것인데, 철학적 연역도 그와 마찬가지다. 둘째, 연역이 소유나 사용의 합법성에 관한 주장을 설득력 있게 정당화하려는 의도를 갖는 증명이라면, 불필요한 관점 이탈, 일반화, 논쟁 등을 회피해야 한다. 말하자면 간결하고 명료해야 한다. 칸트는『순수이성비판』의 선험적 연역의 재판 안의 짧은 구절, 즉 "성과"라는 종결부에 포함되어 있는 "이 연역의 요약"[3]이라는 구절에서 자신의 핵심 논거들을 간결하게 요약한다. 셋째, 우리의 선천적 표상들과 인식들의 소유와 객관적 타당성에 대한 철학적 증명을 칸트는『순수이성비판』에서 "어떻게 그것이 가능한가"라는 물음의 형식으로 표현한다. 넷째, 철학적 연역은 독단적 합리론에 대한 경험론적 회의론의 공격을 염두에 두면서 우리의 인식 능력으로서의 이성을 비판적으로 탐구하여, 한편으론 인식은 현상계에만 타당할 뿐 물자체에는 타당치 않다는 경험론의 주장을 수용하고, 다른 한편으론 경험론에 반대하여 현상계에 대한 선천적 인식의 가능성을 인정한다. 위와 같은 연역의 네 의미를 통해 알 수 있는 것은 철학적 연역은 이성이 자기 자신의 능력의 본질을 비판함으로써 결국 자연 현상들에 대한 선천적 종합 판단의 가능성을 간명하고 명확한 방식으로 정당화한다는 것이다.[4]

오늘날 널리 알려진 대로 헨리히는 모든 연역이 사실에 대

---

2)『실천이성비판』에서의 연역에 관해선 특히 졸고들「칸트의『실천이성비판』에서의 연역」, 53-76 :「연역과 사실」, 35-37, 44-54 참조.

3) B 168.

4) 졸저『칸트의 인식론』, 133-134 참조.

한 진술에 의존한다는 견해를 설득력 있게 제안한다. 『순수이성비판』에서 "선험적 연역 일반의 원리"를 다룰 때 칸트는 다음과 같이 말한다. "권한과 월권에 대해 말할 때 법학자들은 소송 사건에서 무엇이 합법적인가에 관한 문제(권리 문제)와 사실에 관한 문제(사실 문제)를 구별하고, 이 양자에 대한 증명을 요구하면서 권한 혹은 권리 요구를 밝혀야 하는 전자의 증명을 연역이라고 일컫는다."[5] '연역' 개념의 역사적 출처와 칸트의 전 저작에서의 '연역' 개념의 사용을 조사한 헨리히의 연구에 따르면, 『순수이성비판』에서의 선험적 연역은 특히 권리의 정당화에 초점을 맞추는 특수한 전문적 의미에서의 법률적 연역의 기준들을 따르지만,[6] 그러나 보통 법률적 연역은 어떤 것의 소유권이나 사용권을 이 권리가 실제로 획득되는 기원을 지적함으로써 변호하는 절차다. 그러므로 모든 연역은 사실에 의존한다. "획득된 권리들에 대해서만 연역이 주어질 수 있다. 이것은 연역은 그 정의상 기원에 관계해야 한다는 것을 말한다." 획득된 "권리들은 '사실'['사실(fact)'과 '행위(action)'를 의미하는 사실(factum)]에 기인한다. 이때 이 사실은 ― 대체로 권리가 '획득되는' 행위에 의해 ― 해당되는 권리가 생기기 이전에 존재해야 한다."[7] 결국 칸트의 전 저작에 사용된 '연역' 개념의 규정은 범주들의 선험적 연역의 의미도 명확하게 한다. "선험적 연역은 그 본질적 구조에서 범주들의 근원과 이 범주들의 사용의 근원의 특별한 특징들에 호소함으로써 획득된 권리를 정당화하는 것을 목표로 삼는 연역을 본보기로 하여 만

---

5) A 84=B 116.
6) D. Henrich, "Kant's Notion of a Deduction and the Methodological Background of the First *Critique*", 31-34 참조.
7) 같은 논문, 35.

들어져 있다."8) 헨리히는 연역의 위와 같은 의미를 『실천이성비판』에도 적용한다. "거기서 연역은 소위 이성의 사실에 의존한다. … 우리는, 즉시 연역과 사실에 대한 언급 사이에 하나의 긴장을 만들어내는 '연역'이라는 용어에 대한 이해를 거의 저절로 채택하려는 경향이 있다. 이것은 제2『비판』에서의 칸트 논거에 대한 오해, 그러므로 이 논거가 제1『비판』의 연역과 체계적으로 관계하는 방식에 대한 오해를 가져온다."9) 결국 『실천이성비판』에서의 연역의 결정적 의미는 이 연역이 이성의 사실에 의존한다는 것이다.

연역이 사실에 의존한다는 견해는 먼저 『순수이성비판』에서 이해될 수 있다. 칸트에 의하면 우리는 왜 외감과 내감만 구비할 수밖에 없으며, 왜 시간과 공간이라는 현상의 선천적 형식들만 소유할 수밖에 없는가를 정당화할 수 없다. 칸트는 우리와는 다른 감성적 존재는 우리의 외감이나 내감과 다른 감성적 능력을 가질지도 모르며 시간이나 공간과 다른 감성적 형식들을 가질지도 모른다고 가정하면서, 그러나 우리는 시간과 공간을 선험적-감성론적 사실들로 받아들여야 한다고 주장한다.10) 말하자면 시간과 공간은 우리가 더 이상 그 근원을 파

---

8) 같은 논문, 39.

9) 같은 논문, 30. 칸트에겐 순수 이론 이성의 비판은 자연 형이상학의 유일한 정초며, 순수실천이성의 비판은 도덕형이상학의 유일한 정초다. 문성학은, 칸트의 비판적 형이상학은 두 종류의 이성의 사실들에 기반을 두고 있다고 말한다. 그는 이성의 사실들에 대한 고유한 해석을 하면서, "순수 이론 이성의 사실"은 "인식적 경험이 있다는 사실"이고 "순수실천이성의 사실"은 "도덕적 경험이 있다는 사실"이라고 주장한다(문성학, 『칸트 윤리학과 형식주의』, 33-60 참조).

10) B 146. H. J. Paton, *Kant's Metaphysics of Experience*, 제1권, 101, 152, 169-170 참조. 그러나 페이튼은 선험적 감성론에서와는 달리 선험적 분석론에선 시간과 공간의 순수한 다양은 근원적으로 주어지지만, 시간과 공간의 통일

헤칠 수 없는 근원적 사실들이라는 것이다. 그것들은 경험에서 우연히 발견되는 것들이 아니라 경험의 필연적 조건들이다. 경험이 사실이기 때문에 시간과 공간도 사실들이다. 그러나 그것들은 우리가 경험에서 발견할 수 있는 운동과 변화와 같은 수많은 경험적 사실들과 같은 종류의 것들이 아니라, 모든 경험적 사실들의 필연적 조건들로서 근원적 사실들이다. 헨리히에 따르면 우리가 법률적 연역의 철학적 상관자를 해명할 때 참조하는 "본질적 사실들"은 "통각의 통일, 시간과 공간, 이성의 사실"(그에겐 도덕 법칙)이다.11)

2) 연역의 과제와 논증 방식

칸트는 『순수이성비판』에서 순수 오성 개념들(범주들) 및 순수 오성 원칙들의 선험적 연역에 대해 언급한다. 선험적 연역은 선천적 개념들 및 원칙들을 통한 인식 대상들의 규정 가능성에 대한 증명이다.12) 어떤 명제가 명제이기 위해서는 최소한 정언적 명제 형식에 따라 주어 개념과 술어 개념의 결합을 포함해야 한다. 어떤 명제가 종합 명제라는 것은 이 명제가

은 궁극적으로 선험적 통각의 산물이라고 주장한다. 이와는 달리 헨리히는 시간과 공간의 통일은 선험적 분석론에서도 결코 선험적 통각의 산물이 아니라, 이미 근원적으로 주어진 선험적-감성론적인 사실일 뿐이라고 주장한다(D. Henrich, "Die Beweisstruktur von Kants transzendentaler Deduktion", 96 참조). 바그너는 페이튼의 견해에 따른다(H. Wagner, "Der Argumentationsgang in Kants Deduktion der Kategorien", 359-362 참조).

11) Henrich, "Kant's Notion of a Deduction and the Methodological Background of the First *Critique*", 43. 또한 37 참조.
12) "선험적" 연구란 "대상들을 다루는 것이 아니라 대상들에 대한 우리의 인식 방식이 선천적으로 가능해야 하는 한에서 이 인식 방식을 일반적으로 다루는" 연구다(B 25).

지시하는 대상에 대해 타당한 것, 즉 객관적으로 타당한 것이어야 한다. 어떤 명제가 선천적 종합 명제라는 것은 이 명제의 객관적 타당성이 경험과 상관없이 보편성과 필연성을 포함해야 한다는 것을 뜻한다. 선천적 종합 명제가 근본 법칙이라면 최상의 보편성을 가지고 있다는 것을 뜻한다. 선험 철학은 원칙적으로 대상들에 대한 우리의 선천적 종합 명제를 다루는 이론이며,13) 선험적 연역이란 이 선천적 종합 명제의 가능성, 즉 보편적이고 객관적인 타당성으로서의 실재적 가능성(reale Möglichkeit)에 대한 정당화를 뜻한다.14) 이론 철학에서의 선험적 연역의 과제는 두 유형으로 구분한다. 첫 번째 유형의 선험적 연역은 이미 참된 학문으로 전제되어 있는 수학과 자연과학의 선천적 종합 명제들의 가능성을 단순히 정당화하는 것에 불과하지만, 두 번째 유형의 선험적 연역은 칸트 자신이 타당한 학문으로 정초하고자 하는 자연 존재론의 선천적 종합 명제들을 무엇보다도 확립하고자 하는 것이다. 그러므로 첫 번째 연역 방식은 "어떻게(wie) 선천적 종합 명제들이 가능한가" 만 묻는 데 반해, 두 번째 방식은 먼저 "과연(ob) 선천적 종합 명제들이 가능한가 어떤가"를 묻고, 그러고 나서 만일 선천적 종합 명제들이 가능하다면, "어떻게(wie) 그것들이 가능한가"를 물어야 한다.15)

"어떻게 선천적 종합 명제들이 가능한가"를 다루는 칸트의 논증 방식은 분석적 혹은 역행적 방식과 종합적 혹은 전진적 방식으로 이루어져 있다. 분석적 혹은 역행적 논증은 조건지어

---

13) B 25 참조.

14) KpV 80, 또한 A 89-90=B 122, A 158=B 197 참조.

15) H. J. Paton, *Kant's Metaphysics of Experience*, 제1권, 80-82, 또한 130, 457, 476 참조. 그리고 같은 이, *The Categorical Imperative*, 202-203, 또한 26-27 참조. 그리고 본서, 25-26 참조.

진 것으로부터 조건으로 상승하는 방식이다. 만일 우리가 경험의 필연적 조건들을 미리 전제하지 않고, 먼저 우리의 경험을 주어진 사실로 받아들이고 나서 그런 후에 이 경험 속에 필연적으로 포함되어 있어야 하는 여러 조건들을 발견하고자 한다면, 이러한 유형의 경험 분석은 경험적 인식의 최하위 단계인 지각으로부터 출발한다는 의미에서 역행적 논증 절차다. 그러나 경험 분석이 포함하는 방법적 성격은 순환 논증의 가능성이 있다. 만일 우리가 한편으론 예컨대 범주들이 이미 사실로서 주어진 경험의 필연적 조건들이기 때문에 언제나 경험에서 발견된다고 주장하고, 다른 한편으론 범주들이 언제나 경험에서 발견되기 때문에 경험의 필연적 조건들을 이룬다고 주장한다면 우리는 순환 논증에 빠질 것이다. 우리가 경험의 필연적 조건들로서 예컨대 범주들을 정당화하고자 한다면, 종합적 혹은 전진적 논증 절차를 밟아야 한다. 이 전진적 절차는 조건으로부터 조건지어진 것으로 하강하는 방식이다. 이 전진적 논증 절차를 통해 우리는 범주들을 경험과 상관없이 주제화할 수 있기 때문이다. 이와 같은 방식으로만 우리는 경험에서 발견하는 경험의 필연적 조건들을 순환 논증의 가능성을 배제하면서 올바르게 논의할 수 있다. 그러기 때문에 분석적 혹은 역행적 논증은 "예비적인" 것인 데 반해 종합적 혹은 전진적 논증은 "본래의" 완전한 것으로 여겨진다.16)

칸트의 『순수이성비판』에 따르면 선천적 종합 판단의 가능성에 관한 문제는 어떻게 우리가 종합 판단에서 주어 개념과 술어 개념을 결합시키는 제삼의 사태를 발견할 수 있는가의 문제다. 후천적 종합 판단의 경우에 우리는 매개적 제삼자를 어려움 없이 발견할 수 있다. 이 제삼자는 주어 개념이 지시하

---

16) 본서, 32-33.

는 대상에 대한 경험적 직관, 더 정확히 말하면 그 대상의 실제적 경험이다.17) 이 실제적 대상 경험을 통해서 주어 개념은 비로소 술어 개념과 결합하게 된다. 수학과 물리학과 형이상학에서 발견되는 종합 판단이 선천적인 것이라면 제삼자는 선천적이어야 한다. 따라서 선천적 종합 판단의 경우에 제삼자는 시간과 공간의 순수 직관들에서, 더 정확히 말하면 순수 직관들이 경험의 가능성의 선천적 조건들인 이상 가능한 경험의 선천적 조건들에서 발견되어야 한다. 이 같은 경험의 선천적 조건들(시간과 공간의 순수 직관들만이 아니라) 일반을 칸트는 "경험의 가능성"으로 표현한다.18) 이와 같은 전제들에 따라 범주들 및 순수 오성 원칙들의 선험적 연역은 가능하다. 왜냐하면 이러한 선천적 표상들과 판단들은 경험과 이와 함께 경험에 주어진 대상들의 선천적 조건들을 이루기 때문이다. 예컨대

---

17) B 12, A 8 참조.

18) A 156=B 195, A 157=B 196, A 217=B 264, A 732-733=B 760-761, A 766=B 794 참조. 또한 A 158=B 197, A 155=B 194 참조. 시간과 공간 속의 현상들에 대한 순수 범주들의 적용을 가능하게 하고 이를 통해서 순수 오성의 원칙들의 표현을 가능하게 하는 제삼자는, 도식론에선 모든 시간적·공간적 대상들의 가능성 조건을 표현하는 선험적 도식이라 불린다(A 137-147=B 176-187 참조). 그러나 왜 칸트는 "제삼자"라는 동일한 단어를 가지고 한편으론 선험적 도식들을, 다른 한편으론 가능한 경험의 필연적 조건들을 지칭하고 있는가에 대한 이유는, 선험적 도식이 감성과 통각의, 시간과 순수 범주들의 주관적으로 근원적인 선천성을 근거로 구성된다는 것과 이에 따라서 선험적 도식의 표상에서 경험의 이러한 모든 필연적 조건들이 함께 생각된다는 것에 있다. 만일 우리가 오성의 원칙들이 경험의 모든 대상들이 합치해야 하는 가능한 경험의 형식적 조건들에 관계한다는 것을 보여준다면, 우리는 오성의 원칙들을 실재적으로 가능한, 객관적으로 타당한 것으로 증명할 수 있다. 그런데 경험의 조건들이 오성의 원칙들에서 사용된 선험적 도식들에서 함께 생각되는 한, 우리는 이 도식들이 원칙들의 포섭들에서 경험적 개념들의 대상들이 경험될 수 있는 필연적 조건들을 이루고 있다는 것을 보여준다면, 우리는 원칙들을 객관적으로 타당한 것으로 증명할 수 있다.

사물의 계기적 상태들에 대한 우리의 객관적 경험은 단순히 그것들에 대한 우리의 지각들에 의해서 가능한 것이 아니라, 우리의 오성이 원인과 결과의 관계에 대한 범주를 지각된 계기적 상태들에 필연적으로 적용함으로써 산출된 사물의 계기적 상태들의 필연적 규정의 전제 아래서만 가능하다. 이처럼 모든 현상들(사물들이나 사건들)이 경험의 대상들이라면, 모든 경험을 가능하게 하는 범주들 및 순수 오성 원칙들(근본적 자연 법칙들)에 종속해야 한다.

이론 철학에서의 선험적 연역과 같은 탐구 방식은 실천 철학에 속할 수 없다. 도덕 법칙의 정당화도 결코 선험적 연역과 같은 유형의 것일 수 없다. 윤리학에서 의욕 능력의 객체는 의욕에 종속되는 자연이다. 여기선 의지 규정에서 간접성 혹은 직접성이 문제다. 말하자면, 어떻게 순수이성이 단순히 준칙들의 보편타당성에 대한 사유를 통해서 의지를 직접적으로 규정하는 근거가 될 수 있는가, 달리 표현하면 우리가 의욕된 객체를 단순히 이 객체를 실현하려는 의욕의 준칙이 포함하는 보편적 형식에 대한 사유에 따라서만 의욕하는가, 아니면 이 사이에 개입되는 어떤 관심을 근거로 의욕하는가 하는 것이 문제다. 윤리학의 문제 의식에, 만일 의욕의 객체가 선천적으로 규정될 수 있다고 하더라도 이렇게 선천적으로 규정된 의욕의 객체가 과연 가능한가의 문제는 속하지 않는다. 왜냐하면 의욕된 객체의 가능성에 대한 문제는 객체의 존재에 관계하는 이론적 차원 혹은 이론 이성의 차원에 속하기 때문이다. 의지의 규정 근거들의 도덕성 여부에 대해 물을 때 우리는 욕구된 객체의 특성은 고려하지 않는다. 이에 따라 우리가 지성적 직관의 결여로 인식할 수 없는 초감성계의 존재적 가능성의 객관적 조건들은 무엇인가, 우리의 의지가 초감성계를 실현할 수 있을 만큼 충분한 인과적 능력을 갖추고 있는가 혹은 초감성계가 현실적으로 발생할 수 있는가 하는 물음들은 실천적 관심과는 아무 상관이 없다. 이러한 모든 물음들은 의지 규정의 가능성에 대한 문제가 아니라 의지 규정의 결과에 대한 문제에 속한다.

칸트가 그의 윤리학에서 정당화하고자 하는 대상은 이론적 인식으로서가 아니라 실천적 인식으로서, 즉 "대상들 자체의 현존의 근거가 될 수 있는 한에서의 인식"[19]으로서 선천적 종합 명제다. 이에 따라 칸트 윤리학에서의 연역의 과제는 도덕 법칙에서 정식화된 선천적 종합 명제의 가능성(실재적 가능성) 혹은 객관적 타당성을 정당화하는 것이다.[20] 명제가 실천적 명제라도 종합 명제라면 객관적 타당성, 즉 진리를 요구하며 종합 명제가 그 자체로 선천적 원칙이라면 엄밀한 의미에서의 보편성과 필연성을 포함해야 한다.

도덕 법칙은 종합적이다. 말하자면 이성적 존재의 의지라는 개념으로부터 준칙의 입법적 형식이라는 개념이 분석될 수 없다. 왜냐하면 이성적 의지는 이 의지를 규정하는 법칙이 질료적 원리든 그 어떤 법칙이든 간에, 법칙의 표상에 의해서 규정되는 능력이기 때문이다. 또한 도덕 법칙에서 이성적 의지와 준칙의 보편타당한 합법칙성의 결합은 경험과 상관없이 선천적으로 이루어진다. 이에 따라 칸트의 질문은, "어떻게 정언적 도덕 법칙이 선천적인 종합적인 실천적 명제로서 가능한가"다. 그는 이론 철학에서나 도덕 철학에서 선험적 연역의 과제를 두 종류로 구분한다. 첫 번째 종류의 선험적 연역은 이미 참된 학문으로 전제되어 있는 수학과 자연과학의 선천적 종합

---

19) KpV 80.
20) KpV 80 참조.

명제들의 가능성을 단순히 정당화하는 것에 불과하지만, 두 번째 종류의 연역은 칸트 자신이 타당한 학문으로 정초하고자 하는 존재론과 도덕 철학의 선천적 종합 명제들을 무엇보다도 확립하고자 하는 것이다. 그러므로 이 두 번째 연역 방식은 "어떻게 선천적 종합 명제들이 가능한가"만 묻는 첫 번째 연역 방식과는 달리, 먼저 "과연 선천적 종합 명제들이 가능한가"를 묻고, 그러고 나서 만일 선천적 종합 명제들이 가능하다면 "어떻게 그것들이 가능한가"를 물어야 한다.21)

　"어떻게 도덕 법칙이 선천적 종합 명제로서 가능한가"를 다루는 칸트의 논증 방식은 인식론적 논증 방식과 본질적으로 유사하다. 만일 우리가 이미 받아들여진 일상적인 도덕적 신념을 단순히 분석하고 도덕 법칙을 도덕적 신념의 근본적 조건으로 규정하는 역행적 절차만 밟는다면, 이런 역행적 방식은 순환 논증을 낳을 수 있다. 말하자면 우리가 한편으론 도덕 법칙이 도덕적 신념의 필연적 전제이기 때문에 그것은 항상 도덕적 신념에서 발견된다고 주장하고, 다른 한편으론 도덕 법칙이 항상 도덕적 신념에서 발견되기 때문에 그것은 도덕적 신념의 필연적 전제를 이룬다고 주장한다면 우리는 순환 논증에 빠지게 될 것이다. 그러기 때문에 우리가 이러한 순환 논증의 오류를 피하기 위해선 인식론의 본래적 논증 절차이기도 한 종합적 혹은 전진적 절차에 따라야 한다. 이에 따라 우리는 일상적인 도덕적 신념과 상관없이 궁극적으로 이성의 사실을 통해 통찰될 수 있는 자율의 원리로부터 출발해야 된다.22)

　정언적으로 표현된 도덕 법칙의 연역 가능성에 대한 문제에, 의욕된 대상의 선천적 규정 가능성에 대한 논의는 해당되

---

21) H. J. Paton, *The Categorical Imperative*, 202-203 참조.
22) 같은 책, 26-27, 202-203 참조. 그리고 본서, 38 참조.

지 않는다. 왜냐하면 이러한 논의는 이론적 차원에서 이루어지기 때문이다. 이론적 의미에서의 정당화가 범주들을 경험적 대상들에 적용하기 위해 시간이나 "선험적 시간 규정"[23]으로서의 선험적 도식과 같은 직관적 규정을 요구하는 것처럼, 도덕 법칙의 정당화도 이성적 의지를 준칙의 보편적 합법칙성과 결합시킬 수 있는 제삼자에 대한 발견을 맨 먼저 요구한다. 칸트는 예컨대『실천이성비판』에선 맨 먼저 의지의 활동에 주목하여 의지의 근본 법칙을 규명하고자 한다. 의지의 근본 법칙은 의지의 자율의 법칙으로서 초감성계의 도덕적 원칙의 이념이다. 그러나 이러한 도덕 법칙의 이념의 객관적 실재성에 대한 연역은, 대상과의 이념의 합치에 대한 인식 혹은 증명이 아니라 의지에 대한 이념의 영향력에 있다. 이제 "어떻게 정언명법이 선천적으로 가능한가", 이와 함께 "어떻게 자유가 선천적으로 가능한가" 하는 물음, 즉 도덕 법칙과 이와 함께 자유의 객관적 실재성(엄밀히 말하면 실천적 실재성)에 대한 물음은 우선 도덕 법칙의 연역에서 대답될 수 있다.

도덕 법칙의 정당화는 또한 범주들(또한 오성 원칙들)의 선험적 연역과 본질적으로 다르다. 말하자면 범주들이 우리의 객관적 경험에 전제되는 것처럼 도덕 법칙도 우리의 일상적인 도덕적 의식에 전제된 것이 아니다. 만일 도덕 법칙의 정당화를 선험적 연역과 유사한 것으로 간주한다면, 선험적 연역이 순환 논증을 피하기 위해 통각의 통일을 범주들에 대한 근원적 소여로 요구하는 것처럼 도덕 법칙의 연역도 순수실천이성에 관계하는 근원적인 사실을 요구해야 할 것이다. 그런데 통각은 직관적으로 주어진 경험적 객체들의 인식을 목표로 삼지만, 순수실천이성은 의욕된 객체들(행위의 목적들)의 표상에

---

23) A 138=B 177.

따라 객체들을 산출하려는 우리의 의지 능력에 관계한다. 순수 실천이성은 그 자신의 이념들과 원칙들에 합당하게 객체를 산출하려는 실천적 관심을 갖고 있다. 그런 객체의 표상은 칸트에겐 최고선의 이념을 포함한다. 이에 따라 도덕 법칙의 정당화는 범주들의 선험적 연역과 다를 수밖에 없다. 왜냐하면 객체를 인식하기 위해선 최소한 감성적 직관이 요구되지만, 도덕 법칙의 의식은 감성적 직관이든 지성적 직관이든 아무런 직관도 포함할 수 없기 때문이다.

3) 도덕 법칙의 연역에 대한 구상들

헨리히에 따르면 칸트는 특히 1770년대의 『단편(Reflexion)』에서 이론 이성으로부터 도덕 법칙을 논증하려는 시도들을 여러 방식으로 수행했다. 이때 그는 칸트의 시도들을 두 유형으로 분류한다.[24] 첫 번째 유형의 시도는, 이론 이성을 우리의 모든 욕구들과 우리 행위의 모든 목적들에 적용할 경우 과연 이론 이성의 사용이 특정한 도덕 판단과 또한 이 도덕 판단에 따라서 행위하는 동기를 필연적으로 유발할 수 있는가 하는 문제를 해결하려는 시도다. 두 번째 유형의 시도는, 이론 이성의 사용에 필연적인 것으로 전제되는 자유의 개념으로부터 도덕 판단의 본질적 요소들을 도출하려는 시도다. 결국 헨리히에 따르면 그 당시 칸트는 자연적 욕구들에 의해서만 동기가 부여된 이론 이성으로부터 도덕 법칙을 도출하고자 했다는 것이다.

칸트는 『도덕형이상학 정초』와 『실천이성비판』에서 예지계

---

24) D. Henrich, "Der Begriff der sittlichen Einsicht und Kants Lehre vom Faktum der Vernunft", 91-110 참조. 또한 J. Rawls, *Lectures on the History of Moral Philosophy*, 264 참조.

의 본질을 해명한다. 물론 유한한 이성적 행위자로서 우리는 우리 자신의 본능이나 감성적 경향성의 반발로 말미암아 의무의 의식에 종속된다. 그러나 도덕 법칙의 현실성을 의식할 때 우리는 마치 우리 자신이 예지계 안, 즉 우리의 모든 행위들이 이러한 법칙에 따라 발생하는 초감성계 안에 현존하는 것처럼 우리 자신의 존재를 의식한다. 이 예지계는 자신의 상관자를 감성계에서 발견할 수 있는 도덕적 세계다. 감성적 자연이 인과 법칙에 따라서 자연으로 형성될 수 있는 것처럼, 예지계는 도덕 법칙의 이념에 의해서 가능하다. 이에 따라 만일 우리가 도덕 법칙을 초감성계의 현존을 위한 법칙으로 생각한다면, 이 초감성계는 이성적 의지를 준칙의 합법칙성과 필연적으로 결합시키는 제삼자가 될 수도 있을 것이다. 그러나 초감성계는 단순히 이상, 즉 이념을 통해서만 규정될 수 있는 것일 따름이다.25) 말하자면 초감성계는 도덕 법칙의 이념에서 사유되고 구상된 질서에 불과하며, 우리에게 지성적 직관이 부재한 이상 우리가 인식할 수 있는 그 어떤 것이 아니라 우리가 단지 도덕 법칙에 따라서 사유할 수 있는 이상일 따름이다. 따라서 초감성계의 이념은 도덕 법칙의 인식을 위해 요구되는 직관적 규정일 수 없다. 그러므로 그것은 도덕 법칙의 실재적 가능성(객관적 실재성)을 정당화할 수 없다. 초감성계는 우리가 그것의 개념을 통해서 이미 사유한 규정들만 포함할 뿐,『순수이성비판』에서처럼 범주들의 객관적 타당성을 위해 필수적이었던 선험적 도식들과 같은 그런 직관적 규정들을 포함하지 않는다. 따라서 우리는 아무런 직관의 기능 없이 초감성계라는 단순한 이상을 통해선, 정언적 도덕 법칙이라는 종합 명제에서의 필연적인 종합적 통일을 인식할 수 없으며, 그러는 한 도덕 법칙은

---

25) GMS 462, A 568=B 596.

객관적 실재성이 없는 것으로 판명된다. 이 이념의 객관적 실재성은 이념의 실천적 실재성, 즉 의지에 미치는 이념의 영향력에 있을 뿐이다. 물론 도덕 법칙에 따라서만 가능한 이러한 도덕적 현존 질서의 이념의 객관적 실재성은 의지에 대한 이 이념의 영향력에 있지만, 그러나 초감성계의 객관적 실재성은 도덕 법칙의 객관적 실재성에 의존하고 있다.26) 도덕 법칙에 따르는 의지의 활동 자체가 초감성계의 객관적 실재성을 확립한다.

칸트는 도덕적 초감성계의 이상을 또한 이성적 존재의 궁극 목적, 즉 최고선이라는 개념을 통해 설명하기도 한다. 최고선이란 칸트에겐 도덕성과 행복의 조화다. 만일 순수이성이 적절한 신체적 능력을 구비하고 있다면, 그것은 최고선을 감성계 안에서 실현할 수 있을 것이지만, 이러한 것은 유한한 이성적 존재로서 우리에겐 불가능하다. 만일 최고선이 실현된다면 도덕 법칙이 지배하는 초감성계 속에서 필연적으로 실현될 것이다. 이러한 최고선의 개념은 그 자체로 직관일 수도 없고 또한 직관을 포함할 수도 없는 단적인 이념이기 때문에 마찬가지로 도덕 법칙의 가능성을 정당화할 수 없다.

칸트는 순전히 예지적인 목적의 왕국을 지배하는 근원적인 도덕 법칙을 감성계와 유한한 이성적 의지에 적용하는 절차로서 감성적 자연계의 법칙을 제시한다. 질료적으로 주어진 내용에 합법칙적 형식을 부과하는 이 목적론적 자연 법칙은 도덕 법칙의 전형으로 규정된다. 이 목적론적 법칙에 의해 명시된,

---

26) 초감성계는 이상일 따름이다. 이 이상의 이념은 초감성계의 형식으로서의 도덕 법칙이다. 도덕 법칙의 이념은 초감성계를 인식할 수 있게 하는 원리가 아니다. 도덕 법칙의 이성 개념의 객관적 실재성은 이 이성 개념의 인과성에 있다. "이성에서 인과성 개념은 그 자체로 경험에서의 가능한 행위들의 원인으로 간주될 수 있다"(*Opus postumum*, XXI 421).

감성적 자연의 보편적 질서라는 개념은 초감성적 질서라는 개념과는 원칙적으로 상이하지만 그럼에도 불구하고 이성적 행위자들의 준칙들을 평가하기 위한 전형으로 사용될 수 있다. 왜냐하면 그 자체가 지성적 표상인 그 개념은 이성의 이념으로서의 도덕 법칙을 구체화하는 데 기여할 수 있고, 또한 상식에 의해서도 초감성계의 합법칙적 형식의 사례로 수용되고 있으며,27) 그리고 도덕 법칙을 직관과 이를 통해 감정에 접근시킴으로써28) 준칙의 구상에서 도덕 법칙의 실천적 적용을 습관적으로 용이하게 할 수 있기 때문이다. 그러나 "자연 질서 일반의 형식" 혹은 "보편성에 따르는 자연 법칙"을 의미하는 도덕 법칙의 전형은, 자연적 질료에 의존하는 "자연의 어떤 특수한 법칙들에도 관계하지 않는다."29) 이처럼 전형의 개념도 도덕 법칙에 따르는 이념에 불과하다. 따라서 직관 없이 이념만으로는 우리는 도덕 법칙의 가능성을 통찰할 수 없다.30)

2.『도덕형이상학 정초』에서 자유와 도덕 법칙

1) 실천적 자유에서 도덕 법칙으로

『도덕형이상학 정초』의 제3장에선 먼저 자유의 이론이 논의된다.『정초』의 자유론이 전제하고 있는 것은, 만일 인간이 도덕적으로 자유로운 존재여야 한다면, 자유는 세계 안에서 최소

---

27) KpV 123 참조.
28) GMS 436 참조.
29) XI 348.
30) 예지계, 최고선, 목적론적 자연 법칙에 관해선 본서, 76-89 참조.

한 불가능해서는 안 된다는 것에 대한 증명이다. 이러한 증명은 이미 『순수이성비판』에서의 제3이율배반의 해결에서 선험적 관념론 내부에서 수행되어 있다. 제3이율배반의 정립은 자연 현상들에 대한 인과 법칙의 무제한적 적용으로부터 발생하는 모순을 해결하기 위해 자연적 인과성으로부터 독립된 절대적인 예지적 시초를 가정하고 있다. 결국 단적으로 참된 선험적 자유가 있다는 것이다. 선험적 자유는 절대적 자발성으로서의 예지적 시초를 의미하기 때문이다.

행위자의 "자기 시초"에 의해 발생한 행위, 즉 시간적으로 선행한 이종적 원인의 인과성에 의해 규정되지 않은 행위는 선험적 의미에서 자유롭다. 그러므로 선험적 자유는 행위자의 인과성의 특정한 방식, 즉 자발적 행위자의 비시간적이고 예지적인 인과성의 특정한 방식이다. 이런 인과성은 시간에 종속된 현상이 아니라 비시간적이고 예지적인 것이며 비감성적 지성들에 의해 수행될 뿐이다. 이처럼 우리가 우주론적 계열들을 완성하기 위해 자유의 이념을 사유할 때, 선험적 자유는 현상적 원인들로서의 "경험적 조건들로부터의 독립성"이라는 소극적 의미뿐 아니라31) "일련의 계기적 사물들이나 상태들을 자신으로부터 시작하는 능력"이라는 적극적 의미도 포함한다.32) 선험적 자유는 물자체의 비시간적이고 예지적인 세계에 속하기 때문에 우리는 칸트의 인식론적 전제들에 따라 이 같은 예지적 인과성의 객관적 실재성(실재적 가능성)을 인식할 수 없다. 똑같은 이유로 우리는 자유의 현실성을 이론적으로 증명할 수 없다. 그러나 우리는 예지적 인과성을 의미하는 선험적 자유를 현상계에서의 자연적 인과성과 결합될 수 있는 것으로,

---

31) A 553=B 581, GMS 446, 452
32) A 449=B 477, A 554=B 582.

따라서 불가능하지 않은 것으로 사유할 수 있다. 그런데 이러한 선험적 자유에 대한 사유의 가능성은 이론 철학에 속하며, 이런 이론적 사유 가능성이 있기 때문에 칸트의 윤리학은 그 기초를 보유하고 있다. 그러나 선험적 자유의 의미들은 여전히 무규정적이다. 왜냐하면 자유의 예지적 인과성이라는 이념은 『순수이성비판』에서는 현상들의 인과적 규정의 모순을 회피하고 우주론적 계열들을 완성하기 위해서 단순히 개연적인 개념으로만 사유되고 따라서 여전히 공허한 개념으로만 남아 있기 때문이다.[33]

우리가 사실적으로 자유를 가정하는 것이 정당화될 수 있는가 하는 것은 이론 철학에서가 아니라 실천 철학에서만, 더 정확히 말해 맨 먼저 윤리학에서만 결정된다. 『도덕형이상학 정초』의 근본적 문제는 선천적인 종합적인 실천적 명제로서 정언명법이 어떻게 가능한가 하는 것이다. 말하자면 왜 도덕 법칙이 우리와 같은 유한한 이성적 존재에 대해 보편타당성을 가지고 있으며 절대적 당위인가 하는 것이다. 도덕 법칙은 이성적이긴 하지만 그러나 또한 동시에 감성적 경향성들에 의해서도 촉발되는 유한한 인간의 의지로부터는 분석적으로 도출될 수 없다. 정언적으로 표현된 도덕 법칙은 종합적이다. 이성적 존재의 의지라는 개념으로부터 준칙의 입법적 형식이라는 개념이 분석될 수 없다. 왜냐하면 이성적 의지는 이 의지를 규정하는 원리가 질료적 원리든 그 어떤 원리든 간에, 원리의 표상에 의해서 규정되는 능력일 따름이기 때문이다. 또한 도덕 법칙에서 이성적 의지와 준칙의 보편타당한 합법칙성의 결합은 경험과 상관없이 선천적으로 이루어진다.

그런데 만일 유한한 의지의 정언적 도덕 법칙과의 결합이

---

33) 선험적 자유에 관해선 본서, 62-67 참조.

종합적이고 선천적이라면 이러한 것은 연역 혹은 정당화를 요구한다. 만일 우리가 인간적 의지의 자유의 현실성을 정당화할 수 있다면, 이 같은 인간적 의지의 자유의 현실성을 통하여 우리는 의지의 자율 및 의지의 도덕성, 이에 따라 자유로운 원인 존재의 결과와의 결합이 포함하는 합법칙성으로서의 도덕 법칙을 정당화할 수 있을 것이다. 그러나 우선적 과제는 우리의 인간적 의지가 현실적으로 자유롭다는 것을 정당화해야 하는 것이다. 이와 관련해서 칸트는 "자유의 적극적 개념이 이 제삼자를 제공한다"고 말한다.34) 말하자면 적극적 의미에서의 자유가 유한한 이성적 의지와 도덕 법칙의 결합을 정당화하는 제삼자라는 것이다. 실천적 자유 혹은 의지의 자유의 개념은 자기 시초로서의 선험적 자유의 개념에 근거한다. 실천적 자유는 의지가 자기 시초의 위상에 있는 한에서만 진정한 의미에서의 자유다. 이제 실천적 자유는, 한편으론 현상적 원인의 인과성으로부터의 독립이라는 소극적 의미, 다른 한편으론 적극적 의미, 즉 의지 자체에 의해 의욕된 결합으로서 비시간적이고 예지적인 원인의 결과와의 합법칙적 결합이라는 적극적 의미를 포함한다.

칸트에게 자유는 비합법칙성이나 방종이 아니며, 오히려 자기 시초적인 예지적 원인의 결과와의 합법칙적 결합을 포함한다. 의지 자체가 의욕하는 합법칙적 결합으로서 자유는 자율이다. 그리고 예지계에서 비시간적 원인의 결과와의 결합이 포함하는 합법칙성은 도덕 법칙이다. 유한한 이성적 존재는 자연 인과성으로부터 독립해서 스스로 도덕 법칙을 자신에게 부과한다. 그러기 때문에 이성적 존재의 의지는 자율로 규정될 수 있고, 도덕 법칙은 유한한 이성적 존재의 자유로운 의지에 대

---

34) GMS 447.

해선 절대적 타당성을 지닌다. 그러나 우리가 자유로부터 의지의 자율과 도덕 법칙을 추론하기 위해선 우리는 먼저 도덕 법칙의 의식을 가정해야만 한다. 바로 여기서 "자유에서 자율로 그리고 자율에서 도덕 법칙으로 향하는 우리의 추론 중에 은밀한 순환 논법, 말하자면 아마도 우리가 도덕 법칙만을 위해서 자유의 이념을 근거로 삼고, 나중에는 또다시 이 도덕 법칙을 자유로부터 추리할지도 모른다는 은밀한 순환 논법이 포함되어 있지 않을까 하는 의구심"이 생길 수 있다.35) 그러나 무엇보다도 『순수이성비판』의 전제들에 따르면 우리에겐 자유의 실재성을 직접적으로 통찰할 수 있는 지성적 직관이 없다. 만일 우리에게 그런 지성적 직관이 있다면, 우리는 의지의 자유를 직접적으로 인식하고 이 자유의 이념으로부터 도덕 법칙을 분석적으로 도출할 수 있을 것이다. 만일 그렇다면 자유는 도덕 법칙의 존재 근거면서 동시에 인식 근거가 될 것이다.36)

---

35) GMS 453. 또한 450 참조. 칸트는 『실천이성비판』에서 『도덕형이상학 정초』의 문제점을 시사한다. "그러므로 자유와 무조건적 실천 법칙은 상호 의거한다. 그런데 여기서 나는 그것들이 또한 실제로도 서로 다른 것들인가, 아니면 오히려 무조건적 법칙은 단순히 순수실천이성의 자기 의식이 아닌가, 그러나 이 순수실천이성은 자유의 적극적 개념과 전적으로 일치하는가를 묻지 않는다"(KpV 52). 그러나 『도덕형이상학 정초』에 대한 연구(R. Brandt, "Der Zirkel im dritten Abschnitt von Kants *Grundlegung zur Metaphysik der Sitten*", 169–191 참조)를 통해 브란트는 여기서 해결되어야 할 순환 논증은 칸트 자신의 것이 아니라 형이상학, 정확히 말해 도덕형이상학의 순환 논증, 즉 "변증론적 궤변"이라고 주장한다. 이에 따라 그는 정언적으로 표현된 도덕 법칙의 연역의 가능성을 페이튼과는 달리 긍정적으로 보고자 한다. 또한 D. Schönecker, "Die 'Art von Zirkel' im dritten Abschnitt von Kants *Grundlegung zur Metaphysik der Sitten*", 189–202 참조.

36) 이처럼 칸트는 『도덕형이상학 정초』에서 도덕 법칙을 자유의 이념으로부터 도출하려는 시도를 한다. 그러나 페이튼은, 칸트가 이성적 행위자의 자유에 대한 전제를 충분히 증명하지 못하기 때문에 정언적 도덕 법칙의 연역을 실패로 이끌고 있다고 주장한다(H. J. Paton, *The Categorical Imperative*, 242–

2) 이론적 자발성에서 도덕 법칙으로

의지의 자유 혹은 실천적 자유에서 도덕 법칙으로 이행하는 과정에서 발생할 수 있는 순환 논증의 오류를 회피하기 위해서, 칸트는 단적으로 도덕 법칙의 의식(이성의 사실)을 전제하는 대신에 다시 한 번 인간의 자유의 현실성을 도덕 법칙의 의식과 상관없이 정당화하고자 하는 시도를 한다. 칸트는 이런 정당화 시도를 판단의 자발성 혹은 자유에 대한 예비적 고찰에서 시도한 바 있다.37) 자발성으로서 광의의 이성(사유의 능력)은 오성(개념과 판단의 능력)과 협의의 이성(추론의 능력)을 포함한다.38) 순수 오성 혹은 순수이성의 판단의 자발성은 논리적이다.39) 인간은 그 자체로 현실적으로 하나의 능력, 즉 이성을 발견한다. 이 "이성은 이념들의 명칭 아래 감성만이 자신에게 제공할 수 있는 모든 것을 넘어설 … 정도로 순수한 자발성을 보여준다."40) 그러므로 인간은 자기 자신을 "지성"으로서 감성계가 아닌 "오성계", 즉 예지계에 속한 존재로 사유해야 한다. 이러한 이성의 자발성은 무엇보다도 순수 자아의

245, 또한 223-226 참조). 헨리히도 역시 『도덕형이상학 정초』에 대한 연구(D. Henrich, "Die Deduktion des Sittengesetzes", 55-112 참조)에서 칸트의 본래의 문제는 자유의 연역이며 그 다음의 문제가 도덕 법칙의 연역이지만, 두 연역은 실패한다고 주장한다. 왜냐하면 그의 견해로는 칸트는 연역 절차의 의미와 기능을 충분히 이해하지 못함으로써 이성적 의지의 자유 의식에 대한 가정으로부터 시작할 수밖에 없기 때문이다. 이에 따라 그는 연역들의 진정한 해결책을 이성의 사실에 대한 칸트의 이론에서 찾고 있다.

37) GMS 448.

38) 광의의 이성은 광의의 오성을 의미한다. 즉 그것은 협의의 오성(개념의 능력), 규정적 판단력, 협의의 이성(추론 능력)을 포함한다(A 75 주석=B 100 주석).

39) GMS 451-452 참조.

40) GMS 452.

판단 활동에서 드러난다. 판단의 논리적 자발성을 이해하기 위해선 우리는 우선 오성의 형식 논리학과 선험 논리학으로 돌아가야 한다.

칸트의 형식 논리학에서 가장 중요한 영역은 판단과 판단의 형식들에 대한 것이다.41) 왜냐하면 범주의 형이상학적 연역이 판단의 형식 논리학에 근거하기 때문이다. 칸트의 선험 논리학에 따르면 모든 판단은 주어진 인식들을 통각의 객관적 통일로 가져오는 오성의 작용이다.42) 모든 판단은 통각의 객관적 통일에 의해 인식들 사이의 객관적 관계를 단언하며, 상상력의 연상에 의해 형성되는 표상들의 주관적 관계를 단언하지 않는다.43) 이러한 판단은 단적으로 말해 객관적 종합이다. 판단이란 것은 위에서 말한 것처럼 "주어진 인식들(개념들이나 판단들)을 통각의 객관적 통일로 가져오는 방식"이다. "통각의 선험적 통일이란 직관에 주어진 모든 다양을 객체의 개념으로

---

41) "판단은 여러 표상들의 의식의 통일에 대한 표상 혹은 여러 표상들이 하나의 개념을 형성하는 한에서 여러 표상들의 관계에 대한 표상이다"(『논리학』 §17 (IX 101)). 또한 『논리학』 §60 (IX 121) 참조. "판단은 하나의 의식에서 여러 개념들의 통합이다. 각 개념은 하나의 의식에서 여러 표상들을 통합하는 성격을 지닌다. 만약 우리가 다시금 여러 개념들을 하나의 의식에서 통합할 수 있다면, 이것은 판단이다"(『논리학*Pölitz*』, XXIV 577).

42) B 141.

43) B 142. 여기서 '인식(Erkenntnis)'이란 개념은 판단에는 정언 판단뿐 아니라 가언 판단과 선언 판단도 포함되기 때문에 '개념'과 '판단' 둘 다 포함하는 용어다. 그러나 판단의 질료는 그러한 객관적 관계로 이끌어진 인식들이지만, 판단의 형식은 이 인식들을 결합하는 방식일 뿐 특정한 질료와는 아무 상관이 없다. A 266=B 322, 『논리학』 §18 (IX 101) 참조. 그런데 칸트는 정언 판단의 형식은 "계사"이고 가언 판단의 형식은 "결론(consequens)"이며 선언 판단의 형식은 "선언"인 것처럼 말한다(『논리학』 §§ 24, 25, 28 (IX 105-106)). 삼단논법에선 질료는 "전제들"이고 형식은 "결론(conclusion)"이다(『논리학』 §59 (IX 121)). 판단의 형식 논리학에 관해선 졸저 『칸트의 인식론』, 90-97 참조.

통합하는 통일"이므로 "객관적 통일"이다.44) 판단엔 여러 논리적 기능들(형식들)이 있으며, 이 "판단에서의 논리적 기능들에선 주어진 개념들의 결합, 따라서 주어진 개념들의 통일이 이미 생각되어 있다."45) 이 결합은 직관의 "다양의 종합적 통일의 표상"이다.46) 『형이상학 서론』에서도 마찬가지다.47) 표상들을 사고한다는 것은 그것들을 하나의 의식 속에서 통합한다는 것이며, 하나의 의식 속에서의 표상들의 통합은 곧 판단이다. 판단의 여러 논리적 계기들(형식들)은 하나의 의식 속에서 표상들을 통합하는 여러 방식들이다.48) 이 통합은 동일성을 매개로 한 분석적 통합이거나 표상들의 부가함을 매개로 한 종합적 통합이다. 말하자면 모든 판단은 분석 판단이든 종합 판단이든 근본적으로 종합을 포함하며, 이 종합은 판단의 여러 형식들에서 생각된다. 예컨대 정언 판단은 주어와 술어의 종합을 포함한다. 그러나 여기선 주어에서 술어가 분석적으로 도출될 수 있는가의 문제는 중요하지 않는다. 분석 판단과 종합 판단의 구별이 문제가 되지 않는다. 중요한 것은 분석 판단을 포함한 모든 판단은 최소한 개념들의 종합이 있으며, 이 개념들의 종합, 따라서 개념들의 (종합적) 통일은 판단의 논리적 계기들(형식들)에서 생각된다는 것이다.

이와 같이 종합은 판단 형식들에서 생각되는 논리적 통일에 따라서 개념들의 종합적 통일뿐 아니라 이 개념들이 지시하는 직관들의 다양의 종합적 통일도 산출해서 통일을 사고한다는

---

44) B 139. 또한 『논리학』 §17 (IX 101) 참조.

45) B 131. 또한 B 305-306 참조.

46) B 130-131.

47) 『형이상학 서론』 §22 (IV 304-305).

48) 『논리학』 §18 (IX 101).

의미에서 "다양의 종합적 통일의 표상"이라고도 불린다.49) 주어진 다양한 직관들이 객관의 직관들이 되기 위해서 요구되는 통일은 종합에 의해 산출된 직관들의 필연적인 종합적 통일이므로 바로 통각의 종합적 통일에 종속한다. 그런데 주어진 표상들(개념들이나 직관들)의 다양을 종합해서 통각의 통일로 가져오는 활동은 판단 형식들에 따른 판단 작용이다. 그러므로 모든 직관의 다양은 어떤 특정한 통일로 종합되어 있고 따라서 통각의 통일에 종속해 있는 한, 이 직관의 다양을 통각의 통일로 가져오는 논리적 판단 기능들(판단 형식들) 중 그 어떤 하나에 의해 규정되어 있다.50)

『도덕형이상학 정초』에 따르면 이러한 논리적 판단의 자발성은 이성적 인간에게 "현실적으로" 속해 있다. 이제 이성은 자발적으로 그 자신의 이념들을 구성할 때 인간적 감성의 직관 형식들인 시간과 공간의 현상계를 벗어나서 자발적 활동을 통하여 예지계를 의미하는 "오성계"로 나아간다. 그러나 이성이 이념들을 사유할 때 드러나는 이성의 자발성은 그 자체가 독립성으로서의 자발성으로서 자유의 소극적 의미만 보여줄

---

49) 이러한 판단의 성격들은 『순수이성비판』의 §10(A 79=B 104-105)에서도 밝혀진다. 판단은 본질적으로 두 측면이 있다. 한편으론 그것은 여러 표상들(대상들의 직관들)에 (분석적) 통일을 부여하는 기능을 가지고 있다. 모든 판단은 여러 인식들(개념들 혹은 판단들)을 통합할 뿐 아니라 여러 개별적 대상들의 공통 속성들을 분석을 통해 사고하고, 이에 따라 그 대상들을 개념의 분석적 통일을 통해 통합한다. 여러 개별적 대상들에 분석적 통일을 부여한 바로 그 판단은 다른 한편으론 하나의 직관(대상)으로 여러 표상들(인상들)의 단적인 (상상적) 종합에 (종합적) 통일을 부여하는 기능도 있다. 이처럼 판단은 주어진 인상들을 하나의 직관이나 대상으로 결합하는 그런 상상력의 종합에 통일을 부여하고 이를 통해서 종합된 인상들에 통일을 부여하기 때문에, 인상들의 종합적 통일의 근원이 된다. 이때 모든 분석은 종합을 전제로 한다(또한 B 133 주석 참조).

50) B 143. 판단의 선험 논리학에 관해선 졸저 『칸트의 인식론』, 212-217 참조.

뿐이다. 이 이성의 "순수한 자발성"의 산물들은 이념들이다. "우리가 자유롭다는 사실을 우리는 우리 자발성의 직접적 의식을 통하여 인식할 수 없다(왜냐하면 이 개념은 이 경우엔 소극적이기 때문이다)."51) 그런데 이러한 자발성 규정은 『실천이성비판』의 요구를 충족시키지 못한다. 왜냐하면 그러한 독립성으로서의 자발성은 경험의 사실인 자의의 자유일 수 있기 때문이다.

자발적 이성은 비록 아직은 특별히 실천적 피규정성의 의미를 포함하고 있지 않다고 하더라도 그럼에도 불구하고 여기선 자발성이라는 이유에서 "지성"으로 규정된다.52) 이때 지성의 자기 규정은 주체의 내면적 상태들과 활동들에 대한 인식으로서의 자기 인식이 아니라 순수한 자기 사유(지성적 자기 관계로서의 자기 의식)일 뿐이다.53) 순수 자아의 자발성을 이론 철

---

51) XXIII 245.

52) GMS 453.

53) 자기 의식, 정확히 말해 "나는 나를 사유한다"(B 158, 420, 429, 430)라는 명제 속에서 표현되는 자기 관계적 자기 의식은 순환 논증의 오류를 범할 가능성이 있다. 지적인 주체는 순수한 사유에 의해 자신의 고유한 현존을 인식할 수는 없다고 하더라도 사유 활동과 이와 함께 사유 주체로서의 자기 자신을 의식할 수는 있다. 그러나 이때 칸트가 『순수이성비판』의 「오류 추리」장 서두에서 밝힌 것처럼 주체는 오로지 자기 자신으로부터 도출된 범주들을 통해서만 자기 자신을 단순하고 수적으로 동일한, 모든 가능한 사유들의 주체로 생각할 수 있기 때문에, 즉 자기 자신의 범주들을 통해서만 자기 자신에 대해 사유하고 진술할 수 있기 때문에 그 주체는 결국 자기 자신의 주위를 맴돌고 있을 따름이다. 사유하는 주체의 자기 관계에서 나타나는 이러한 "순환"은 칸트 자신의 말처럼 확실히 하나의 "불편한 일"(A 346=B 404, 또한 B 422 참조)일 것이다. 신칸트주의자들, 특히 나토르프는 위와 같은 순환 논증 때문에 순수한 자기 의식, 곧 주체성은 파악될 수 없다고 주장한다(P. Natorp, *Einleitung in die Psychologie nach kritischer Methode*, 14-16, 63 참조). 그러나 뒤징은 칸트가 A 346=B 404와 B 422에서 말하는 순환 논증은 "나는 나를 사유한다"라는 명제에서 정의된 자기 의식의 자기 관계에서의 순환 논증이 아니라 오히려 단지 영혼 실체의 형

학의 근본적 원칙으로 받아들이는 칸트는 『순수이성비판』의 고유한 체계에서 데카르트의 "나는 생각하면서 존재한다"는 최초의 명증적인 확실성을 지성적 자아의 순수한 자기 의식과 경험적 자아의 내적인 지각으로 구분한다. 말하자면 데카르트에게서 자기 자신의 존재에 대한 자아의 지적인 인식은 칸트에게는 순수 자아의 존재 인식이 아니라 순수 자아의 지적인 자기 의식(자기 사유)을 의미하며, 그리고 데카르트에게서 심리적이고 시간적인 사유 작용들을 수행하는 동안 자기 자신의 존재에 대한 자아의 직접적인 확신은 칸트에게는 자신의 존재에 대한 경험적 자아의 직접적인 무규정적 지각을 의미한다.54) 그러나 데카르트의 "나는 사유한다"라는 최초의 확실성을 철학의 진정한 원칙으로 생각하고자 하는 칸트에게는 원칙으로서의 데카르트의 자아는 경험적 개별자일 수가 없고, 오히려 어떤 존재의 성격도 없는 논리적인 순수한 자기 의식의 표상일 따름이다. 그리고 자발성으로서의 지성의 자기 규정도 여기선 자기 의식일 따름이다.55)

도덕 법칙의 연역을 위한 이론적 조건은 선험 관념론적 세계관의 도입, 즉 감성계(현상계)와 오성계(예지계)의 구분이다. 예지계와 감성계는 존재론적으로 분리된 두 세계가 아니다. 오히려 예지계의 법칙은 다른 관점에선 감성계에서도 타당

이상학적 인식에서의 순환 논증을 의미할 따름이라고 주장한다(K. Düsing, "Constitution and Structure of Self-Identity", 418 : *Hegel und die Geschichte der Philosopie*, 230 : "Selbstbewußtseinsmodelle", 96-97 참조). 그러나 그도 주체의 사유하는 자기 관계에 대한 칸트 견해가 결국 순환 논증에 빠진다는 비판을 적극적으로 극복하지는 못한다. 자기 의식의 순환 논증에 관해선 졸고 「칸트의 『순수이성비판』에서의 통각 이론」, 119-120 참조.

54) 이 문제에 관해 K. Düsing, "Cogito, ergo sum? Untersuchungen zu Descartes und Kant", 95-106, 특히 101-104 참조.

55) 졸고 「데카르트와 칸트의 "Cogito"」, 142-143 참조.

할 수 있다. 물론『순수이성비판』은 경험의 모든 대상들은 단순한 현상들이고 결코 물자체가 아니라는 것을 증명한다. 그러나 존재론적으로 서로 다른 두 종류의 대상들이 있는 게 아니라 오직 두 종류의 서로 다른 측면에서 고려된 하나의 대상만이 있다. 동일한 대상이, 한편으론 있는 그대로의 대상으로 다른 한편으론 우리에게 현상하는 한에서의 대상으로 이해된다.56) 우리가 순수 오성의 범주만으로 이해하는 대상은 물자체다. 이 물자체는 우리가 지성적 직관의 결핍으로 인식할 수 없는 대상인 반면, 현상은 우리가 감성적 직관과 범주를 통하여 경험하는 대상이자 물자체의 현상이다. 곧 현상은 우리의 감성과 오성에 의해 변형된 것으로 현상하는 물자체다.

자발적 주체의 지성은 도덕 법칙의 통찰과 상관없이도 순수한 자발성을 통해서 자기 자신이 예지계의 구성원이라는 사유에 이른다. 그런데 자연에 인과성이 속해 있는 것처럼 예지계에도 인과성이 있다. 그러나 예지계의 인과성은 자연의 인과성과는 달리 그 자체로 예지적인 것이다. 그것은 곧 자유로부터의 인과성이다. 지성에는 자유로운 이성적 의지가 속한다. 이에 따라 자신에 속한 이성적 의지로 말미암아 지성은 실천적 의미에서 자유로부터의 인과성을 소유한다. 그런데 지성에 부여된 자유는 어떤 규칙성도 포함하지 않은 방자가 아니라 자유롭게 시작하는 원인이 그 결과와 결합할 때의 합법칙성을 포함한다. 이러한 합법칙적 결합은 현상계가 아니라 예지계에 속해 있다. 그런데 자유 원인의 결과와의 합법칙적 결합이 예지계에 있다면, 이러한 합법칙성의 근거는 현상계를 지배하는 인과 법칙이 아니라 예지계를 지배하는 원칙으로서의 도덕 법칙이다. 왜냐하면 지성적 인간은 예지계의 구성원이기 때문이

---

56) B XXVI–XXVII 참조.

다. 지성적 주체가 도덕 법칙을 자발적으로 자신에게 부과하는한, 의지가 속한 지성적 주체의 자발성 혹은 자유는 자율로 규정될 수 있다. 이제『도덕형이상학 정초』는 적극적 의미에서의 의지의 자유를 다루게 된다. "그렇다면 의지의 자유가 자율, 즉자기 자신에게 법칙인 의지의 특성 말고 다른 무엇일 수 있겠는가?"57) 우리는 "그 자신의 의식과 함께 그 자신의 판단들에관해 다른 곳으로부터 인도 받은 이성을 생각할 수 없다. 왜냐하면 그런 경우라면 주체는 자신의 이성이 아니라 충동에 판단력의 규정을 귀속시킬 것이기 때문이다. 이성은 자기 자신을자신의 원리들의 창조자로 간주해야 한다."58) 그러므로 이성은, 이성 자신이 고유한 원천으로부터 자신의 행위들을 평가하기 위한 원리를 기획하는 한, 따라서 자기 자신에게 법칙을 부여(입법하는)하는 한, 자기 자신을 적극적 의미에서 자유로운존재로 간주해야 한다. 이에 따라 예지계의 지배적 원칙으로서도덕 법칙은 자유 의지에게는 절대적 타당성을 지닌 것으로접근한다.

그런데 물론 우리는 이성을 통해 도덕 법칙을 의지의 선천적 규정 근거로 의식하지만, 또한 동시에 우리는 행복을 산출하는 감성적 경향성도 의식한다.59) 우리는 경향성을 전적으로지배하지 못하는 유한한 이성적 행위자이기 때문에, 도덕 법칙은 언제나 단적인 명령이나 의무로 우리에게 다가온다. 말하자면 도덕 법칙은, 한편으론 자기 자신을 자유롭고 예지적인 존재로 인식하고, 다른 한편으론 또한 동시에 감성의 조건에 종속된 존재로 인식하는 인간의 이성적 의지에 대해서 절대적

---

57) GMS 447.
58) GMS 448.
59) KpV 57 참조. 또한 KpV 140 참조.

의무로 다가온다.

이제 도덕 법칙, 즉 선천적인 종합적인 실천적 명제로서 정언명법의 가능성(객관적 실재성)이 연역될 수 있다. 말하자면 절대적 자발성을 소유한 지성이 자기 자신을 자유로부터의 인과성이 지배하는 예지계의 구성원으로 사유할 때, 지성은 자기 자신에 의지의 자유를 필연적으로 귀속시키며, 이때 예지계의 법칙으로서 도덕 법칙은 유한한 인간의 자유 의지에 대해 절대적 의무가 됨으로써 정당화될 수 있다. 그러나 유한한 이성적 인간의 자유 의지에 대해 절대적으로 타당한 정언적 도덕 법칙의 객관적 실재성은 신적 의지를 포함한 모든 의지의 자유를 전제함으로써만 가능하며, 유한한 이성적 인간의 경우엔 유한한 지성들에 필연적으로 귀속된 의지의 자유를 전제함으로써만 가능하다.60) 이에 따라 도덕 법칙의 연역에서 칸트는 또한 논리적으로 순환 논증을 회피할 수 없다. 우리는 자유를 인식하는 지성적 직관을 소유하지 못하고 있기 때문이다.

또한 위와 같은 도덕 법칙의 연역 절차는 칸트의 비판 이론에선 증명될 수 없는 형이상학적 전제들도 포함하고 있다. 첫째, 『순수이성비판』의 오류추리론의 결과들에 따르면 지성의 자발성에는 자립적인 현존이 속할 수 없다. 자발적 주체의 순수한 자기 사유는 감성계를 초월하는 예지계의 구성원으로서의 자발적 주체의 고유한 현존에 대한 인식 혹은 지성들의 세계의 현존하는 구성원으로서의 자발적 주체에 대한 인식이 아니다. 존재의 인식을 위해선 존재의 사유 외에 존재의 직관이 있어야 하기 때문이다. 둘째, 한편으론 유한한 이성적 의지와 다른 한편으론 정언적 도덕 법칙의 결합을 정당화하는 제삼의 근거는 의지의 자유를 지닌 지성들의 세계로서의 예지계, 더

---

60) GMS 461 참조.

정확히 말해 예지계 안에서의 비시간적인 자유로부터의 인과성이다. 이성의 자발성은 그 자신의 이념들의 창조자며, 이성은 직접적으로 의식되는 자신의 순수한 자발적 활동을 근거로 자기 자신을 예지계의 구성원으로 사유한다. 이 예지계는 자유의 적극적 개념이 지시하는 세계로서, 이성적 행위자의 의지와 도덕 법칙을 종합적으로 결합하는 제삼자가 된다. 그러나 우리는 지성적 직관이 없기 때문에, 예지계와 예지적 자유의 내용 및 내적 가능성에 대한 이론적 인식은 불가능하다. 이와 같이 정언 명법의 연역은 그 자체로 인식 불가능한 것에 기초해 이루어지고 있다. 이에 따라 아직 도덕적으로 규정되지 않은 지성의 자발성에 의존하거나, 인식 비판을 극복할 수 없는 예지적 근거에 의존하는, 도덕 법칙의 연역 시도는, 『순수이성비판』에서 이루어진 범주들 및 오성 원칙들의 선험적 연역과는 달리 결코 수행될 수 없다. 그래서 칸트는 자유와 도덕 법칙의 관계에 대한『도덕형이상학 정초』의 설명을 나중에 포기한다.61)『실천이성비판』에서 그는 형이상학적 전제들을 회피하는 정당화 방식을 선택하여 칸트 윤리학의 연역 절차를 근본적으로 변화시킨다.

3.『실천이성비판』에서 도덕 법칙과 자유

1) 도덕 법칙의 연역과 이성의 사실

도덕 법칙은 이론 이성의 개념으로부터도, 도덕적 경험으로

---

61)『도덕형이상학 정초』에서 자유와 도덕 법칙의 연역에 관해선 특히 K. Düsing, "Spontaneität und Freiheit in Kants praktischer Philosophie", 213-223 : D. Henrich, "Die Deduktion des Sittengesetzes", 55-112 참조.

부터도, 자유의 이념으로부터도, 예지계와 최고선의 개념들 및 전형의 개념으로부터도 정당화될 수 없다. 바로 여기서 도덕 법칙의 연역에 대한 문제에서 이성의 사실에 대한 이론의 의미가 드러난다. 이성의 사실에 대한 이론은 칸트 윤리학의 방법론적 변화를 근본적으로 보여주는 이론이다. 칸트는『도덕형이상학 정초』와『실천이성비판』에서 연역의 문제를 다른 방식으로 다룬다.『도덕형이상학 정초』는 자유의 현실성을 직접적으로 통찰할 수 있는 지성적 직관이 우리에게 부재함에도 불구하고 사유 가능한 자유의 개념을 도덕 법칙의 정당화를 위한 출발점으로 삼는 데 반해, 제2『비판』은 도덕 법칙의 의식 자체로부터 시작한다. "(우리가 의지의 준칙을 구상하자마자) 우리가 직접적으로 의식하는 것은 도덕 법칙이다. 그것은 맨 먼저 우리에게 제공된다."[62] "이러한 법칙이 우리 안에 있고 더욱이 최상의 법칙이라는 것은 사실적인 일이다."[63] 이 도덕 법칙의 의식은 이성의 사실이다. 이제 도덕 법칙의 정당화에 대한 문제는 이성의 사실에 대한 이론으로 돌아간다. 도덕 법칙의 정당화는 이성이 직접적으로 의식하는 도덕 법칙의 현실성에 근거한다.[64] 이러한 도덕 법칙의 현실성에 대한 의식은 "설명될 수 없는"[65] 것이지만, 순수실천이성과 관련된 모든 정당화의 기초가 된다. 도덕 법칙의 정당화는 바로 선천적 종합

---

62) KpV 53. 또한 KpV 56 참조. 도덕 법칙은 일상적 사고에도 주어져 있다. "이 원칙은 … 어떠한 탐색도 어떠한 창안도 필요 없다. 그것은 오래 전부터 모든 인간의 이성 안에 존재했고 이 이성의 존재와 하나가 되어왔다"(KpV 188). 이성의 사실에 대한 이론에 관해선 본서, 53-60 참조.

63) XXIII 378.

64) "법칙들은 의지의 자유에 관계해서만 가능하지만, 그러나 의지의 자유의 전제 아래에서 필연적이다. 반대로 말하면 의지의 자유는 그러한 법칙이 실천적 요청으로서 필연적이기 때문에 필연적이다"(KpV 79).

65) KpV 74.

명제로서의 도덕 법칙의 정당화다.

실천적 의미에서의 정당화는 인식론의 경우에서처럼 주어진 객체들에 대한 이성의 이론적 인식에 관계하지 않고 이성 자체의 직접적 인과성에 관계한다. 바로 의지 규정의 직접성을 근거로 순수실천이성은 경험에 주어진 결과들을 통해 통찰될 수 없는 근원적인 능력이 된다. 만일 순수실천이성이 경험적으로 주어진 결과들을 통해 통찰될 수 있는 것이라면 그러한 이성 자체는 내감에 주어진 현상에 불과하게 된다. 이처럼 여기선 객체들의 범주적 규정 가능성이 문제가 아니라 의지의 규정이 문제다. "네 의지의 준칙이 항상 동시에 보편적 입법의 원리로서 타당할 수 있도록 행위하라"는 "순수실천이성의 근본 법칙"은[66] 유한한 이성적 존재의 의지들에겐 정언명법으로 다가오며 의지들의 준칙들의 보편타당성을 무조건적으로 요구하는 근원적 법칙이다. 우리는 이러한 도덕 법칙을 순수이성의 필증적으로 확실한 소여로 지성적으로 의식한다. 우리는 주어진 인과적 현상들의 경험들로부터 필연적 인과 법칙을 선천적으로 인식할 수 없는 것처럼 우연적 현상들로서의 외적인 행위들로부터 도덕 법칙과 순수실천이성을 선천적으로 통찰할 수 없기 때문에, 우리는 도덕 법칙에 따라 발생하는 행위들의 어떤 구체적인 예증도 보여줄 수 없다. 그렇다고 해서 도덕 법칙의 확실성이 부정되는 것은 아니다. 우리는 이성의 사실에서 도덕 법칙의 확실성을 선천적으로 직접적으로 의식한다.

도덕 법칙의 사실적 의식은 동시에 순수 의지의 무조건적 자율로서의 인간적 자유의 현실성에 대한 의식을 포함한다. 도덕 법칙의 사실적 소여는 감성적으로 조건지어지지 않음이라는 단순히 소극적인 의미를 지닌 자유의 개념으로부터 실천적

---

66) KpV 54.

이라는 적극적인 의미를 지닌 자유의 개념으로 나아가게 한다. 도덕 법칙은 준칙들의 합법칙성의 형식적 법칙이다. 이러한 법칙은 이성적 존재에겐 창안될 필요가 없이 저절로 나타난다. 그러나 인간의 이성적 의지는 유한한 행위자의 것이므로 인간적 의지는 자신의 준칙들을 저절로 도덕 법칙에 따라 채택하는 것은 아니다. 그러기 때문에 도덕 법칙은 인간의 유한한 의지에게 명령이나 의무로 다가온다. 정언적으로 표현된 도덕 법칙은 유한한 인간의 의지라는 개념과 준칙들의 보편적 합법칙성이라는 개념이 결합되어 있는, 더구나 경험과 상관없이 결합되어 있는 선천적 종합 명제다. 이러한 도덕 법칙은 그 자체가 아닌 다른 어떤 곳으로부터도 도출될 수 없으며 이에 따라 선천적 종합 명제로서 연역될 수 없다. 우리는 앞에서 이미 도덕 법칙은 이론 이성의 개념으로부터도, 일상적인 도덕적 경험으로부터도, 자유의 이념으로부터도, 예지계와 최고선의 개념들 및 전형의 개념으로부터도 정당화될 수 없다는 것을 살펴보았다.

그러나 "이성이 (정언명법이 이런 것임에 틀림이 없는) 무조건적 실천 법칙을 절대적 필연성에 따라 이해시킬 수 없다는 것은 도덕성의 최상의 원리에 대한 우리의 연역을 향한 비난이 아니라 오히려 사람들이 인간적 이성 일반에 가할 수밖에 없을 비난이다. 이성이 어떤 조건을 통해서, 즉 근저에 놓여 있는 어떤 관심을 매개로 하여 실천 법칙을 이해시키지 못한다고 해서 이성을 책망할 수는 없다. 왜냐하면 책망할 경우에는 법칙은 도덕 법칙, 즉 자유의 최상의 법칙이 되지 못할 것이기 때문이다. 그러므로 우리는 물론 도덕적 명법의 실천적인 무조건적 필연성을 이해하지 못하지만, 그러나 우리는 이 이해 불가능성을 이해한다."[67] 도덕 법칙의 직접적이고 필증적인

---

67) GMS 463.

소여 때문에 도덕 법칙을 전제된 조건(매개적 제삼자)으로부터 정당화하는 방식은 허사가 되지만, 그럼에도 불구하고 우리는 도덕 법칙을 실천이성의 직접적 소여로 의식할 수 있다. 그러는 한 『실천이성비판』은 『도덕형이상학 정초』와 똑같이, 그러나 『순수이성비판』과는 달리 매개적 제삼자에 의한 연역은 불가능하다고 결론짓는다.[68] 이처럼 우리는 이성의 사실을 근거로, 도덕 법칙과 같은 실천적 명제의 객관적 실재성은 의욕된 객관의 인식 가능성에 의존하는 것이 아니라 바로 도덕 법칙에 의한 의지의 직접적 규정 가능성에 관계하는 실천적 실재성이라는 것을 알게 된다. 그러기 때문에 우리는 도덕 법칙의 현실성으로부터 그것의 실재적 가능성, 즉 그것의 객관적 실재성을 파악할 수 있다.

그런데 "도덕적 원리의 연역을 헛되게 추구하는 것 대신에 … 도덕적 원리 자체는, 그 어떤 경험도 증명할 수 없지만 그러나 사변 이성이 (자신과 모순이지 않기 위해서 …) 최소한 가능한 것으로 가정할 수밖에 없었던 다 탐구하지 못한 그런 능력의 연역을 위한 원리로 사용된다. 이 능력은 자유의 능력이다. 그 자체로는 정당화하는 어떤 근거도 필요로 하지 않는 도덕 법칙은 이 법칙을 자신들에게 구속력이 있는 것으로 인식하는 존재들에겐 자유의 가능성뿐 아니라 자유의 현실성도 증명한다."[69] 이처럼 이성적 의지가 현실적으로 자유롭다는 자유의 명제는 도덕 법칙의 의식을 통해서만 정당화된다.[70] 순

---

68) 특히 M. Baum, *Die transzendentale Deduktion in Kants Kritiken*, 197-199 : H. J. Paton, *The Categorical Imperative*, 242-250 참조.

69) KpV 82.

70) 자유의 연역은 '자유' 개념 자체의 연역이 아니라, 선천적인 종합적인 실천적 명제로서의 도덕 법칙의 연역에 대한 시도에서 밝혀진 것처럼 오히려 "순수 실천이성을 소유하는 유한한 존재들은 현실적으로 자유롭다"와 같은 명제의

수실천이성은 도덕적 행위에서 행위와 이 행위의 원칙인 도덕 법칙에 대한 통찰과 함께 또한 도덕 법칙에 따라 행위할 수 있는 의지의 자유를 의식한다.

2) 자유의 연역

도덕 법칙의 객관적 실재성은 의욕된 객체의 가능성에 있지 않고 도덕 법칙을 통한 의지의 가능한 규정에 있다. 도덕 법칙의 정당화에 대한 문제에서 도덕 법칙의 의식은 순수실천이성이 어떤 매개적 조건을 통하여 수행하는 것이 아니라 순수실천이성의 자기 자신과의 직접적 관계다. 이때 인간의 이성은 도덕 법칙이 자신의 의지를 직접적으로 규정한다는 것을 하나의 사실로서 선천적으로 통찰하고 있다. 이러한 도덕적 통찰은 인간의 이성에겐 하나의 필증적 확실성이다. 이와 함께 인간의 이성은 물론 본체적 원인으로서의 자기 자신의 가능성을 인식할 수 없지만 그러나 또한 동시에 순수이성의 표상을 통해 무조건적 인과성으로서의 자기 자유의 현실성도 의식한다. 이처럼 우리의 이성은 선천적 종합 명제로서의 도덕 법칙을 이성 자신의 근거들로부터 통찰하고, 이를 통하여 동시에 자유의 이념의 객관적 실재성을 연역한다. 이젠 직접적인 지성적 확실성 때문에 증명을 필요로 하지 않는 도덕 법칙 자체가 자유의 이념의 객관적 실재성의 연역을 위해 충분한 근거를 제공한다는 "아주 불합리한 것"이 드러난다.71)

『순수이성비판』에서 제3이율배반의 정립은 자연 현상들에

연역이어야 한다(GMS 448 참조). 이제 자유는 도덕 법칙의 존재 근거이지만, 도덕 법칙은 이제 자유의 인식 근거가 된다(KpV 5 주석 참조).

71) KpV 82.

대한 인과 법칙의 무제한적 적용으로부터 발생하는 모순을 해결하기 위해 자연적 인과성으로부터 독립된 절대적인 예지적 시초를 가정하고 있다. 이 예지적 시초는 절대적 자발성으로서의 선험적 자유를 의미한다. 이성이 우주론적 계열들을 완성하기 위해 자유의 이념을 사유할 때 선험적 자유는 현상적 원인들로부터의 독립성이라는 소극적 특징뿐 아니라 자발적 자기 시초라는 적극적 특징도 포함한다. 그러나 선험적 자유의 두 특징들은 여전히 무규정적이다. 왜냐하면 자유의 예지적 인과성이라는 이념은 『순수이성비판』에서는 현상들의 인과적 규정의 모순을 회피하고 우주론적 계열들을 완성하기 위해서 단순히 개연적인 개념으로만 사유되고 따라서 여전히 공허한 개념으로만 남아 있기 때문이다.

칸트는 이성의 사실에 대한 이론을 통해 여전히 무규정적인 선험적 자유의 특징들에 실천적 의미를 부여한다. 도덕 법칙은 의욕된 대상을 실현해야 하는 실천적 인식에 관계하기 때문에, 그것의 타당성을 위해 어떤 대상의 이론적 인식도 필요로 하지 않고 그것의 술어 개념, 즉 준칙의 보편타당성의 이념을 통한 현실적 의지 규정만 요구한다. 이제 순수실천이성은 모든 자연적 경향성과 감성적 정념으로부터 독립된 정언적 도덕 법칙을 우리 의지의 직접적 규정 근거로서 의식하고, 자기 시초라는 선험적 자유를 실천이성의 고유한 입법으로서의 자율로 규정한다.[72] 도덕 법칙은 모든 이성적 존재의 실천적 활동을 위한 필증적 원칙이면서, 또한 모든 이성적 존재가 자신의 내적인 동기로부터 자기 자신에게 자발적으로 부과하는 원칙, 즉 자율의 원칙이다. 우리가 도덕 법칙을 우리를 규제하는 최상의 원칙으로 인정하고, 준칙들을 구상할 때 준칙들의 보편타당한

---

72) KpV 59 참조.

합법칙성 자체를 준칙으로 삼으며, 이러한 합법칙성의 이념에 따라 행위한다는 것은 우리가 자유롭게 의욕하고 행위한다는 것을 의미한다. 이와 같이 이성적 존재로서 우리가 직접적으로 의식하는 도덕 법칙이 우리의 의지를 규정하고 이 의지가 어떤 감성적 경향성으로부터도 독립해 있을 경우, 도덕 법칙은 우리의 의지를 전적으로 자율적인, 즉 적극적 의미에서 자유로운 의지로 증명한다. 지성적 직관의 부재로 우리가 자유의 현실성을 인식할 수 없다고 하더라도, 순수실천이성의 자기 의식에서 도덕적 통찰을 통해 도덕 법칙의 현실성을 의식함으로써, 감성의 제한 없이 자유 이념의 객관적 실재성을 자유 이념의 실천적 실재성으로 확신한다. 이처럼 도덕 법칙의 인정은 동시에 순수실천이성의 무조건적 자율을 의미하는 자유의 실천적 실재성에 대한 의식이다.73) 자유의 이념은 "경험의 가능성의 원리, 다시 말하면 도덕적 지침들에 따라 인간의 역사에서 발견될 수 있을 그런 행위들의 가능성의 원리"로서 객관적 실재성을 가지고 있다.74)

4. 칸트 윤리학의 결론으로서 연역의 결론

우리는 정언적 도덕 법칙을 선천적 사실로만 지성적으로 직접적으로 의식한다. 물론 우리는 주어진 인과적 현상들의 경험들로부터 필연적 인과 법칙을 선천적으로 인식할 수 없는 것처럼 우연적 현상들로서의 외적인 행위들로부터 도덕 법칙과

---

73) 특히 M. Baum, *Die transzendentale Deduktion in Kants Kritiken*, 199-204 : H. J. Paton, *The Categorical Imperative*, 266-278 참조.
74) A 807=B 835.

순수실천이성을 선천적으로 통찰할 수 없기 때문에, 우리는 도덕 법칙에 따라 발생하는 행위들의 어떤 구체적인 예증도 보여줄 수 없다. 확실히 도덕 법칙의 현실성은 우리의 내적 지각을 통해 내감에 경험적으로 주어질 수 없다. 그러나 우리는 도덕 법칙의 현실성을 순수실천이성의 지성적 자기 의식을 통해서 직접적으로 의식한다. 그러므로 정언명법의 선천적 가능성에 대한 통찰로서 정언명법의 연역은 이 정언명법의 직접성과 필증적 확실성 때문에 불필요하다. 이에 따라 정언명법은, 한편으론 이성적 행위자의 의지와 다른 한편으론 준칙들의 보편타당성의 이념을 매개하는 직관적인 제삼자에 입각하여 그것의 객관적 실재성이 증명될 필요가 없는, 이른바 순수이성의 무조건적으로 확실한 실천적 명령이다.75) 그런데 정언명법의 연역은 불필요하더라도 우리의 순수실천이성에서 정언명법의 현실성에 대한 의식은 또한 동시에 감성계를 초월한다는 의미를 포함한 자유로부터의 인과성의 객관적 실재성에 대한 정당화를 낳는다. 바로 그러기 때문에 실천적인 의미에서 근본적인 선천적 종합 명제로서 직접적으로 의식되는 정언명법이 칸트에겐 도덕성의 합리적 해명을 위한 출발점이 될 수 있다.

　이러한 정언명법의 통찰이 바로 순수실천이성의 자기 의식이다. 선험적 주체(통각)가 객관성을 구성할 때 자신의 이론적 활동(종합) 및 이 활동의 원리들로서의 범주들(종합의 통일의

---

75) 도덕 법칙의 연역 불가능성은 이성의 사실에 대한 칸트의 이론에서 드러난다. H. Böhme와 G. Böhme는 이러한 이론을 칸트의 선험 철학, 특히 실천 철학의 "추문"으로, "칸트 사유의 기초적 원리들 중 한 원리의 실패"로 여긴다(*Das Andere der Vernunft*, 342-347, 특히 345 참조). "어떻게 도덕 법칙의 이런 의식이 가능한가, 또는 같은 말이지만 어떻게 자유의 의식이 가능한가는 더 이상 설명될 수 없다"(KpV 79-80)는 칸트의 언급은 그들에겐 "선험 철학의 파산"으로 이해된다(같은 책, 347).

개념들)을 통찰하는 자기 의식을 소유하고 있는 것처럼, 실천이성도 그 이성적 활동에서 이 활동 및 활동의 원리로서의 도덕적 원리를 통찰하는 자기 의식을 소유하고 있다. 실천이성은 자신의 이성적 활동과 이 활동의 원리를 직접적으로 의식할 수 있으며, 또한 자신을 이런 원리에 따라 행위할 수 있는 자유로운 능력이 있는 존재로 생각할 수 있다. 모든 이성적 존재의 활동을 위한 필연적 원리는 이성적 존재가 자기 자신에게 부과한 원리, 곧 자율의 원리다. 실천이성은 이 필연적 원리에 대한 자기 의식적 통찰을 할 때, 또한 자신이 감성적 욕구의 타율에 의해 지배되는 감성계의 구성원이 아니라 자율의 원리에 따르는 예지계의 구성원이라는 사실을 의식하게 된다. 이처럼 실천이성은 자기 의식을 통해 도덕 법칙의 직접적 소여를 의식함으로써 자유의 존재를 확신하게 되고 또한 목적의 예지적 왕국의 구성원으로서의 자기 존재의 확실성을 통찰하게 된다. 결국 도덕 법칙과 이와 함께 자유의 연역에 대한 논의는 칸트 윤리학, 특히 『실천이성비판』에서 전개된 칸트 윤리학의 체계적 완성인 것이다.76)

---

76) 철학사적으로 문제시되는 칸트 윤리학의 주제들은 무엇보다도 칸트 윤리학의 한계, 정언명법의 여러 연관된 특징들, 즉 정언명법의 형식성, 이성의 사실이라는 합리적 자명성에 내재된 형이상학적 유산, 유한한 인간에게 단적으로 강제적인 명령으로 부과된 이상적인 당위다. 이에 관해선 특히 본서, 190-193 참조.

제2부
현대 독일 윤리학

제3장
하버마스의 근대성 비판과 담론 윤리학*

1. 문제 제기

    오늘날 서양 근대 문명의 낙관주의는 그 흔적을 별로 찾을 수 없다. 근대적 이성은 자연적 환경 세계의 효율적 지배, 인간 내면의 심리 세계에 대한 단적인 통제, 사회적 생활 세계에서의 부당한 권력 양상들의 규제를 활동의 목표로 삼았다. 그러나 오늘날 근대적 이성 규정에 대한 불신이 만연해 있다. 계몽의 동기들, 즉 진리의 인식, 사회적·정치적 자유와 과학적·인과적 세계 설명을 위한 노력의 배후에는 힘에의 의지 외에는 아무것도 없다는 비판도 제기되고 있다. 이제 우리는 근대의 과학 기술 문명의 모델에 대한 철저한 비판에 직면해서 과

---

* 이 글은, 졸고(「합리성과 인간성 : 하버마스의 담론 윤리학과 그 한계」)에, [1. 문제 제기] 및 [2. 근대성의 분석과 비판]을 철저한 보완의 형식으로 첨가하고, [3-2. 담론적 합리성의 구조]를 새롭게 첨가하여, 하버마스의 담론 윤리학에 대한 연구를 체계적으로 심화하고 있다.

연 근대적 세계 질서의 형성을 주도한 도구적 이성이 다가올 재앙을 예방할 수 있는가, 아니면 단지 지난날의 재앙만을 낳을 따름인가 하는 물음 앞에 서 있다. 그런데 과학 기술의 수단들만으로는 통제될 수 없는 위험들이 근대화를 통해 발생했다. 우리를 무로부터 보호하고자 하는 것들이 우리를 동시에 위험 속으로 밀어넣고 있다는 것이다.

결국 도구적 이성의 변증법에 따르면 이성 주체들은 자연적이고 사회적인 환경 세계를 지배하는 과정에서 그 자신에 의해 확립된 외적인 강제들에 의해 지배당하게 되었다. 이성 주체들은 그 자신들과 사회 체계들의 유지를 유일한 목적으로 삼는다. 자연과 사회는 인간의 개인 생활과 사회 생활의 재생산에 유용하도록 구비되어 있다. 자본주의 경제와 국가 관료주의에 따른 사회의 합리화는 전 사회 체계의 존속을 위해 주체들의 목적 합리적 계획 및 사용과 함께 나타난다. 그런데 과학 기술적 세계 통제의 체계는 생활 세계적 의사 소통의 영역으로부터 이탈해 있다. 관료적 규제 장치가 효율적으로 조직화되어 모든 생활 세계의 영역으로 확장되면 될수록 국가와 사회는 점점 비인격적인 것이 되어 개인들에 대해 독립적 객체로 등장하게 되고 자연과 유사한 영역으로 압박한다. 자본주의 경제, 국가 관료주의, 과학 기술과 정치의 메커니즘들이 문화 전통과 일상적 의사 소통의 행위 영역들에 광범위하게 침식하면 할수록 사회적 생활 세계는 점점 몰락한다. 이때 개인들은 사회적으로 탈중심화된다.[1]

가능한 것과 사유될 수 없는 것을 주어진 것과 계산할 수 있는 것으로의 근대적 환원, 모든 것을 계획 가능성과 산출 가능성의 차원으로의 근대적 환원은 오늘날 합리적 문명의 위기와

---

1) E. Holenstein, *Menschliches Selbstverständnis* 참조.

더불어 규범 윤리학의 가능성까지도 부정하고 있다. 그러기 때문에 사회와 사회적 행위의 윤리적 조건들을 해명하려면 윤리학은 사회 이론으로 기획되어야 한다. 만일 윤리학이 사회 이론 혹은 사회 이론의 일부로서 기획된다면, 그것은 경제적 성장, 관료적 조직화, 과학 기술의 오용, 사회와 자연의 기술가 정치적 및 전문가 정치적 통제의 이데올로기, 전통적 문화의 가치와 세계관의 침식, 생태학적 평형의 파괴 그리고 심지어 인간적 개인 자체의 희생, 또한 더 나아가선 강대국들의 핵무장 경쟁, 개발도상국들의 부채와 빈곤의 증대, 산업 국가들의 실업률과 사회적 불평등의 증가 등과 같은 현대 사회의 시급한 문제들에 대해 포괄적이고 실천력 있는 해결에 공헌할 것이라는 기대에 직면해 있다.2) 또한 분명한 것은 오늘날에는 이전 시대와는 달리 사회의 진행 과정이 천연 자원의 산업상의 이용보다는 그것의 부정적 결과들의 통제에 의해 더 지배받게 된다는 것이다.3) 그런데 문제의 분석과 기대에는 이미 실천적 해결들에 대한 전망이 포함되어 있다. 왜냐하면 어떤 목적을 지향하고 있는 사회의 발전에 대한 실제적 물음들은 동시에 그것의 윤리적이고 사회적인 조건들에 대한 불안의 표시이기도 하기 때문이다. 실제적 문제의 해결 제안에서 드물지 않게 이중적 비난, 즉 이론의 과잉과 실천의 부족이라는 비난이 제기되기도 하지만, 오늘날 여러 사회 운동들의 활성화를 고려해보면 반대의 경우도 염두에 두어야 한다. 그런데 오늘날은 근대 이후 전통적인 종교적 혹은 형이상학적 세계관과 가치들이 보편적 구속력을 상실한 상황이다. 그러므로 현대 사회

---

2) R. Hennig, "Die Sozialethik vor den Herausforderungen heute", 146-161 참조.

3) U. Beck, *Risikogesellschaft* 참조.

의 병리적 현상들에 대한 윤리적 비판, 과학 기술의 오용 규제와 경제 및 정치의 진로 수정에 대한 윤리적 요구가 생활 세계에 확고한 지반을 확보하고자 한다면, 사회 참여의 실천적 강화뿐 아니라 올바른 도덕 관념에 대한 사회 윤리적 이론화, 즉 사회 윤리적 기초 이론의 정립도 필요하다.

이 같은 사회 윤리적 기초 이론의 정립을 위해선 근대 문명의 비판과 현대 사회의 상황을 고려하면서 무엇보다도 두 가지 사항, 즉 한편으론 이성과 윤리학에 대한 새로운 규정과 다른 한편으론 상호 주관적으로 타당한 윤리학의 정초 가능성을 염두에 두어야 한다. 이제 사회 윤리학은 근대의 사회적 삶은 자유와 정의의 토대 위에 가능하게 되었다는 사실을 단순히 기록만 해서는 안 되고, 또한 근대 문명의 비판에서 단순히 근대적 이성과의 단절에 대한 근거들을 제공하는 역할에 국한되어선 안 된다. 오히려 그것은 거부되는 근대 문명 모델의 정신사이고 이념사적인 기초들을 재구성하고 수정함으로써 이 모델의 어떤 구조들과 내용들이 유지될 수 없고 또한 교체되어야 하는가를 비판적 반성을 통해 보여주어야 한다. 이를 위하여 사회 윤리학은 근대 문명의 지성사적 유산을 전적으로 거부하지도 않으면서 또한 유산의 일부도 필연적으로 제거함으로써 인류사에 긍정적 결과들을 낳을 새로운 합리성 개념을 기획해야 한다.

새로운 합리성 개념의 기획과 함께 사회 윤리학을 정립하려는 하버마스는 또 하나의 시대 비판적 시각을 제공하는 이러한 새로운 합리성 개념을 기획하면서 올바른 도덕적 관념, 윤리적 의사 결정 및 사회 비판의 규범들을 도출시키는 더 이상 물러설 수 없는 근거들은 무엇인가, 윤리적 규범들의 타당성을 정당화하는 절차는 무엇인가를 문제로 삼고 있다. 이와 관련해서 이 글의 주된 관심은 하버마스 윤리학의 특징들에 대한 내재적 이해와 비판뿐 아니라 또한 그의 담론 윤리학이 패러다임들의 지성사적 변천 과정에서 차지하는 의미와 역할에 대한 명료화와 비판이다. 이에 따라 제2절에서는 근대성의 분석과 비판이 다루어질 것이고, 제3절과 제4절에서는 보편화용론과 담론 윤리학이 논의될 것이다. 제5절, 맺음말에선 인간성의 관점에서 담론 윤리학의 비판이 다루어질 것이다.

2. 근대성의 분석과 비판

근대성의 출발점은 자연과 사회, 인간 자신에 대해 무책임한 미성숙으로부터의 인간의 해방에 대한 호소다. 이러한 근대성의 최상의 심급은 이성이다. 자기 의식적 주체로서 이성은 자기 자신, 사회 그리고 자연과의 관계를 외부의 강제와 압력으로부터 해방된 상태에서 자유롭게 구성하고자 한다. 18세기에 정점에 달한 계몽의 목표는 이 같은 자율적 이성의 능력을 통해 무비판적인 무지·오류·자의·비양심·미신, 심지어 힘의 산물들이라는 전통적 권위·제도·관습으로부터의 해방이다.

오늘날 근대성에 대한 극단적 이중 감정은 전적으로 도구적으로 이해되고 수단과 목표의 계산에서 작동하는 합리성에 근거하고 있다. 서양의 근대 문명은 전적으로 도구적으로 이해되는 합리성 개념을 낳았다. 이러한 합리성은 주어진 목표들을 시간과 비용의 측면에서 효율적으로 달성할 수 있는 수단들을 추구하는 목적 합리성(Zweckrationalität)으로 규정된다. 그런데 목적 합리성 모델은 주어진 목표들의 윤리적 책임을 정당화할 수 없는 모델이다. 그러나 근대 문명은 이러한 합리성 모델을 통해 자연과 사회 및 인간의 과학 기술적 통제를 위한 인과적 설명을 합리적인 것으로 여기는 관점을 낳았다.4)

근대 문명은 이성의 역사적 차원에서 "이성 존재의 칭호를 획득하기 위해서 무시되고 배제되어야 할 것을 포기하고 분리하는 역사"5)와 함께 발생한다. 근대에서 합리성은 양화할 수 있는 것, 계산할 수 있는 것, 통제할 수 있는 것, 객체화할 수 있는 것, 체계화할 수 있는 것, 예측할 수 있는 것 등의 파라미터들을 통하여 규정된다. 이러한 합리성은 논리적 혹은 규범적 규칙들의 표상과 엄수를 통한 주체의 인식과 의욕 및 행위에서 구체화된다. 이처럼 근대 문명은 합리성을 논리와 기술의 확실한 영역으로 축소시킨다. 이러한 합리적 근대 문명은 과학주의의 합리주의적이고 실증주의적인 이상과 윤리적 무관심을 확산시켰으며, 오늘날까지도 의사 소통적 생활 실천을 간섭하고 왜곡할 수 있는 과학 기술과 경제의 분야에서 주로 실현되었다. 현실성의 목적 합리적 이해로서 과학과 기술의 목표는 "비주지된 것을 주지된 것으로, 새로운 것을 낡은 것으로, 사실들을 법칙들과 요소적 사실들로 환원하는 것"이다.6) 근대 과학은 "우연적 사실들을, 그 자신 또다시 우연적인 법칙들과 출발 조건들로 환원한다. 그러는 한 과학은 일상화와 더불어 한계가 없다. 과학은 사실적 세계를 법칙들로부터만 도출하는 점에 도달하지 못한다. 경향적으로 그러나 과학의 길은 우연성

---

4) 그런데 자연의 객체화를 통한 자연의 목적 합리적 이해, 생활 세계적 의사 소통 행위의 구조와 내용의 배제를 통한 전략적 자기 주장이라는 의미를 내포한 자율은 "찬탈"의 산물, "더구나 전체성의 구조를 자체에 동화시키는 능력을 소유하지 못하면서 전체성의 입지를 하위의 계기가 차지하는 사회 과정"의 산물이다(J. Habermas, DM 367).

5) H. Böhme / G. Böhme, Das Andere der Vernunft, 15.

6) R. Spaemann, "Funktionale Religionsbegründung und Religion", 19.

제거를 통한 우연성 지배 … 방향으로 나아간다. 과학이, 모든 것이 존재하는 것과 다른 방식으로 존재할 수 없다는 것을 보여줌으로써 과학은 경탄과 고발을 제거한다. 아리스토텔레스에게 철학적 사유의 시작에 놓인 마술이 과학에서는 마술을 제거하는 과정의 시작일 따름이다."[7] 과학은 놀랍게 새로운 것을 발견한다. "그러나 새로운 것은, 세계에서 본래 새로운 어떤 것도 없다는 것을 보여주는 것에 있다. … 과학적 작업의 핵심들은 사람들이 더 이상 놀랄 필요가 없다는 것이다."[8] 이와 같이 과학과 기술은 세계의 일상화를 겨냥하고 있다.

근대의 합리적 문명 모델에는 주체와 객체, 이성과 자연은 처음부터 비대칭적 관계에 놓여 있다. 의식적으로 사유하고 인식하고 말하고 행위하는 주체적 인간은 무의식적 자연과 대립해 있다. "근대 철학은 '객체'를 존재하는 것으로 표상된 모든 것으로 여기며, '주체'를 객체화적 태도에서 그런 세계 속의 실재들에 관계하며 이론적이든 실천적이든 대상들을 자신의 것들로 만드는 능력으로 맨 먼저 여긴다."[9] 모든 것은 이성의 환원 능력에 의존한다. 근대 문명에선 세계와의 이성의 관계는 도구적으로 환원된다. 여기선 객체들은 존재론적으론 사유될 수 있고 이성적으로 조작될 수 있는 대상들로, 이성은 인식론적으론 이런 객체들을 조작하기 위해 객체들을 인식하는 능력으로, 그리고 또한 윤리적으론 수단과 목표의 계산을 통해 객체들을 평가하는 능력으로 환원된다.

근대적 이성의 의도, 외적이고 내적인 자연과 사회의 합리적 통제는 힘의 형태를 지닌 성격에서 근대성의 병리들을 유

7) R. Spaemann, "Religion und 'Tatsachenwahrheit'", 225.
8) 같은 논문, 251.
9) J. Habermas, TkH Ⅰ, 519.

발한다. 결국 근대적 합리성은 이 이성이 유발한 부작용들로 인해 심지어는 비이성적인 것 혹은 반이성적인 것이라는 비판을 받고 있다. 자본주의의 경제적 생산력은 재생 불가능한 자원들을 낭비하게 하고 생태 영역들을 황폐하게 만드는 잠재력으로 변했고, 국가의 관료적 계획 능력 및 수행 능력은 소공간의 생활 세계적 행위 영역들을 파괴하는 잠재력으로 변했으며, 이를 통해 문화는 빈곤하고 쇠약하게 되었다. 자연을 객체화하여 착취하는 방법은 인간 사회의 내면에서도 반복되어, 경제적 이윤의 착취를 통해 인간들의 상호 관계들을 파괴할 뿐 아니라 인간의 내적 본능의 억압을 통해 인간의 내재적 상태들을 왜곡시킨다.10) 이 같은 근대성의 맥락에선, 정치가 권력의 획득과 행사와 유지의 기술이 되고, 윤리가 사적인 차원으로 소실되며, 이성이 컴퓨터의 코드가 된다.11)

　고대에서도 이미 진리에 대한 존재론적 모델이 있었다. 그러나 전근대적 세계관은 주체의 자기 실현을 그의 존재에 이미 주어진 존재론적 목표를 자연 질서에 합당하게 현실화하려는 노력으로 규정했다면, 근대적 세계관은 고대의 존재론적 목적론을 주체의 자기 실현과 자기 보존 및 자기 상승의 개념으로 대체했다. 근대에선 고대의 존재론적 전통이 데카르트와 칸트에게서의 주체와 객체의 모델로 전개되었다. 이 주체와 객체의 논리에서 인간의 세계 관계는 외적인 자연을 인과적 설명과 기술적 지배의 대상으로 삼았다.12) 하버마스에 따르면 위와 같은 근대적 논리는, 사유와 행위의 합리성을 지지하는 토

---

10) 이 점에 관해선 A. Honneth, *Kritik der Macht*, 186-188.

11) J. Weizenbaum, *Die Macht der Computer und die Ohnmacht der Vernunft* 참조.

12) 이 점에 관해선 R. Landmeier, *Wissen und Macht* 참조.

대를 고독한 주체에서 찾는 계몽의 의식 철학적 독단에 의해 강화되었다. 고독한 이성 주체는 자신을 인식과 행위의 자립적 근거로 확립하기 위해 자신을 선입견에 사로잡히고 오류를 배태하는 사회적 상호 작용과도 구별시켜야 했고 자연적 외부 세계와도 대립시켜야 했다. 그러나 사실 근대 초창기에선 아직 충분히 계몽되지 못한 이성 주체가 언어적으로 매개되고 사회적으로 구조지어진 상호 작용으로부터 이 상호 작용이 함께 구성하는 자기 의식의 계기를 추상적으로 분리해서 이 자기 의식의 계기를 인식과 행위의 독자적 기초로 고양시킨 것이었다.[13]

근대성의 특징들을 이루고 있는 관점의 극복, 즉 과학주의의 합리주의적이고 실증주의적인 이상과 윤리적 무관심의 극복은 이성의 자기 비판이 의식 철학의 근대적 전제들에 구속되어 있다면 해결될 수 없다. 결국 하버마스에 따르면 고독한 주체의 자기 반성은 상호 작용 및 환경 세계와의 관계에서 확실한 인식과 행위의 근거를 형성할 수 없기 때문에, 이러한 형성을 위해선 데카르트적이고 칸트적인 패러다임이 전환되어야 한다. 주체와 객체의 논리에서 인식하고 행위하는 주체가 객체에 대한 우위를 통해 주체와 객체의 통일을 형성하는 의식 철학적 전제들에 구속되어 있는 이성의 구성적 이론은 전환되어야 한다. 의식 패러다임은 모든 자기 관계와 세계 관계의 상호 주관적 기초들에 근거할 때 비로소 그 타당성을 확보할 수 있다. 근대의 이성 중심주의 혹은 주체 중심주의로부터 탈피한 확대된 합리성의 모델은, 사회적 생활 세계 속에서 항상 이미 작동하고 있지만 그럼에도 불구하고 부분적으로만 활용된 이성적 잠재력의 비이성적 축소와 왜곡을 극복하려는 의

---

13) J. Habermas, DM 참조.

도의 산물이다.14)

새로운 확대된 합리성 패러다임을 위한 방법론적 전제들은 20세기에서의 언어적 전환(linguistic turn)에 의해 결정적으로 드러났다. 비트겐슈타인(L. Wittgenstein)의 언어 분석 철학에서의 "의미 비판(Sinnkritik)", 후기 비트겐슈타인의 "말놀이론(Sprachspieltheorie)", 퍼어스(Ch. S. Peirce)에서 모리스(Ch. W. Morris)까지의 "화용론적 기호학(pragmatische Semiotik)" 및 오스틴(J. L. Austin)과 서얼(J. R. Searle)에 의한 언어의 의미 구성적 사용의 발견이 이러한 언어적 전환의 과정에 공헌했다. 독일은 현상학과 해석학의 도움으로 앵글로색슨 계통의 언어 철학을 수용하는 데 별 어려움이 없었다. 이제 언어는 대상 인식의 구체적 표현을 위한 하나의 특별한 수단이 아니라 바로 대상 인식의 결정적이고 근원적인 전제가 되었다. 언어 철학은, 객관적으로 타당한 인식의 가능성 조건들에 대한 물음을 상호 주관적으로 타당한 인식과 이해의 가능성 조건들에 대한 물음으로 변형하고 확대했다. 이처럼 현대 철학에서 의식 철학적 독단을 극복하려는 노력은 언어적 전환에서 결정적인 계기를 맞았다. 물론 현대 철학이 언어에 대한 공통의 관심

---

14) 이성 철학적 언표들은 무의미하다는 비난은 최근의 철학 비판의 한 형태를 이루고 있다. 이러한 비판의 광범위한 영향력은 이성 철학에 반대해서 논쟁을 벌이는 경향이 아니라 이성 철학 자체에 전혀 관심을 두지 않는 경향을 고조시키고 있다. 이성 철학의 의미에 대한 물음조차도 포스트모던적 무관심과 냉담에 직면해 있다. "포스트모던적 삶의 감정은 두 요소로 짜여 있다. 첫 번째 요소는 전체에는 더 이상 의미가 없다는 경험이고, 두 번째 요소는 이것이 우리가 슬픔에 잠길 이유일 필요는 없다는 단호한 결심이다"(B. Guggenberger, *Sein oder Design*, 28). 합리성의 유의미성에 대한 극단적인 거부는 또한 우리에게 유희와 돈을 가져다준다. 기본적인 것, 원칙적인 것에 대한 물음은 우리를 고단하게 만드는 것은 사실이다. 그러나 우리의 삶은 언제나 거듭 그러한 물음을 재촉하고 또한 철학도 그러하다.

을 가지게 되었다는 것이 이제 철학은 단적으로 언어 철학이어야만 함을 의미하는 것은 아니다. 단지 인간의 지성사가 시작한 이후 제시된 모든 진지한 성찰의 문제들, 말하자면 인식론과 학문론, 윤리학과 사회 철학, 역사학 및 미학 등의 문제들은 어느 정도 언어적 개념들과 장치들로써 논의될 수 있다는 것이다.

언어 철학은 더 이상 어떻게 인식이 가능한가가 아니라 어떻게 인식 및 이해가 언어적 유의미성과 상호 주관적 타당성을 가질 수 있는가를 물음으로써, 의식 철학에서 상호 주관성의 철학으로 나아가는 길을 열어놓고 있으며 새로운 제일철학의 모델을 제시하고 있다. 새로운 언어 철학적 기획은 곧 언어 비판이다. 인식이라는 것은 인식하는 주체가 구체적이고 사회적인 언어 공동체에서 통용되는 언어 기호들을 통해서만 지각되거나 인식된 어떤 것을 특정한 의미가 있는 어떤 것으로 표현하는 것과 밀접하게 관계하고 있다. 따라서 철학적 반성의 출발점은 상호 주관적, 즉 언어적으로 매개된 관계다. 그러므로 언어적으로 매개된 인식 및 이해의 다각적인 관계가 해명되어야 한다. 이제부터는 사유와 인식의 언어 연관성으로서 공동체 연관성이 모든 의욕과 행위의 타당성과 의미를 보증하는 근거로 나아간다. 여기선 말하고 인식하고 행위하는 주체가 다른 주체들과 맺는 관계뿐 아니라, 이렇게 특징지어진 주체들이 환경 세계와 맺는 관계도 직접적인 것이 아니라 언어적으로 조직화된 사회의 구조들을 통해 이루어진다.

그런데 언어적 전환의 과정에서 해석학 및 실용주의의 여러 형태들, 이성적 주체의 해체를 선언한 포스트모더니즘 등은 진리의 보편타당성에 대한 회의를 확산시켰다. 이러한 상황에서 특히 후기 비트겐슈타인의 말놀이 이론을 수용한 하버마스와 아펠은 철학의 자기정체성 확보를 위해 비트겐슈타인과 결별했다. 예컨대 해석학적 유형의 이론들은 엄밀한 의미에서의 근거에 대한 이성의 요청을 만족시키지 못한 채 단순한 경험주의로 흘렀다. 그들에게 철학은 말놀이를 매개로 한 상호 주관적 이해 방식들의 다양한 형태들을 관찰하고 기록만 하는 것이 아니라, 모든 현실적 말놀이들을 가능하게 하는 선험적 조건들을 보여주는 이상적 말놀이를 제시해야 한다. 이성의 요청과 경험적 사실 사이의 갈등에서 현실적 이해 방식에 만족하지 못하는 이상적 말놀이 이론은 하버마스와 아펠에겐 이상적 담화 상황 이론 및 이상적 의사 소통 공동체 이론으로 전개된다.

이제 새로운 패러다임을 위한 방법론적 반성의 출발점은 주체와 객체의 논리를 통해서 외적 자연을 인과적 설명과 기술적 지배의 대상으로 삼는 데카르트와 칸트의 유아론적 주체가 아니라, 언어적으로 매개된 의사 소통적 상호 주관성, 즉 언어 능력과 행위 능력을 소유한 주체들이 어떤 것에 대해 의사 소통을 할 때 맺는 상호 주관적 관계다. 이러한 관계에선 사유 및 인식과 행위의 언어 연관성으로서의 공동체 연관성이 고독한 선험적 주체에 대해 우위를 차지한다. 발언하고 사유하고 인식하고 행위하는 주체들의 상호 관계와 환경 세계와의 관계는 비언어적인 직접적인 것이 아니라 사회 관계의 언어적 매체와 조건들을 통해서만 가능하다. 이성 주체의 자기 의식도 이러한 언어 연관성을 벗어날 수 없다. 주체의 자기 존재는 언어에 동화될 수 없지만 언어 없이는 주체는 자기 자신을 구체적으로 의식할 수 없다. 언어는 모든 비언어적 능력과 활동도 구체적으로 표현되는 매체이자 장소다. 언어적 전환을 통해서, 이성은 인간적 이성의 의사 소통적 역할에 대한 근대적 무관심을 반성적으로 충분히 비판하고 수정할 수 있게 된다. 고독한 이성 주체는, 오늘날 이성의 재구성과 확대를 위해 이루어진 언어 공동체에 대한 사유를 벗어나선 아무런 원칙적 의미도 획득할 수 없다.15) 이제 이성의 세계와의 관계는 세계 안의 어떤 사태에 대해 이성 주체들 사이의 연속적인 대화와 상호 이해의 가능성들로 확대되어야 한다. 이성의 의사 소통적 잠재력이 드러나야 한다. 이를 위해선 인식을 하고 도구적으로 작동하는 이성 주체의 독백론적 구조가 단절되어야 한다. 주체와 객체 사이의 비대칭적 관계는 상호 주관적인 대칭적 관계로 변형되어야 한다.16) 우리는 예컨대 인식의 구성이나 정당화에 대한 문제를 "전통적 선험 철학의 주체와 객체의 상관 관계"17)라는 차원에서 이해하지 않고, "어떤 것에 대한 '상호 이해'의 주체와 주체의 관계"18)라는 차원에서 해석해야 한다는 것이다. 이러한 것은 결국 데카르트와 칸트의 의식 패러다임을 언어적, 상호 주관적, 의사 소통적 합리성의 패러다임으로 전환할 것을 요구한다.19)

---

15) 방법적 유아론은 의사 소통에 의존하지 않고 세계성과 역사성을 포함하지 않는 내재성의 형이상학과 윤리학을 위한 길을 열어주었다. 이 내재성은 아우구스티누스로부터 루터, 데카르트를 거쳐 실존주의까지 다양하게 변형되어 전개되었거나 여러 철학적 방법론들과 사회 철학적 개념들의 배경으로 작용했다. 이에 관해선 D. Böhler, "Das solipsistisch-intuitionistische Konzept der Vernunft und des Verstehens", 271 참조.

16) A. Wellmer, *Ethik und Dialog*, 112-113 참조.

17) K.-O. Apel, TP I, 375.

18) 같은 책, 27.

19) 근대성과 근대적 이성의 비판은 특히 H.-J. Höhn의 논문들("Krise der Moderne - Krise der Vernunft?", 20-28 : "Vernunft-Kommunikation-Diskurs", 95-106, 또한 122-128)에서 명쾌하게 서술되어 있다.

3. 보편화용론

1) 담화 행위들의 타당성 근거들

하버마스의 보편화용론(Universalpragmaik)은, 담화가 제기하는 타당성 요구들의 정당성에 대한 담론적 상호 이해(Verständigung)의 원리로서 이성을 규정하는 이념으로부터 시작해서, 이성의 객체성을, 행위를 논거에 따라 지지하고 합의를 통해 인정하는 상호 주관성으로 재구성한다. 담화가 의사소통 행위로서 성공하기 위해 필요한 조건들로부터 출발하는 그러한 시도는 동시에 의미 이해, 논증, 진리 발견, 합리성 비판에 대한 철학적 이론들의 근거를 정립한다.[20] 하버마스의 보편화용론은 외관상 자명한 것을 문제시한다. 말하자면 그것은 어떤 주체가 자신의 문화·언어 공동체의 다른 구성원들과 자신의 체험 세계에 관해 의사를 소통하고, 담화 행위를 통해 특정한 의도나 의미를 지닌 무언가를 표현하는 과정들을 주제로 삼는다. 개인적인 이익과 성공을 추구할 뿐 아니라 자신들의 행위 계획들을 서로 이해시키면서 조정해나가고자 하는 주

---

20) 하버마스는 선험화용론(Transzendentalpragmatik)을 전개한 아펠(K.-O. Apel)과 그의 제자들, 뵐러(D. Böhler)와 쿨만(W. Kuhlmann)과는 달리 그의 기초화용론(Fundamentalpragmatik)에서 선험적 최후 정초(Letztbegründung)의 요구를 필요로 하지 않는다. 그의 생활 세계와의 결합은 최후 정초의 예료가 아니다. 그는 "비판될 수 있는 타당성 요구들과 함께 합의 형성 과정의 조건들에 삽입된 무조건성의 계기"를 단지 재구성적 이론의 가언적 요구만으로 확보하고자 한다(J. Habermas, TkH II, 586-593 참조). 재구성적 학문의 기초 이론에 대한 그의 견해에서 나타나는 단점들과 모순들에 관해선 W. Kuhlmann, "Philosophie und rekonstruktive Wissenschaft", 224-234 참조. 최후 정초의 문제에 대한 하버마스와 아펠의 자세한 차이점에 관해선 특히 권용혁, 『이성과 사회』, 135-164 : 「이성과 합리성」, 226-231 참조.

체들의 행위는 상호 이해를 목표로 한다. 이 상호 이해란 실제로 동의를 낳는 경험적 과정만을 뜻하는 게 아니라 상호의 통보와 확신의 과정을 이루는 것이다. 따라서 의사 소통 행위들을 이해하기 위해선 사람들은 그때그때 이러한 수행들과 결합된 타당성 요구들을 수용할 수 있게 하는 근거들을 생각해야 한다. 하버마스에게서는 청자가 화자가 한 말의 의미를 이해하고 화자가 원래 의도한 상호 관계에 들어선다면 그들 사이에 이상적 담화 상황이 발생한다. 담화 상황에서 모든 의사 소통 참가자가 제기하는 보편적 타당성 요구들은 사실에 관계하는 진리(Wahrheit), 규범적 정당성(normative Richtigkeit), 개인적 진실성(Wahrhaftigkeit), 언어적 이해 가능성(Verständlichkeit)의 네 종류다.

의사 소통의 참여자들이 어떤 세계에 관계하는가에 따라서, 말하자면 자연적 환경 세계(사실적 사태들의 총체) 혹은 공동의 사회적 생활 세계(개인들의 상호 관계들의 총체) 혹은 고유한 주관적 내면 세계(개인들의 체험들과 상태들의 총체)에 관계하는가에 따라서 자신들의 발언 내용에 사실성과 정당성과 진실성에 대한 타당성 요구들을 제기하며, 자신들의 발언의 수행을 위해 이해 가능성에 대한 요구를 제기한다. 자신의 말로 동시에 상호 인격적 관계를 맺는 각 화자는 위와 같은 타당성 요구들의 충족 가능성을 가정해야 한다. 청자는 화자의 타당성 요구들을 정당화하는 근거들을 이해하는 한에서만 화자의 발언의 의미와 효력을 납득할 수 있다. 각 "화자의 의사 소통적 의도"에는 "ⓐ 자신과 청자 사이의 적법한 것으로 인정된 상호 인격적 관계가 이루어지기 위해선 주어진 규범적 맥락에 관하여 정당한 담화 행위를 수행하는 것, ⓑ 청자가 화자 자신의 지식을 받아들이고 공유하기 위해선 참된 진술(및 적절한 실존 전제들)을 하는 것, ⓒ 청자가 [화자에 의해] 말해진 것을 신뢰하기 위해선 견해·의도·감정·희망 등을 진실하게 발언하는 것"이 포함되어 있다.[21] ⓓ 또한 사용 언어의 규칙 체계에 정통하는 각 참여자는 자신의 발언을 오류 없이 재구성하기 위해선 이해 가능한 언어를 선택해야 한다.

"사실성"은 대체로 진술들의 의미론적 불명료성에서 문제가 되는 타당성 요구다. 이 요구의 정당화 역량은 주장된 진술 내용과 지각된 사태 사이의 대응에 대한 언어적으로 매개된 명증적 입증에 의존한다. "정당성"은 그때그때의 담화 행위가 보편적으로 인정된 법적·도덕적 배경이 보장하는 규범이나 가치와 결합되어 있다는 것을 의미한다. 말하자면 그것은 상호 작용의 수용이 의사 소통적 상황의 여러 전략적 간섭들로부터 해방되어 있다는 것을 전제로 하는 타당성 요구다. 이때 예컨대 근대의 윤리적 요청들(자유·평등·연대성 등)에서 나타나는 그런 원리들은, 그것들이 자유롭게 선택하는 모든 관계자들의 동의를 받을 만한 인간 관계를 형성할 수 있을 때 이성적이다. "진실성"은 화자가 자신의 의도·욕구·관심을 진지하게 생각하고 진실하게 표현하는 것을 의미한다. 말하자면 그것은 화자가 자기 자신의 의도에 대해 자신을 속이지 않고 상대방도 속이지 않을 것을 자기 자신에게 요청하는 타당성 요구다. 그러나 이러한 요구는 논증적으로 충족될 수 없다. 화자가 자신의 태도를 계속 고수하는 한에서만 실제로 그 자신이 자신의 선택과 의향을 표현했는가가 검증될 수 있다. "화자 자신에 명증적인 것을 표현하는 직접적인 확언이 이에 대해 제기된 의심을 일소할 수 없는 한, 발언의 진실성은 행위 결과들의 일관성에 따라서만 검증될 수 있다. 이러한 결론들에서 담화 행

---

21) J. Habermas, TkH I, 413.

위 자체와 함께 수용된 책임이 확증되지, … 발언의 외부에 근거해 있는 타당성 요구가 확증되지 않는다."[22] "이해 가능성"은 화자와 청자가 서로를 오류와 모순 없이 따를 수 있기 위해선 정통해야 하는 그런 말놀이의 선택을 요구하는 타당성 요구다. 말하자면 화자는 청자가 자신을 오류 없이 이해할 수 있을 정도로 자신이 그때그때 선택한 의사 소통 매체의 사용 규칙들에 정통하는 능력을 소유해야 한다. 만약 화자가 사용하는 말놀이의 규칙이 청자에게 불투명하여 발언된 명제들을 의미론적·문법적·음성학적 차원에서 이해시키지 못한다면, "양자는 자신들이 공통으로 사용하고 싶은 언어에 대한 통합을 하려고 노력할 수 있다."[23] 그러나 의사 소통이 원활하게 진행되는 동안에는 "이해 가능성"은 실제로 이미 충족된 요구다. 이 점을 통하여 이해 가능성은 어떤 의사 소통에서 제기된 타당성 요구들에 속하는 것이 아니라 의사 소통적 행위들의 조건들에 속한다는 것이 명백해진다.

상호 이해에 관계하는 상호 작용은 참여자들이 수행된 진술의 진리, 자신들의 행위에 관계된 규범들 및 가치들의 정당성, 관련된 개인들의 진실성, 말놀이의 공통성을 의심하지 않을 때만 원활하게 진행된다. 의사 소통 참여자들 사이에서 정당화될 수 있는 동의가 이루어지고 있는가 어떤가는 화자가 제기한 타당성 요구들을 수신인이 수용하거나 거부하는 태도에 따라 그때그때 측정된다. 따라서 그러한 상황 아래 이루어진 합치는 실제의 합치와는 똑같지 않다. 오히려 그것은 상호 이해의, 공유된 지식의, 상호 신뢰의 논증적으로 입증될 수 있는 공통성에 근거한다.[24]

---

22) J. Habermas, VE 434.
23) J. Habermas, VE 139.

의사 소통 참여자들은 자신들의 진술과 함께 타당성 요구를 제기할 때만 의미 있게 말할 수 있다. 최소한 이런 과정에는 화자가 주장한 것이 화자의 말에 그대로 주장되어 있으며, 자신의 진술이 모든 유능한 관계자들의 추후의 비판을 견뎌낼 수 있기 위해서 자신의 진술을 충분히 정당화할 수 있다는 화자의 신념이 속한다. 따라서 의미 있는 상호 작용의 가능성 조건들에는 참여자들의 의사 소통 능력뿐 아니라 의사 소통 공동체의 전제도 포함되어 있어야 한다. 이 의사 소통 공동체에서 각 주장, 욕구, 관심의 근거들에 대한 비강제적인 합의는 모든 이성적 관계자들이 동의할 수 있을 때만 이성적이다. 이를 통해서 각 주장, 요구에 대한 상호 이해가 가능하게 된다. 이러한 상호 이해의 과정을 위해 담론적 논증이 필요하다. 물음을 의미 있게 합리적으로 논의하고자 하는 모든 관계자들은 담론적 논증의 상황을 사실적으로 더 이상 물러설 수 없는 것(Unhintergehbares)으로 여겨야 한다. 어떤 주장에 대해 타당성을 요구함은 논증하는 것을 시작함을 의미한다. 이때 논증하기 위해서는 참여자들은 논증이라는 말놀이의 규칙들을 준수해야 한다. 이 논증에서 각 화자는 자신과 또 다른 참여자들에게 자신의 진술, 비판 등에 대한 타당성 요구를 제기하며, 이런 요구가 공동의 담론에서 달성될 것을 기대한다. 이를 위해서는 그는 다른 모든 논증 참여자들이 자신의 타당성 요구를 검증하는 권리를 인정해야 한다.

2) 담론적 합리성의 구조

담론적 이성의 논리학은 담론적 합리성의 개념을 주제화한다.

---

24) 졸고 「선험화용론과 철학적 기초 반성」, 141-144 참조.

논증이란 "참여자들이 논쟁중인 타당성 요구들을 주제화하고 이 타당성 요구들을 논거들을 통해 이행하거나 비판하고자 하는" 담화의 유형이다. "논거란 문제가 되어 있는(problematisch) 타당성 요구들과 체계적 방식으로 연결되어 있는 근거들을 포함한다. 한 논거의 '강도'는 주어진 맥락 속에서 근거들의 적절성에 의해 측정된다. 이 근거들의 적절성은 특히 논거가 담론 참여자들을 확신시키는가, 즉 순간순간의 타당성 요구를 수용하게 하는 동기를 참여자들에게 부여할 수 있는가에서 드러난다."[25] 화자가 자신의 언표에서 청자에게 제기한 타당성 요구들을 청자로 하여금 인정하게 하는 동기는, 이미 언표한 것의 명료성이라기보다는, 순간순간 타당한 것으로 인정받은 타당성 요구들의 정당화 근거들이다. 화자의 관점에서 보자면 타당성 요구들의 정당화는 타당성 요구들의 합리적 인정을 위한 필연적 조건에 부합한다. 타당성 요구의 합의는, 타당성 요구를 문제화하는 것으로부터 출발하여 논증을 통해 타당성을 정당화하는 이상적인 절차에서 완료된다.

담론의 목적은 합의의 확증이다. 이 합의는 이론적-경험적 담론에서든, 실천적-윤리적 담론에서든 합리적 논거들을 통해서만 생길 수 있다. 논거는, 합리적 판단 능력의 소유자들이라면 동일한 결론에 도달해야 한다는 특성, 만일 동의를 거부하는 사람도 순간순간 더욱 적절한 논거의 지적인 강제력에 의해서 인도될 수만 있다면, 결국 찬성으로 이끌어질 수 있다는 특성을 갖는다. 논증적 담론은 참여자들을 강제적 영향력들로부터 보호해주는 의사 소통의 상황에서 진리의 추구를 위한 공공의 토론이다. 자유롭고 평등하며 이성적인 주체들 사이에서 도달된 합의를 우연적 합의 내지 강요된 합의와 구별시키

---

25) J. Habermas, TkH I, 38.

는 토론의 규칙들, 규범들과 과정들만이 토론의 객관성과 타당성을 보장할 수 있다. 논증적 담론은 언어 능력과 행위 능력을 구비하고 있으며 더 나은 논거의 비강제적인 강제력에 순종하고자 하는 의지를 가지고 있는 모든 합리적 주체들에게 개방되어 있다. 물론 강제성 없는 강제력에 지적인 강제력이 속하지만, 이 지적인 강제력은 상대방의 더 나은 논거들을 의미 있게 인정하는 사람들에겐 그 강제성을 상실한다. 명료한 이해, 정확한 논리적 추론, 적절한 기술, 정당한 평가, 진실한 자기 표현 등을 확인하는 기준들은 논증적 담론의 구성 요소들이다. 그것들은, 타당성 근거들을 검증할 때 모든 당사자들에게 인정받은 것으로 가정된 검증 기준들이다.

논거의 거부가 모순에 빠지거나 부당한 것으로 입증될 수 있을 경우 이 논거는 적절한 것으로 인정받는다. "우리는 합의가 모든 사람들의 통찰에 근거하고 제시된 근거들의 특성에 의거한다고 가정하기 때문에 그 합의를 이성적인 것으로 여긴다."[26] 그러나 그러한 합의는, 합의를 이성적인 것으로 여기게 하는 타당성 근거들이 의심받지 않는 동안에만 유효하다. 그러나 어느 누구도 더 이상 회의하지 않고 반대 논거들을 제시하지 않는다는 사실이 확인된 합의의 최종적 보증서가 될 수 없다. 따라서 "사람들이 지금부터 우리의 합의는 더 이상 문제될 게 없다고 이야기할 수 있는 그 어느 시점도 있을 리가 만무하다. … 잘 정당화된 합의가 중요하다는 것은, 합의가 의거하는 근거들이 옳다는 데서 결론적으로 나오는 것이지, 모든 사람들이 이러한 옳은 근거들을 수용했다는 데서 결론적으로 나오는 것은 아니다."[27]

---

26) A. Wellmer, *Ethik und Dialog*, 215.
27) 같은 책, 210.

담론은 순간순간마다 새로운 인식들에 개방적이기 때문에 완결될 수 없는 특성도 가진다.[28] 모든 가능한 관계자들이 합리적으로 동의할 수 있는 타당성 요구들만 정당한 것으로 인정하자는 의견은 합리적 세계 형성의 과정에서 드러난 사실성, 우연성과 역사성을 고려한다면 비현실적 견해다. 이때 논증의 착수에서 우연성으로부터 벗어나서 사실적으로 주어져 있는 것은 선행된 지식뿐이다. 그러나 이러한 선행된 지식은 모든 가능한 논증 관계자들이 공유하고 있기는 하지만 그러나 단순히 직관적인 지식일 뿐이기 때문에 반드시 반성적 재구성을 필요로 한다. 이에 따라 그러한 선행된 지식은, 논증 행위가 성공할 수 있고 이와 함께 논거들이 유의미하고 타당할 수 있는 조건들을 물어보는 담론에 의해서만 확실히 될 수 있다. 담론은 정당화의 반성으로 표현된다. 왜냐하면 반성은 그 반성의 결과들 자체를 검증할 수 있어야 하기 때문이다.[29]

4. 담론 윤리학

하버마스는 그의 의사 소통 행위 이론의 맥락 속에서 담론 윤리학을 다루고 있다. 그의 담론 윤리학은 일종의 도덕적 논증의 논리다. 보통 인지주의적 · 보편주의적 · 의무론적 · 형식주의적 · 절차주의적이라고 불리는[30] 그의 담론 윤리학은 윤

---

28) K.-O. Apel, "Fallibilismus, Konsenstheorie der Wahrheit und Letztbegrün-dung", 116-211 참조.

29) 하버마스의 보편화용론(특히 담화 행위들의 타당성 근거들과 담론적 합리성의 구조)과 관련된 설명은 H.-J. Höhn, "Vernunft-Kommunikation-Diskurs", 114-122 참조. 그는 타당성 요구들을 신앙의 언표에 적용하고자 한다(H.-J. Höhn, "Die Vernunft, der Glaube und das Nichts", 153-166 참조).

리적 규범들의 정당화에 대한 문제 제시에서 칸트 윤리학에 대한 의사 소통 이론적 새 정식화다.[31] 담론 윤리학의 특징은 단순히 칸트의 보편화 원칙을 윤리적 담론들의 검증 절차로 변형시키는 데 있지 않고 이 보편화 원칙을 의사 소통 행위의, 담론적 논증의 언어적 함축들로부터 정당화하려는 시도에 있다. "네 의지의 준칙이 항상 동시에 보편적 입법의 원리로서 타당할 수 있도록 행위하라"는 칸트의 정언명법은 "이성의 사실(Faktum der Vernunft)"로서, 이제 준칙들의 타당성을 검증하는 "논증 규칙(Argumentationsregel)"으로서의 역할을 담당한다. 하버마스는 칸트처럼 보편화 원칙을 단순히 "이성의 사실"로서, 직접적인 소여로서 파악하지 않는다. 그가 칸트의 실천적 근본 명제에 대한 의사 소통 이론적 재구성 작업을 수행하고 이를 통해서 규범들의 정당화를 핵심 과제로 삼고 있는 한, 그의 윤리학은 인지주의에 속한다. 정언명법에서 행위 준칙들의 윤리적 검증을 위한 규칙을 정식화한 칸트의 시도가 여기서는 주체들이 도덕적-실천적 논의를 통해 합리적 기초를 발견하는 절차로 확대된다. 보편화 가능성에 관해 구체적 규범·준칙·가치의 검증 방식은 고독한 주체의 단독 처리 방식이 아니라 이런 검증은 의사 소통 행위 이론의 차원에서 다루어진다. 실천적 담론의 모든 참여자들의 동의를 얻을 수 있는 그런 규범들만이 보편적 타당성을 요구할 수 있다. 이에 따라 하버마스의 "담론 윤리적 원칙(diskursethischer Grundsatz)"은 "실천적 담론의 참여자들로서 모든 관계자들의 동의를 얻

---

30) J. Habermas, MkH 130-133, ED 11-14 참조. 하버마스 윤리학의 근본적 성격들과 논거상의 문제점들에 관해 정호근, 「의사 소통적 규범 정초 기획의 한계」, 『하버마스』, 113-140 : 장춘익, 「동의와 당위」, 『철학의 변혁을 향하여』, 283-321 참조.

31) 이 문제에 관해선 특히 J. Habermas, MkH 53-125 참조.

는 (혹은 얻을 수 있을) 규범들만이 타당성을 요구해도 좋다"는 정식으로 표현된다. 이때 규범들을 보편화하는 데에서, 모든 (잠재적) 당사자들은 자신들의 이익을 만족시키기 위해 규범들을 보편적으로 따를 때 여기에서 발생하리라 예측되는 결과들과 부작용들을 자발적으로 수용할 수 있어야 한다. 담론 윤리학의 기본적 의도를 표현하고 있는 위의 원칙은 이제 "보편화 원칙(Universalisierungsgrundsatz)", 즉 "개개인의 이익의 만족을 위해 논의 중인 규범의 보편적 준수에서 야기되리라 예상되는 결과들과 부작용들이 모두에 의해서 비강제적으로 수용될 수 있다면," 그 규범은 타당하다는 원칙으로 구체화된다. 이 보편화 원칙은 모든 타당한 도덕적 규범들이 충족시켜야 하는 조건을 진술하고 있다. 이때 하버마스에 따르면 어떻게 보편화 원칙이 논증의 전제로부터 선험화용론적 도출의 방식으로 정초될 수 있는가가 해명된다면, 담론 윤리학 자체는 "절약된(sparsam)" 담론 윤리적 원칙으로 유도될 수 있다.32)

하버마스에 따르면 인간적 의사 소통의 보편적 전제들에, 타당한 사유와 행위의 보편적 전제들에, 논증 능력을 갖춘 모든 주체들의 담론에의 비강제적이고 기회 균등한 참여가 속해 있다. 억압과 불평등에서 해방된 참여가 이루어지기 위해서는 무엇보다도 논증 상황의 참여자들은 서로를 논증할 수 있는 주체, 즉 검증하고 비판할 수 있는 주체로서의 권리를 인정해야 하고, 쌍방이 진실한 자기 표현을 하고 있다고 확신해야 하며 또한 공동으로 진리를 추구할 각오가 되어 있어야 한다. 의미 있는 논증의 이 같은 규범적 전제들은 상호 작용이 성공하기 위한 필연적 조건들이다. 결국 상호 주관적으로 타당한 윤리학도 상호 작용이 성공하기 위한 조건들에 속하는 것이다.

---

32) J. Habermas, MkH 103.

원칙적으로 개방된 논증 공동체의 구성원들이 서로를 동등한 인격들로 인정하는 그런 규범들은 더 이상 물러설 수 없는 논증 상황의 이성적 원리를 도덕적 원리로 규정한다. 물론 그것들은 어떤 상황에서 어떤 행위가 윤리적인가를 제시하진 않지만, 구체적 규범들 및 가치들의 윤리적 성격을 검증하게 하는 절차의 기준들을 진술한다. 실천적-도덕적 담론은, 무엇이 선한 삶의 이념의 배후에 놓여 있는가, 무엇을 근거로 서로 다른 욕구들이 조화롭게 추구될 수 있는가에 대해 합리적으로 논의하고 동의하는 데 필요한 절차를 보여준다. 담론 윤리학은, 실천적으로 수행될 때 논증 참여자들의 동의와 준수에 의존하는 규범들을 제시하지 않는다. 오히려 그것은 선천적으로 타당한 메타 규범들(Meta-Normen)을 제시한다. 이 메타 규범들의 타당성은 확실한 논거들에 의해 반박될 수 없다. 왜냐하면 메타 규범들은 논증이라는 말놀이를 함께 구성하고 있기 때문이다. 그러기 때문에 하버마스의 보편화 원칙은 다른 구체적 규범들을 도출시킬 수 있는 최상위 규범(Supernorm)이 아니다. 그것은 단지 구체적 규범들을 그 도덕적 정당성에 관해 검증하는 원칙으로서 일종의 규범이기는 하지만 실제적 도덕 상황에 적용된 것이 아니라 논증 상황에 적용된 규범이다. 그래서 그것은 메타 규범이라 말할 수 있는 것이다. 이에 따라 담론 윤리학에서 사회 윤리학의 상부 구조를 위한 규범적 원리들을 규정하려는 시도는 아주 불확실한 기도다.33) 그것은 이상적 생활 형태 혹은 사회적 정의와 같은 특정한 개념에 대한 어떤 내용적 규정도 포함하지 않는다. 그것은 정의의 물음

---

33) J. Habermas, MkH 112-119 참조. 또한 A. Wellmer, *Ethik und Dialog* 참조. 하버마스의 담론 윤리학에 대한 기본적인 사유는 특히 H.-J. Höhn의 서술("Sozialethik im Diskurs", 179-192)에 의존하고 있다.

을 합리적으로 해명하게 하는 절차를 기획한다. 따라서 그것은 일종의 윤리적 중립주의일 수도 있다. 여기선 사회적 상황·체계들의 윤리적 분석을 위한 척도들 및 구체적 행위를 위한 판단 기준들을 정당화하려는 반성 원리들이 문제가 된다.

5. 담론 윤리학의 한계와 인간성의 문제

담론 윤리학이 일종의 고유한 사회 윤리학이라면 어떻게 인간적 공동존재는 가능한가라는 물음에 고유한 해석을 제공해야 한다. 인간의 공동적 삶을 위해 윤리적·규범적 이성의 역할과 기능은 무엇인가를 제시하는 하버마스의 담론 윤리적 탐구는 그의 의사 소통적, 담론적 합리성 이론을 윤리학에 적용하고 있다. 그러므로 그의 담론 윤리학은 근대의 의식 패러다임에 대한 언어적 전환의 산물이다. 칸트가 이성의 근본적 특성으로서 이성의 자기 비판을 제시한 이후 철학적, 특히 선험철학적 이성의 계몽은 근본적으로 자기 계몽이었고 의식은 자기 의식이었다.[34] 담론적 합리성의 모델은 지금까지는 잠정적으로나마 이러한 이성의 자기 전개 과정의 마지막 단계를 이루고 있다. 근대적 이성과는 다른 담론적 이성의 특징은 여기선 이성적 주체의 자기 반성에서의 방법적 자기 전개뿐 아니라 상호 주관적 대화와 사회적 존재의 방법적 자기 전개도 수행된다는 점에 있다.

그러나 근대에서의 이성적 잠재력이 맨 먼저 경제와 기술의 분야에서 실현됨에 따라 계몽의 병리와 역설을 낳았고, 오늘날 의사 소통적 생활 실천은 기형이 되고 있다. 근대성의 병리적

---

34) K. H. Haag, *Der Fortschritt in der Philosophie* 참조.

현상들, 즉 자연의 목적 합리적 객체화 및 전략적 자기 주장이란 의미에서의 자율 등은 생활 세계의 의사 소통적 구조들과 내용들의 박탈이었다. 근대적 사고는 근대성의 지속을 위해 주체들과 체계들의 자기 보존이라는 일방적으로 목적 합리적인 개념의 재형성을 요구한다. 물론 각 사회는 목적 합리적으로 세계를 통제하는 방식들과 그 결과들을 통해 물질적 재생산을 수행한다. 그러나 이런 도구적 행위 영역들은 의사 소통적 행위 영역들과 교차하고 있다. 복합적 사회의 지속은 그 사회의 활동적 구성원들과 부분 체계들의 균형 잡힌 분류와 통합에 의해서만 이루어질 수 있으므로, 사회 체계들의 물질적 재생산을 위해서는 의사 소통적-담론적 합리성의 조건들도 충족되어야 한다. 담론적 합리성은 사회 생활 자체가 상호 이해의 행위들에 의해 구성된다는 것과 관계하고 있다. 그것은 이성적 주체들의 여러 욕구들과 사고들을 조정하여 그들이 사회적으로 성공한 삶을 영위할 수 있게 하는 그런 절차들에서 나타난다.[35] 그러므로 이성적 주체들은 의사 소통적-담론적 수단들을 통해 정당화될 수 있는 각각의 세계관에 개방되어 있다. 그러나 담론적 합리성이 그 임무를 합리적 의사 결정의 절차를 위한 근본적 규범들의 재생산에 제한함으로써 물론 인간적 삶의 해석을 위한 모든 가능한 방식들을 철저하게 사용하도록 하고 있지만 그렇다고 해서 이를 위해 어떠한 실질적 공헌도 하지 못한다. 왜냐하면 그것은 고도의 추상성, 형식성, 순수한 절차적 특성으로 인해 각 합리적 생활 실천의 일상적 연관들로부터 상당히 벗어나서 작동하고 있기 때문이다. 반사실적으로 (kontrafaktisch) 설정된 담론적 합리성의 공동체에 대한 가정

---

35) J. Habermas, *Zur Rekonstruktion des Historischen Materialismus*, 92-126 참조.

만으로는 현실적 매개 변수들을 극복할 수 없다.

오늘날 여전히 무시할 수 없는 사실은 이성의 비판들이 담론 이론가들이 생각하는 것보다 훨씬 더 광범위하고 심각하다는 것이다. 심지어 현상들의 합법칙적 체계로서의 자연은 원료의 공급처로만, 인간의 육체는 해부학적 과정의 실험 대상으로만, 환상과 욕구와 감정은 상업적 광고 전략의 동인으로만 허용되고 또한 이러한 점에서만 이성적인 것으로 여겨지기도 한다.36) 이러한 비판적 배경 앞에서 이성의 비판은 인식적-도구적인 것으로 이해된 목적 합리성의 협소성, 간섭과 절대화, 윤리적 편협성에 대한 비판일 뿐 아니라 더욱이 검증하는 비판으로의 담론적 이성의 역할 제한에 대한 비판이기도 하다. 만일 이성의 담론 이론이 계몽주의자들이 인간 존재의 종차(種差)로 규정한 그런 이성이 사실은 인간 존재의 일부만을 차지할 가능성이 있다는 것을 도외시한다면, 분명히 낙후된 이론일 것이다.

하버마스의 담론 윤리학은 그의 의사 소통 행위 이론의 맥락 속에서 정립된다. 이 담론 윤리학은 도덕적 논증의 논리 형식이다. 그의 담론 윤리학은 윤리적 규범들의 정당화의 물음에 관해 칸트 윤리학의 새로운 의사 소통 이론적 정식화다. 그러나 담론 윤리학의 특징은 단순히 칸트의 보편화 원칙을 윤리적 담론들의 검증 절차로 변형시키는 데 있지 않고, 담론적 논증의 언어적 조건들로부터 이 보편화 원칙을 정당화하는 데 있다. 모든 논증 주체들의 담론에의 비강제적이고 기회 균등한 참여, 논증 주체들의 상호 인정, 서로의 진실한 표현에 대한 상호 확신, 공동의 진리 추구를 위한 상호 각오 등 의미 있는 논증의 규범적 전제들, 따라서 상호 주관적으로 타당한 윤리학도

---

36) H. Böhme / G. Böhme, *Das Andere der Vernunft*, 13 참조.

하버마스에 따르면 상호 작용의 성공 조건들에 속한다. 논증의 규범들은 최종적 논증 상황의 이성적 원리를 도덕적 원리로 규정한다.

하버마스의 담론 이론에서는 자신의 주장을 근거를 통해 정당화하고 또한 다른 모든 화자들의 더욱 적합한 논거들을 설득력 있는 것으로 인정할 각오가 있는 사람들만이 함께 놀이할 수 있다. 담론은, 논증 당사자들이 서로를 인격들로, 즉 책임·진리 능력을 소유한 동등한 대화 상대방들로 인정할 때 비로소 의미 있게 수행될 수 있다. 상대방을 이성적 주체로 인정하지 않은 사람은 처음부터 그에게 타당성 요구를 제시할 만한 이유나 의미를 찾을 수 없기 때문이다. 대화 수행자들은 미숙하여 이성 능력이 불충분한 사람들과 또한 이성에 반대하는 사람들과 논의하지 않는다. 타인을 자신의 고유한 입장에 관해 합리적 방식으로 설득하고자 하는 사람은 타인을 합리적 논증 능력을 갖춘 사람으로 인정할 때만 자신의 목표를 달성할 수 있다. 담론 윤리학에서 인격의 인정은 논증하는 능력에 의존한다. 담론 상황에서 비합리적인 사람들의 배제는 담론적 논증의 결정적 작동 조건이다. 왜냐하면 논증한다는 것은, "실존 주체가 이성 주체로 이행되는 한 각각의 다른 실존 주체의 의미를 박탈한다는 것"이기 때문이다. 이것은 "논증하는 사람에게는, 그에 의해 보고되고 옹호되고 수용될 수 있는 것만이 속한다는 것, 이에 따라 논증하지 못하는 사람은 중요하지 않으며, 비이성적인 사람은 배제되어 있다는 것"을 의미한다.[37]

그러나 이때 문제 삼아야 할 것은 합리성과 인간성의 패러다임 관계다. 완전한 의미에서의 합리성이란 인간에겐 무조건적으로 목적으로서 요구되는 사태다. 그런데 인간적 공동 사회

---

37) H. Ebeling, VW 196.

에서 이성의 완성은 이성 자신만이 문제가 되는 것이 아니라 이성의 대상 및 목적과의 연계 속에서 이루어진다. 합리성의 완전한 개념이 바로 인간성이다. 그러므로 합리성의 중심에는 인격의 무조건적 존중이 있어야 한다. 그런데 합리적 담론이 성공하기 위해서는 비합리성과 이것의 소유자들은 배제되어야 한다. 그러나 담론적 합리성이 이성이 결핍된 인격들을 무제한적 논증 공동체로부터 배제시킨다고 하더라도, 인간성은 논증할 능력이 없이도 인격의 무조건적 인정을 요구한다.

담론적 합리성은 이성 능력이 결핍되어 적절하게 논증할 수 없는 주체들을 이성의 결핍이란 이유로 무제한적 담론 공동체로부터 배제시킨다. 왜냐하면 비합리성과 비합리성의 소유자들의 배제는 바로 합리적 담론의 성공과 유의미성을 위한 기본 조건이기 때문이다. 여기서는 단지 주체들의 합리적 능력만이 중요하다. 만일 그렇다면 담론 윤리학은 비인간적인 이론이 될 것이며, 또한 그것이 이성적 주체들에게만 해당된다면 전체주의적인 이론이 될 것이다.38) 이제 합리적 주체들의 도덕성에 대한 궁극적인 시금석은 지성적으로 미숙한 사람들과 이성의 역할에 저항하는 사람들과의 관계다. 담론이 자유롭고 성숙하고 의사 소통 능력을 갖춘 인격들에만 부과된다면 비인간적으로 될 것이다. 의사 소통적 합리성이 합리적인 사람들에게만 타당하다면 불가피하게 전체주의적으로 될 것이다. 따라서 그것은 윤리적 특성을 상실하고 말 것이다. 여기서 합리성과 인간성 사이의 갈등이 문제다. 담론은 비합리적인 사람들을 인격적 존재들로 인정할 때 비로소 무제한적으로 윤리적으로 타당하다. 이러한 것은 물론 합리성의 요구가 아니라 인격성의 요

---

38) H. Ebeling은 *Vernunft und Widerstand*의 전반에 걸쳐 담론 모델에 대한 비판을 위와 같은 방식으로 상술하고 있다.

구를 달성한 것이다. "합리성의 의무는 논거의 인정에 관계하지만, 도덕적 의무는 인격의 인정에 관계한다. 내 적의 논거라도 훌륭하다면 인정하는 것이 합리성의 요구다. 아직 훌륭하게 논증할 수 없는 사람들이라도 진술을 하게 하는 것은 도덕의 요구다. 과장해서 말하자면, 합리성의 의무는 인격의 배려 없이 논거에 관계하고, 도덕적 의무는 논거의 배려 없이 인격에 관계한다."[39] 담론 윤리학이 전체주의적이고 비인간적인 이론이 되지 않으려면 합리적인 사람들이 비합리적인 사람들과 연대감을 갖도록 독려해야 한다. 그런데 또한 우연적이거나 비합리적인 것이 흔히 실제로 이성적인 것보다 더욱 강력한 것으로 입증되곤 한다. 이성의 요구에 반항하는 사람들에 대한 저항도 이들의 무지·자의·폭력·비양심·미신에 반대하는 합리적 논거들의 강제력만 제시되는 한에서는 별 효과가 없을 것임에 틀림없다. 만일 담론 윤리학이 실질적 효과를 거두려면 이성에 반대하는 사람들을 무력화해야 한다. 이 두 가지 경우에서 이성에게는 그 자신의 전제들에 따라 원래 요구해서는 안 되는 그런 어떤 자기 초월이 요구되어야 할 것이다. 그러나 "이성의 수단들을 통해서 이성의 한계들은, 이성의 한계의 내부에서 토의되는 방식으로만 규정될 수 있다. 각 다른 전략은 실로 이성 자체를 포기하는 것일 것이다."[40] 바로 여기서 담론 윤리학의 한계가 드러난다. 의사 소통적 합리성의 요구들의 완벽한 실현은 이성 자신이 산출할 수 없는 상황에도 의존하기 때문이다. 말하자면 그 자신이 설정한 과제, 즉 도덕성과 인간성의 보장이라는 과제를 달성할 수 있기 위해서는 이성은 자

---

39) A. Wellmer, *Ethik und Dialog*, 108. 위의 갈등에 관해선 H. Ebeling, Dis 32-113 참조.

40) H. Ebeling, BMV 148.

신의 영역에서 벗어난 전제들에 의존하기 때문이다. 이처럼 담론 윤리학은 그 한계가 있다.

6. 맺음말

담론 윤리학은 도덕적 규범들을 도출하고 정당화하는 조건들 및 절차를 논의할 때 비합리성에 하위의 지위만을 부여하고 있다. 그러나 이때 과연 그리고 얼마나 효과적으로, 합리적인 존재들이 비합리적인 존재들과의 접촉 및 합리성을 거부하는 존재들에 대한 대항을 윤리적인 방식으로 수행할 수 있을까 하는 문제는 담론 윤리학은 해결할 수 없다. 차라리 전적으로 합리적인 것은 이들을 실천적 의사 형성의 과정에서 배제시키는 일일 것이다. 자기 자신의 욕구를 스스로 제대로 한 번도 표현할 수 없을 정도로 자기 의식의 기능에 장애가 있는 누군가를 하나의 인격으로 존중해야 하는 합리적 근거가 어디에 있는가, 어떤 합리적인 존재가 자신과 비합리적인 존재들 및 합리성을 거부하는 존재들 사이에 심각한 불평등이 있다는 사실을 알고 있는 경우에 이들과의 연대성을 계속 유지하라는 도덕적 명령을 어떤 근거를 통해 자기 자신에게 정당화할 수 있는가 라는 문제들을 담론 윤리학은 궁극적으로 해결할 수가 없다.

이처럼 무제한적 의사 소통 공동체에서의 담론 윤리적 요구는 담론적 이성이 마음대로 할 수 없는 상황에 의해 제한된다. 담론 윤리적 이상을 최소한 추구하기 위해선 담론적 이성과는 다른 것을 필요로 한다. 그렇다고 해서 담론적 이성은 무지·폭력·미신과 같은 비합리적인 것에 예속되어서는 안 된다. 오히려 그것은 비합리적인 것을 자신의 근본적 구조와 화합할 수 있는 것으로 입증해서 자신의 역할과 의미를 확대하도록 노력해야 한다. 담론적 이성은, 논리적으로 최종적인 것, 기능적으로 필연적인 것, 윤리적으로 명령된 것으로 환원되었던 합리성을 우연적인 것, 가변적인 것, 기대할 수 없는 것과의 관계로 가져오도록 노력해야 한다. 이를 통해서 비로소 합리성과 인간성에 대한 이성의 윤리적 목표가 달성될 수 있을 것이다.41)

---

41) 하버마스의 담론 윤리학에 대한 인간학적 비판은 무엇보다도 H.-J. Höhn 의 명쾌한 사유("Sozialethik im Diskurs", 192-198)에 근거하고 있다. 그는 또한 하버마스의 담론 윤리학의 인간학적 한계를 특히 가톨릭의 사회 윤리적 차원에서 극복하고자 한다.

제4장
아펠의 선험화용론적 담론 윤리학과 칸트 변형*

1. 문제의 지평

근대 철학은 데카르트에 의해 전개되고 칸트에 의해 체계화되었다. 그런데 오늘날 그것은 개별적 의식을 경험과 인식의 상호 주관적 타당성을 보장하는 형이상학적 기초로 실체화하면서, 먼저 자기 자신을 자신 위에 정립시키며 그런 후 외부 세계와 관계를 맺게 하는 본래 자기 의식적인 주관성을 사유의 출발점으로 삼음으로써, 방법적 개인주의 혹은 유아론을 낳았으며, 그것은 주관과 객관의 논리를 통한 자연의 인과적 지배, 도구적 합리성의 모델 등을 산출했다는 비판을 받았다.[1]

---

* 이 글은 졸고들(「선험화용론과 철학적 기초 반성」 : 「이성과 상호 주관성 : 칸트의 인식 및 도덕 이론과 아펠의 비판적 변형」)을 종합하여 아펠의 선험화용론적 담론 윤리학과 칸트 변형을 체계화하고 있다.

[1] 헤겔, 딜타이, 하이데거는 세계로부터 독립해 있고, 불변적인 순수한 이성적 주관을 세계적으로 정초하고자 했다. 예컨대 W. H. Walsh, N. Rotenstreich, S. Dietzsch의 글들(D. Henrich (Hg.), *Kant oder Hegel?*, 83-139) 참조.

오늘날 이성 개념의 본질적 규정에 대한 극단적 불신은 심각하고 만연해 있다. 20세기 이후 하이데거와 비트겐슈타인 이후 오늘날의 합리성 비판들은, 자연과 사회의 과학 기술적 통제를 거부하는 신화에 대한 관심이나 근대의 근본적 사유 기초들의 철저한 해체를 주장하는 포스트모던적 인식론들 등으로 인해 매우 광범위해지고 또한 심각해지고 있으며, 이에 따라 회의가 정점에 달하고 있다.

여기서 우리는 근대의 이성주의가 얼마나 우리 인간의 삶에 유용한지, 또한 이성은 자기 자신을 극복하기 위해 어떤 새로운 목표를 제시할 수 있는지를 물어보아야 한다. 이때 철학은 근대의 정신적·문화적 발전 과정을 단순히 기록만 해서는 안 되며, 인류사에 긍정적인 결과들을 가져올 시대 비판적 시각도 제공해야 한다. 말하자면 철학은 근대 정신의 테두리에서 근대 문명 모델의 이념사적 근거들을 재구성하고 그러한 모델에서의 자신의 역할을 비판적으로 반성해야 한다. 이러한 목적을 위해서 철학은 근대의 철학적 유산을 전적으로 거부하지 않으면서 이런 유산의 일부를 제거해야 하는 필연성도 염두에 두는 새로운 합리성 개념을 구상해야 한다.

이러한 새로운 합리성 패러다임을 위한 결정적인 방법적 전제들은 20세기에서 언어적 전환(linguistic turn)에 의해서 이루어졌다. 오래 전부터 언어는 인식의 중요한 표현 수단으로서만 여겨졌지만, 20세기에 와선 인식의 결정적인 전제이자 근원적인 매체로서의 역할을 맡기에 이르렀다. 현대 철학에서 의식 철학적 독단을 극복하려는 노력은 그러한 언어적 전환에서 결정적인 계기를 맞았다. 이제부터는 데카르트와 칸트의 고독한 선험적 주관이 아니라, 사유와 인식의 언어 연관성으로서 공동체 연관성이 모든 의욕과 행위의 타당성과 의미를 보증하는 근거로 나아간다. 여기선 말하고 인식하고 행위하는 주관이 다른 주관들과 맺는 관계뿐 아니라, 이렇게 특징지어진 주관들이 환경 세계와 맺는 관계도 직접적인 것이 아니라 언어적으로 조직화된 사회의 구조들을 통해 이루어진다. 고독한 이성 주관은, 오늘날 이성의 재구성과 확대를 위해 이루어진 언어 공동체와 역사에 대한 사유를 벗어나선 아무런 원칙적 의미도 획득할 수 없다.

이러한 언어적 전환의 과정에서, 한편에선 과학 철학이 발전되면서 알버트(H. Albert)와 같은 비판적 합리주의자는 모든 학문에서 최후 정초(Letztbegründung)의 불가능성에 대한 입론을 세웠고, 다른 한편에선 자연주의적 오류와 윤리적 언어의 정의 불가능성에 대한 무어(G. E. Moore)의 견해와 쉘러(M. Scheler)의 가치 윤리학은 특히 윤리학에서 최후 정초의 가능성을 인정하지 않았다. 그리고 해석학과 실용주의의 여러 형태들, 이성적 주관의 해체를 선언한 포스트모더니즘은 진리의 보편타당성에 대한 회의를 확산시켰다.

이때 물론 현대의 언어적 전환은 기호학의 방법과 개념을 통하여 근대 철학의 결점, 즉 인간적 이성의 의사 소통 능력의 경시에 대한 충분한 합리적 비판과 교정을 가능하게 했다. 그러나 다른 한편으론 기호학을 통해서 근대 지성사의 의식 철학적 유산을 극복하는 것은 새로운 문제를 가져왔다. 말하자면 인식의 진리와 타당성의 조건을 이루는 언어를 발견하는 과정에서 또한 동시에 수많은 개별적 언어들의 역사적 형성의 우연적 조건들에 대한 문제가 대두되었다. 이에 따라 인식하고 행위하는 주관을 특정한 언어·문화·전통에 귀속시키는 우연적인 조건들이 문제시되었다. 그러나 객관적으로 타당한 인식의 가능성을 위한 근원적인 필연적 조건들을 입증하고자 하는 철학적 노력은 이러한 우연적인 사태들에 직면해서 선험 철학의 요구와 성과를 값없이 취급해선 안 된다.

현대 철학 학파들 가운데서 가장 일찍이 이러한 이중적인 문제들, 즉 칸트적인 근대 의식 철학의 편협성과 언어 및 언어 공동체의 우연성에 관한 이중적인 문제들을 해결하려는 시도가 제자들인 뵐러(D. Böhler)와 쿨만(W. Kuhlmann)과 더불어 아 펠(K.-O. Apel)의 선험화용론(Transzendentalpragmatik)에서 이루어진다. 선험화용론을 제일철학으로 정초하고자 하는 그들 의 시도는 하버마스의 형식적 보편화용론(Universalpragmatik) 의 시도와 더불어 철학적 기초 반성의 새로운 체계적 노력으 로 이해될 수 있다. 이와 같이 선험화용론은 근거에 대한 선험 적 반성을 통해 현대 언어 철학의 관점에서 칸트 유형의 고전 적 선험 철학을 재구성하고자 할 때, 20세기에서의 "철학의 언 어적·해석학적·화용론적 전환"에 따른다.2) 아펠은 언어적 으로 매개된 상호 주관성을 철학적 반성의 대상으로 삼음으로 써 칸트 인식론의 문제들, 특히 첫째 방법적 원리로서의 선험 적 연역 그리고 또한 인식(종합 판단)의 개념, 둘째 한편으론 객관(객관성) 의식에서의 자기 의식이 본질인 주관(선험적 주 관)과 다른 한편으론 선험적 주관에 의해 의식되는 객관(객관 성) 사이의 관계에서 주객 분리에 관한 문제, 셋째 한편으론 인식의 형식에 관해 세계의 존재에 의존하지 않는 선험적 의 식과 다른 한편으론 인식의 질료에 관해 세계의 존재에 의존 하는 경험적 의식 사이를 매개하는 문제를 해결하고자 한다.

선험화용론의 엄격한 반성은 원칙적으로 이론의 실천에 대 한 성찰이다. 그것은 유의미하고 상호 주관적으로 타당한 인식 혹은 사유와 행위의 필연적 조건들에 대한 선험적 반성으로서,

---

2) K.-O. Apel, "Intersubjektivität, Sprache und Selbstreflexion", 63.

또한 합리적 논거들의 실천적 책임을 위한 최종적인 합리적 기준들을 보여주고자 한다. 아펠은 인간의 공동적 삶을 위해 규범적 이성의 의미와 역할을 탐구하면서 선험화용론의 관점을 그 자신의 담론 윤리학에 적용하고 있다. 단지 하버마스의 일차적 관심은 실천적 조명인 데 반해, 아펠에겐 윤리적 문제의 해결을 위한 관건은 언제나 선험화용론이다. 그의 담론 윤리학은 근대적 사유 패러다임의 언어적 전환의 산물이다. 그가 선험화용론의 방법적 증명 원리를 토대로 재구성하고자 하는 칸트 윤리학의 문제들은 특히 칸트 윤리학의 한계, 실천이성의 사실로서의 정언명법의 여러 관련된 특징들, 즉 정언명법의 형식성, 이성의 사실이라는 합리적 자명성에 내재한 형이상학적 유산, 유한한 인간에게 단적으로 강제적인 명령으로 부과된 이상적인 당위다. 이때 그는 칸트의 정언명법을 단순히 윤리적 담론들을 검증하는 절차로만 해석하지 않고 담론적 논증의 언어적 전제들로부터 정당화한다. 이에 따라 상호 주관적으로 타당한 윤리학도 상호 작용이 성공하기 위한 조건들에 속하며, 더 이상 물러설 수 없는 논증 상황의 이성적 원리는 도덕적 원리가 된다. 아펠의 선험화용론적 담론 윤리학을 다루는 이 글에선 먼저 선험화용론의 과제와 구조를 논의할 것이고, 그런 후에 담론 윤리학을 살펴볼 것이다. 이때 또한 항상 동시에 아펠의 칸트 변형도 주목할 것이다.3) 맺음말에선 담론적 합리성의 비판을 다룰 것이다.

---

3) 아펠의 칸트 변형에 대한 국내의 글들(김진,『아펠과 철학의 변형』: 박해용, 『아펠 · 철학의 변형』: 권용혁,『이성과 사회』등)에서는 칸트 자신의 견해가 압축적으로 설명되어 있거나 다소 생략되어 있다.

2. 선험화용론과 칸트 인식론의 변형

1) 선험화용론의 과제

철학적 기초 반성을 시도하는 선험화용론자들은, 첫째로 가류주의(Fallibilismus)든 해석학적 역사학이든, 오늘날 광범위하게 만연되어 있는 회의주의와 상대주의의 도전을 의식적으로 극복하고자 하고, 둘째로 이성적 사유의 최후 정초의 가능성을 고수하면서 고전적 합리성 기준을 변형하고자 하며, 셋째로 이성의 객관성을 이성의 상호 주관성으로 재구성함으로써 이론 이성과 실천이성의 타당성 요구들을 새로운 공통의 좌표에서 논의하고자 한다. 넷째 이를 통해서 그들은 근대성의 종말이 철학의 종말은 아니며 철학이 여전히 무언가를 말할 수 있다고 주장한다.

칸트적인 근대 의식 철학의 편협성과 언어 및 언어 공동체의 우연성에 관한 이중적인 문제들을 극복하려는 선험화용론은 유의미한 사유와 행위의 언어적 함축들에 대한 철학적 반성이라는 의미에서 '선험적' 이론이며, 의사 소통 행위의 성공을 위한 필연적 조건들을 반성할 때 언어적 기호들의 사용을 위한 조건들을 주제화한다는 의미에서 '화용론적' 이론이다. 화용론적 차원은 제기된 타당성 요구들에 대한 담론의 성공을 다루고 있다. 제기된 타당성 요구들에 대한 주장과 정당화는 특정한 인식주관의 대상 연관적 오성의 구문론적 및 의미론적 활동들에 근거하는 것이 아니라, 3차원적 기호학에서 설명될 수 있다.4) 3차원적 기호학에 따라서 화용론은 기호 행위들로

---

4) D. Böhler, *Rekonstruktive Pragmatik*, 360-363 참조.

서의 언어 행위들의 구조적 조건들 및 과정들을 주제화한다. 의미론적으로 언표에서 사태를 기술하기 위한 목적으로, 언어 기호들의 이해 가능한 배열이 구문론적으로 가능하기 위해선, 이러한 구문론적 배열은 특정한 말놀이의 언어 사용 규칙들의 토대 위에서만 이루어져야 한다.

아펠에 따르면 모든 주관의 유의미한 활동들은 실재적 의사 소통 공동체에 의존하고 있다. 결코 사적인 언어들이란 있을 수 없다.5) 의사 소통 공동체에서 자연 세계의 사물성은 그 자체로는 비언어적이더라도 자연 세계의 인식을 위해선 반드시 언어가 요구된다. 주관에 의한 현실성의 비언어적 이해는 추상적일 따름이다. 모든 주관의 자기동일성 인식도 언어적으로 매개된 사회적 타자들과의 관계를 통해 이루어진 자기 확신으로 이해되어야 한다. 물론 인간의 현존재는 언어에 동화될 수 없지만, 그러나 언어 없이는 주관의 자기 의식과 같은 비언어적인 것은 구체적으로 표현될 수 없다.

한편으론 근대 유럽의 의식 철학적 유산과 다른 한편으론 세계 이해 과정에서 생긴 개별적 언어들의 우연적 형성을 극복하고 사유와 인식의 진리를 확보하려는 아펠의 선험화용론은, 사유의 진리성과 행위의 정당성을 위한 필연적 조건들을 반성함으로써 합리적 논거들의 상호 주관적 타당성과 실천적 구속성을 보증하는 궁극적인 기준들을 마련하고자 한다. 이와 같은 선험화용론은 대략 두 과제들을 포함하고 있다.6) 첫 번째 과제는 논증의 반성을 통한 최후 정초에 대한 요구에 관계

---

5) 사적 언어의 주장에 대한 자세한 반박에 관해선 W. Kuhlmann, *Reflexive Letztbegründung*, 145-180 참조.

6) 의식 철학의 방법적 유아론에 대한 체계적 비판과 선험화용론의 과제들에 대한 상세한 서술에 관해선 H.-J. Höhn, "Vernunft-Kommunikation-Diskurs", 특히 95-106, 106-122 참조.

하며, 두 번째 과제는 합리성 개념의 재구성에 대한 요구에 관계한다.

2) 논증의 반성을 통한 최후 정초

알버트(H. Albert)에 따르면 최후 정초를 향한 모든 시도는 "뮌히하우젠 삼도논법(三刀論法)(Münchhausen-Trilemma)"[7] 중 하나의 논리적 난점에 직면하게 되어 헛된 노력으로 그친다. 말하자면 그러한 시도는 무한한 역행(즉, 근거 설정을 필요로 하는 판단에서 이 근거 설정은 그 자체로 또 다른 근거 설정을 요구하며, 이러한 근거 설정에 대한 요구가 완결될 수 없다는 의미에서)으로 이어지거나, 도출의 논리적 순환에 빠지거나(왜냐하면 우리는 이전에 이미 근거 설정을 필요로 하는 것으로서 여겨진 근거 설정들에 도로 관계하기 때문에), 어떤 특정한 지점에서 근거 설정 절차가 단절되거나(이 단절 자체가 더 이상 물러설 수 없는 원리로서 여겨짐으로써) 한다는 것이다. 그러나 선험화용론은 유의미하고 타당한 것으로 인정받을 수 있는 사유와 행위를 위한 필연적 조건들, 각각의 사유하고 행위하는 자들에 의해 충족된 것으로 가정될 수 있는 필연적 조건들에 대한 반성으로서, 상호 주관적 타당성을 위한, 이와 함께 또한 철학적 논거들의 실천적 책임을 위한 의심받을 수 없는, 최후의 합리적 기준들을 보여주고자 한다. 이때 물론 연역이나 공리적 정의에 의한 기준들의 정당화 절차는 불가피하게 생겨나는 "뮌히하우젠 삼도논법" 때문에 문제가 되지 못한다. "원칙적으로 유의미한 회의와 비판적 논거들을 넘어서 있어야 하는 것을 유의미한 회의의 구조와 한계들에 대한 비

---

7) H. Albert, *Traktat über kritische Vernunft*, 11-13 참조.

판적 반성을 통해 추구하는" 그런 시도8)는 대안으로 제시될 수 있다.

그러나 선험화용론은 한편으론 고전적인 선험적 의식 철학과 언어 분석적 경향을 취하는 현대 인식론을 비판하고 있으며, 다른 한편으론 최근의 앵글로색슨 계통의 신역사주의적이고 상대주의적인 인식 비판의 경향들 및 유의미한 언표들의 최후 정초 가능성에 대한 비판적 합리성의 무정부주의적 해결을 반대한다. 물론 오늘날 아펠의 비판이 과연 성공할 수 있을까 하는 전망들은 일견 그다지 밝지 않다. 이성 비판적 상대주의와 회의주의는 한편으론 과학주의의 계승에, 다른 한편으론 비판적 합리주의의 가류주의에 근거하고 있다. 이러한 두 이론들은 모든 사유를 상대적인 것이고 오류 가능한 것으로 보기 때문에 이성 원리들의 최후 정초를 불가능한 것으로 여긴다. 따라서 아펠은 위의 이론들을 우선적으로 반박하고자 한다.

"논리적–경험주의적 '과학의 논리'에 의해 가장 예리하게 그러나 또한 포퍼의 '연구의 논리'에 의해서도 전개되었던 학문들의 … 과학주의적 자명성의 전제들에 따르면 학문들의 가능성과 타당성의 두 가지 조건들, 즉 사실들과 형식 논리학만이 있다. 이에 따라 두 학문적 절차들만이 합법적인 것으로 여겨진다. 이론들에 대해서만 가능하고 따라서 오류 가능한 경험적 기술, 그리고 기술된 사건들의 인과적 설명과 이와 함께 사태 언표들의 정초를 수행하는 명제 체계들로서의 이론들의 공리적 구성이 바로 그것들이다. 이러한 정초는, 사건들의 한계 조건들을 진술하고 보편적 법칙 가정들을 표현하는 명제들로부터 설명되어야 할 사건들을 기술하는 그런 명제에 대한 연역의 형태를 가진다."9) 그러나 이러한 사유 방식은 학문적 언표

---

8) W. Kuhlmann, *Reflexive Letztbegründung*, 22.

들의 화용론적 차원을 추상한 채 의미론만 고려하고 있다. 3차
원적 기호학에 따라서 화용론은 기호 행위들로서의 언어 행위
들의 구조적 조건들 및 과정들을 주제화한다. 의미론적으로 언
표에서 사태를 기술하기 위한 목적으로, 언어 기호들의 이해
가능한 배열이 구문론적으로 가능하기 위해선, 이러한 구문론
적 배열은 특정한 말놀이의 언어 사용 규칙들의 토대 위에서
만 이루어져야 한다.

선험화용론은 의사 소통의 구성적 요소들과 조건들에 대한
반성적 재구성을 수행함으로써, 이러한 필연적 요소들과 조건
들을 고려하지 않고선 어떤 타당성 요구도 유의미하게 제기되
거나 이행될 수 없기 때문에 이 조건들을 논증을 통해 더 이상
물러설 수 없는 궁극적인 것으로 입증한다. 이를 통해서 선험
화용론은 명제들을 단순히 형식 논리적으로 대전제들로부터
도출하지 않는 철학적 정초의 절차를 제시한다. "··· 유의미하
게 반박하는 사람이 가정해야 하는 것이 유의미하게 반박될
수 없는 것처럼, 가정되어야 하는 것은 그 타당성 요구들과 확
실성들이 결정되어야 하는 한 그 자신 논증적으로 그것에 찬
성하거나 반대하는 근거들에 대한 의존을 통해선 긍정적으로
든지 부정적으로든지 결정될 수 없다. 말하자면 사람들이 유의
미하게 논증하는 한 해야 하는 그런 가정들은 모순 없이는 반
박될 수도 없고 '선결 문제 요구의 오류' 없이는 — 자신의 타
당성을 전제함 없이는 — 도출에 의해 정당화될 수도 없다."10)
결국 반성적 재구성의 절차는, 더 이상 물러설 수 없는 것으로
인정된 조건들을 반박하는 사람은 이런 조건들이 반박하는 사
람의 반박 행위의 수행과 성공을 위한 조건들에 속하기 때문

---

9) D. Böhler, *Rekonstruktive Pragmatik*, 356.

10) W. Kuhlmann, *Reflexive Letztbegründung*, 74.

에 반박 행위 중에 긍정적인 증거를 제기한다는 점에 포함되어 있다.

　유의미한 사유와 담화의 가능성 조건들에 대한 반성은, 칸트의 선험적 연역에 대한 비판적 재구성으로서의 "반성적 최후 정초(reflexive Letztbegründung)"에 의해 정당화된 확실한 아르키메데스 점을 찾는다. 이러한 조건들은 그 조건들을 반박하고자 하는 모든 시도가 그 자체로 이미 하나의 논증으로서 또다시 그 조건들을 전제하고 이를 통해서 결국 자기 자신을 지양해야 하는 한, 최종적으로 정초된 것으로 간주될 수 있다. 어떤 조건이 더 이상 물러설 수 없다는 의미에서 최종적으로 정초된 것인가 하는 것을 결정하는 인식론적 기준은 논증의 회피되어야 할 "화용론적 자체 모순(pragmatischer Selbstwiderspruch)"의 원리다.11) 언표의 수행은 언표의 내용과 일치해야 한다는 것이다. 곧 주장 행위에 의해 제기된 타당성 요구가 타당한 것으로 주장된 언표 내용과 일치해야 한다는 것이다. 우리는 예컨대 무조건적 타당성을 지닌 이성 원리를 입증할 수 있다. 우리는 이 같은 이성 원리를 논증과 이 논증의 필연적 전제들에서 발견할 수 있다. 우리는 사유의 가능성 조건들에 대한 명제들을 반성한다. "이것들은, 사람이 논증하는 사람으로서 화용론적 자체 모순 없이는 반박하지 못하고 바로 그 때문에 논리적 순환(선결 문제 요구의 오류) 없이는 (형식적-)논리적으로 정당화할 수 없는 논증의 필연적 전제들에 대한 그런 명제들이다. 따라서 비순환적인 논리적 정당화의 불가능성은 이 같은 명제들에서 정당화 절차에서의 아포리아를 보여주는 것이 아니라, 모든 논리적 정당화의 명백히 필연적인 전제들로서의 명

---

11) 이 점에 관해선 D. Böhler, "Philosophischer Diskurs im Spannungsfeld von Theorie und Praxis", 특히 350–351 참조.

제들이 선천적으로 확실하다는 상황에 대한 하나의 필연적 결론을 보여준다. 그러는 한 이러한 명제들은 물론 (형식적-)논리적으로는 최종적으로 정초된 것은 아니지만, 그러나 선험적-반성적으로 최종적으로 정초되어 있다."12)

비판적 합리주의는 정당화를 형식 논리적 연역과 가류주의와 동일시한다. 그러나 선험화용론에 따르면 "회의에 대한 가류주의 원리의 적용은 가능하지 않다. 왜냐하면 그 타당성이 논증을 통해 회의될 수 없는 주된 규칙들이 없다면 회의 자체는 무의미할 것이기 때문이다. 그러나 유의미한 한계를 넘어서 있는 것 — 말하자면 회의하는 사람의 회의가 이해 가능하고 무모순적 논증 행위로서 성공할 수 있기 위해선, 회의하는 사람이 회의하는 사람으로서의 자신의 논증의 역할에서 해야 하는 가정들, — 이것은 모든 가능한 회의에 앞서 확실하다."13)

비판적 합리주의의 가류주의는 사유와 인식은 상대적인 것이고 따라서 오류 가능성을 포함하고 있다고 주장하면서 합리적 원리들의 최후 정초를 부정하지만, 그러나 수행적 자체 모순의 원리에 따르면 이 부정은 결국 또한 부정될 수밖에 없다는 것이다. 모든 회의주의·상대주의·역사주의의 언표들도 이와 마찬가지다. 여기선 언표 행위는 언표된 내용에 대한 보편타당성을 요구하지만, 그러나 이 내용은 보편타당성의 가능성을 반박한다. 예컨대 만일 어떤 회의론자가 유의미하고 타당한 인식과 사유의 가능성에 대한 자신의 회의를 합당하게 표현하고 싶다면, 그는 "아무것도 확실하지 않다는 것, 그리고 아무것도 확실하지 않은가 어떤가 하는 것이 확실하지 않다"고

---

12) K.-O. Apel, "Das Problem einer philosophischen These der Rationali-tätstypen", 24.

13) D. Böhler, *Rekonstruktive Pragmatik*, 367-368.

말해야 한다. 여기선 회의론자 자신의 언표에 대해 자신의 언표가 타당하다는 것이 확실하지 않다는 단서가 있다. 그는 자신의 회의에 대한 계속된 표명을 통해 결국 자신의 회의의 내용을 부인하게 되거나 또는 내용 없는 공허한 발언만 지속적으로 되풀이하게 된다. 이성적 최후 정초를 위한 선험화용론의 기획은, 논증의 규칙들이 모든 방법적 회의의 행위들이 성공하기 위한 더 이상 물러설 수 없는 조건들이라는 것을 정당화한다. 따라서 우리가 회의의 행위를 타당하고 이해 가능한 것으로 합리적으로 수용하기 위해선, 이 회의 행위는 논증이라는 말놀이의 조건들을 충족시켜야 한다.

3) 담화 행위들의 타당성 근거들

선험화용론은 논증의 정당화를 통한 최후 정초에 대한 요구뿐 아니라 합리성 개념의 재구성에 대한 요구도 충족시키고자 하는 시도다. 선험화용론은, 철학적 반성의 성공을 위해 요구되는 확실한 전제들, 즉 철학적 반성을 합리적이게 하는 확실한 전제들을 재구성해야 한다. 선험화용론을 통한 이러한 확실한 전제들의 재구성은 근대적 합리성의 편협성, 즉 인식적이고 도구적인 것으로 단편화된 목적 합리성의 지양도 가능하게 한다. 목적 합리성보다 더 포괄적이라고 말할 수 있는 합리성, 즉 역사적이고 사회적인 상호 작용으로부터 탈피한 의식 철학의 전(前)언어적이고 고독한 반성을 넘어서는 담론적 합리성의 개념에선 사회적 상호 이해를 지향하는 담화 행위가 중요시된다.

논증적 담론의 선험화용론의 관심은, 발언의 의미 혹은 주장의 동의 가능성에 관해 화자와 청자의 합치를 논증을 통해 확증하기 위해 요구된 조건들에 대한 해명이다. 이에 따라 선험화용론은 언어가 화자들에 의해서 "사태의 공동 이해 혹은 공동 견해에 도달하고자 하는 목표를 가지고 사용되는"[14] 것처럼 언어를 다룬다. 이러한 선험화용론에서 이성은, 사실에 관계하는 진리(Wahrheit), 규범적 정당성(normative Richtigkeit), 개인적 진실성(Wahrhaftigkeit), 언어적 이해 가능성(Verständlichkeit)에 관해 언설이 제기하는 타당성 요구들의 정당성에 대한 담론적 상호 이해의 원리로 재구성되고, 이성의 객관성은 논증에 의해 지지되고 합의에 따라 인정받은 행위 근거들의 상호 주관성으로 재구성된다. 언설이 의사 소통 행위로 성공하기 위해 필요한 조건들을 보여주는 선험화용론은 또한 동시에 의사 소통 행위의 해석으로서의 철학적 사유를 정당화하는 전제들을 주제화함으로써, 의미 이해와 해석, 논증, 합리성 비판 등에 대한 철학적 이론들의 근거들에 대한 문제들도 다룬다.[15] 이때 선험화용론은 무엇이 이런 철학적 이론들을 결합할 수 있는가를 묻는다. 이러한 선험화용론적 물음은 인간의 행위들이 어떤 의미 구성적 근거에 의존하고 있는가에 대한 물음으로 이어진다. 그러므로 선험화용론은 최후 정초에 대한 물음을 다루고 있다. 선험화용론은 의미 구성적 근거에 대한 물음을 통해 또한 각각의 이성 비판을 이성의 자기 계몽에 대한 가능한 공헌

---

14) J. Habermas, MkH 33.
15) 아펠, 뷜러, 쿨만 외에 하버마스의 형식적 언어화용론도 고려되어야 한다. 하버마스는 그의 기초화용론(Fundamentalpragmatik)에서 선험적 최후 정초의 요구를 필요로 하지 않는다. 그의 생활 세계와의 결합은 최후 정초의 예료가 아니다. 그는 "비판될 수 있는 타당성 요구들과 함께 합의 형성 과정의 조건들에 삽입된 무조건성의 계기"를 단지 재구성적 이론의 가언적 요구만으로 확보하고자 한다(J. Habermas, TkH II, 586-593 참조). 재구성적 학문의 기초 이론에 대한 그의 견해에 나타나는 단점들에 관해선 W. Kuhlmann, "Philosophie und rekonstruktive Wissenschaft", 224-234 참조.

으로 이해한다.

각각의 언어 주관들은, 자신들의 문화와 언어 공동체의 다른 구성원들과 자신들의 고유한 개별적인 체험 세계에 대해 의사를 소통하고, 자신들의 담화 행위를 통해 특정한 의미를 가진 어떤 것을 표현한다. 사실 이러한 의사 소통 행위와 담화 행위의 과정들은 일상적으로 당연한 과정들이다. 각각의 언어 주관들의 이러한 행위 과정들은 개인적 관심과 이익, 그리고 성공을 추구할 뿐 아니라 자신들의 행위 계획들을 납득시키고 상호 조정하면서 결국 상호 이해를 목표로 삼는다. 물론 이 상호 이해란 실제로 동의를 낳는 경험적 과정만 뜻하는 게 아니라 상호의 정보 교환과 확신의 과정을 형성한다. 따라서 의사 소통 행위의 이해는 순간순간 수행들과 결합된 타당성 요구들을 수용하도록 하는 기초에 의존한다.

의사 소통 행위의 참여자들이 어떤 세계로 향하는가에 따라서, 말하자면 사실적 사태들의 총체로서의 자연적 환경 세계로 향하든가, 아니면 개인들의 상호 관계들의 총체로서의 공동의 사회적 생활 세계로 향하는가, 아니면 개인들의 체험들과 상태들의 총체로서의 개인들의 고유한 주관적 내면 세계로 향하는가에 따라서, 자신들의 언표 내용에 사실성과 정당성과 진실성에 대한 타당성 요구들을 제기하고 자신들의 언표 수행을 위해 이해 가능성에 대한 요구를 제기한다.

"사실성"이란 대체로 언표들의 의미론적 불명료성에서 문제가 되는 타당성 요구다. 그것은 주장된 것이 실제로 기술된 대로 존재한다는 것을 의미한다. "정당성"이란 순간순간의 담화 행위가 보편적으로 인정된 법적·도덕적 배경이 보장하는 규범이나 가치와 결합되어 있다는 것을 의미한다. 말하자면 그것은 상호 작용의 수용이 의사 소통적 상황의 여러 전략적 간섭들로부터 벗어나 있다는 것을 전제로 하는 타당성 요구다. "진실성"이란 화자가 자신의 의도, 욕구, 관심을 진지하게 생각하고 진실하게 표현하는 것을 의미한다. 말하자면 그것은 화자가 자기 자신의 의도에 대해 자신을 속이지도 않고 상대방도 속이지도 않는 것을 자기 자신에게 요청하는 타당성 요구다. "이해 가능성"이란 화자와 청자가 서로를 광범위하게 오류와 모순 없이 이해하고자 할 때 능숙해야 하는 그런 말놀이를 그들이 선택할 것을 요청하는 타당성 요구다. 말하자면 화자는 청자가 자신을 오류 없이 이해할 수 있을 정도로 자신이 순간순간 선택한 의사 소통 매체의 사용 규칙들에 정통하는 능력을 소유해야 한다는 것이다. 그런데 의사 소통이 원활하게 진행하는 동안에는 이해 가능성은 실제로 이미 이행된 요구다. 이 점을 통해 보면 이해 가능성은 어떤 의사 소통에서 제기된 타당성 요구들에 속한다기보다는 모든 의사 소통 행위들의 필연적 조건들에 속한다.

자신의 담화로 동시에 인격적 관계를 맺는 각각의 화자는 위와 같은 타당성 요구들의 이행 가능성(Einlösbarkeit)을 가정해야 한다. 청자는 화자의 타당성 요구들을 정당화하는 근거들을 이해하는 한에서만 화자의 발언의 의미와 정당성을 납득할 수 있다. 이러한 타당성 요구들은, 각 화자가 찬성할 만한 발언을 했다고 주장할 수 있기 전에 각 의사 소통적 수행에 기초가 되어야 한다. 각 화자는 "ⓐ 자신과 청자 사이의 정당한 것으로 인정된 개인 간의 관계가 이루어지기 위해선 주어진 규범적인 맥락에 관해 정당한 담화 행위를 수행하는 것, ⓑ 청자가 화자 자신의 지식을 받아들이고 공유하기 위해선 참된 언표(및 적절한 실존의 전제들)를 하는 것, ⓒ 청자가 [화자 자신이] 말한 것을 신뢰하기 위해선 발언들·견해들·감정들·

희망들 등을 진실하게 표현하는 것"을 시도해야 한다. ⓓ 또한 사용 언어의 규칙 체계에 정통하는 각 참여자는 자신의 발언을 오류 없이 재구성하기 위해선 이해 가능한 언어를 선택해야 한다.16)

이에 따라 의사 소통에 관계하는 상호 작용은, 의사 소통의 참여자들이 말놀이의 공통성, 자신들의 행위와 관계한 규범들과 가치들의 정당성, 수행한 언표의 진리성 그리고 개인들로서의 자신들의 진실성을 의심하지 않을 때만 방해받지 않고 원활하게 진행할 수 있다. 어떤 동의가 의사 소통의 참여자들 사이에서 정당화될 수 있다는 것은 청자는 화자에 의해 제기된 타당성 요구들을 수용한다는 것을 의미한다. 그런데 이러한 의사 소통의 상황에서 도달한 합치는 실제의 합치와 같은 것이 아니라 오히려 논증을 통해 입증될 수 있는 이해의 상호성, 지식의 공유, 신뢰의 상호성에 근거한다.

4) 칸트의 비판적 변형

언어와 언어 공동체를 전제로 하는 선험화용론은 칸트의 이성 철학을 단적으로 유아론적 주관성 철학이라고 비판하면서, 칸트의 인식 비판의 아르키메데스 점인 자기 의식적 통각에 대한 "선험적 재구성"을 시도한다. 선험화용론이 인식의 가능성과 타당성을 경험이나 논리적 정합성에 근거시키지 않은 것은 칸트의 고전적인 선험적 인식론과 다를 바 없지만, 전자가 후자에 대해 갖는 선험적 차이는, 그것은 "'방법적으로 독아론

---

16) J. Habermas, TkH I, 413. 또한 같은 이, MkH 39, VE 354-355 참조. 그리고 담화 행위들의 타당성 근거들에 대한 내용은 하버마스의 보편화용론(본서, 144-148)에서 서술되어 있다.

적으로' 정립된 '대상 의식과 자기 의식의 통일'이 아니라, 의미이해와 진리 합의로서의 '해석의 상호 주관적 통일'을 선험적 반성을 착수하게 하는 '최고점'으로 인정한다"는 점에 있다. "선험 철학의 의미 비판적 변형"은 "더 이상 물러설 수 없는 마치 데카르트적인 출발점으로서의 논증의 선천적 사실로부터 시작한다."[17] 이처럼 선험화용론은 유의미하고 참된 인식의 가능성 조건들을 물을 때 고전적 선험 철학처럼 개별화된 선험적 의식의 구조와 기능을 밝히는 것이 아니라, 사유와 인식 및 행위의 선천적으로("항상 이미") 상호 주관적인 타당성 요구를 발견하고 또한 동시에 담론적 논증이라는 말놀이에서 합리적으로 더 이상 물러설 수 없는 선험적 전제들을 밝히고자 한다. 물론 칸트의 선험 철학적 주관은 우연적이고 개별적 의식으로서의 경험적 개체가 아니라 선험적 통각 혹은 의식 일반(Bewußtsein überhaupt)이지만, 그의 반성적 대상은 여전히 단순히 질료적이고 우연적인 요소를 배제한 개별화된 의식일 뿐이다. "비록 인간은 경험적으로 보자면 사회적 존재라고 하더라도, 판단 형성과 의지 형성의 가능성과 타당성은 원칙적으로 의사 소통 공동체의 선험 논리적 전제 없이, 따라서 말하자면 개별적 의식의 구성적 수행으로 이해될 수 있다"[18]는 그런 가정은 선험화용론에 의해 배제된다.

이때 칸트의 선험적 통각 혹은 자기 의식은 자족적이라는 이유 때문에 선험화용론에 의해 비판받는 것은 아니다. 자족적인 자기 의식은 타당성 요구에 대한 상호 주관적 인정이 필요 없다. 우리의 통각은 칸트에겐 언제나 개념을 통한 사유의 능력으로, 주어진 직관을 수동적으로 수용해야 하기 때문에 유한

---

17) K.-O. Apel, TP II, 411.
18) 같은 책, 375 주석.

한 능력에 불과하다. 자기 자신의 활동에 의해 직관들을 산출하는 소위 창조적 지성은 지성적 직관이라 불린다. 이 지성적 직관은 사유처럼 능동적이고 자발적이면서도 또한 동시에 직관처럼 직접적으로도 표상하는 능력이다. 인식 활동을 통해 객관적 존재를 산출할 수 있는 창조적 능력으로서 그것은 자족적인 근원적 존재에게만 속한다. 그런 지성적 직관은 가장 완전한 의미에서 자기 의식적이며, 따라서 그의 유일한 객관은 아마도 그 자신의 인식 활동뿐일 것이다.19) 그러나 우리 통각의 본질은 자기 의식, 즉 객관 의식에서의 자기 의식이다. 이처럼 인간적 통각의 유한성을 강조한다고 하더라도, 선험화용론의 관점에서는 칸트가 타당한 사유 및 인식과 정당한 행위의 상호 주관적 조건들을 묻지 않고 있다는 것이다. 언어의 매체를 떠난 자기 의식은 우리에게는 있을 수 없다는 것이다. 왜냐하면 비록 통각의 자기 의식은 언어에 동화될 수 없다고 하더라도 그러나 언어는 비언어적인 모든 능력과 활동이 구체적으로 표현되는 매체이자 장소이기 때문이다. 이와 같이 선험화용론의 전제들에 따르면 인식 구성의 필연적 조건들에 대한 칸트의 방법적-유아론적 반성은 철저한 반성이 아니다. 이제 『순수이성비판』은 언어적 이성의 상호 주관성의 차원으로 변형되어야 한다. 철학은 처음부터 언어를 통해서 사회적 유대 관계를 맺고 있는 사유하고 행위하는 자들의 공동체의 테두리에서 유의미하고 타당한 사유와 행위의 가능성 조건들에 대해 물음을 제기해야 한다. 유의미하고 타당한 인식과 행위의 성공 가능성의 근거들에 대한 선험적 물음은, 이 물음이 인식과 행위의 타당성을 정당화하는 논리적이면서 역사적인 언어 차원에서 제기될 때만 비로소 방법적 유아론을 탈피할 수 있다.

---

19) I. Kant, KrV B 68, 72, 145, 159.

고독한 자기 의식에서 사유와 인식의 언어 관계와 의사 소통 공동체로 나아가는 선험화용론은 통각에 근거하는 선천적 종합 판단에 대한 칸트의 해결 방식을 비판한다. 경험의 문제를 판단의 문제로 환원한 칸트의 시도는 선험화용론의 입장에서도 핵심적인 비판 대상은 아닐 것이다. 왜냐하면 경험은 판단에서 언어적으로 표현될 수 있기 때문이다. 만일 그렇다면 칸트의 경험 판단(후천적 종합 판단)의 객관성은 그것의 상호 주관적 타당성일 것이다.[20] 그런데 칸트는 경험 판단의 상호 주관적 타당성의 조건을 선천적 종합 판단에서 찾는다. 그러면서 그는 선천적 종합 판단의 가능성을 통각에 의한 객관성 구성의 필연성에 근거시킨다. 그러나 선험화용론의 입장으론 이 '선천적'이란 개념은 '전(前)언어적' 혹은 '전(前)의사 소통적'이란 의미로 이해될 수 있다. 언어적 의사 소통과 상관없는 주관과 객관의 관계 및 실재성에 대한 비언어적인 접근은 옹호될 수 없으며, 어떤 비언어적이고 비의사 소통적인 대상도 생각될 수 없다. 선험화용론자들은 "어떻게 선천적 종합 판단이 가능한가"의 칸트 물음을 "어떻게 설명과 이해와 정초와 비판이 가능한가"의 물음으로 재구성하며, 그리고 칸트의 "선험적 반성", 즉 "경험 가능성" 및 "인식 가능성의 주관적 조건들에 대한 반성"을 논증적 담론의 상호 주관적 차원에서 "유의미한 논증 가능성의 조건들"에 대한 반성으로 변형한다.[21] 그래서 선험화용론자들은 구속력이 있는 것으로 생각된 논증이라는 말놀이의 합리적 형태를 주목한다.

철학사적 논의의 대상들인 칸트의 두 가정들은 한편으론 주

---

20) 경험 판단의 상호 주관적 타당성에 관해선 W. Detel, "Zur Funktion des Schematismuskapitels in Kants Kritik der reinen Vernunft", 25-26 참조.
21) 예컨대 W. Kuhlmann, *Kant und die Transzendentalpragmatik*, 50 : 55-57.

객 관계, 즉 선험적 주관(선험적 통각)에 의한 객관(객관성)의 구성, 다른 한편으론 선험적 의식과 경험적 의식 사이의 매개, 말하자면 세계의 실재성에 의존하지 않으면서 객관성을 구성하는 선험적 통각과 그 자신이 실재성에 의존하는 현존하는 자로서 실재성과 자신의 현존을 경험하는 경험적 자아, 이 양 자아를 통각의 "주의 활동(Aktus der Aufmerksamkeit)"[22]에 의한 경험적 자아의 규정을 통해 매개하려는 시도다.

칸트의 첫 번째 가정과 관련해서 다음과 같은 비판이 줄곧 제기되어 왔다. 칸트는 물론 통각의 종합적 통일과 통각의 분석적 통일이라는 개념들을 통해 주관의 종합과 주관의 자기 관계 사이의 필연적 연관성을 해명하려고 시도했으나, 그러나 본질적으로 자기 의식적인 주관에 속하는 종합이 어떻게 이 종합을 수행하는 주관의 자기 관계를 포함할 수 있는가를 그는 명확히 설명하지 못하기 때문에, 그는 결국 주관과 객관의 관계 혹은 주관과 객관의 통일이라는 자기 의식 모델, 즉 라인홀트(K. L. Reinhold)가 제안한 이후 독일 관념론과 신칸트학파가 수용한 모델을 체계화하지 못했다는 것이다. 하이데거는 세계 내부적(innerweltlich) 사물들의 궁극적 근거를 보여주는 실존의 구조에서 현존재와 세계 사이의 공통된 지반을 발견함으로써 첫 번째 가정을 극복하고자 한다. 이와는 달리 아펠은 위의 전통적인 칸트 문제를 언어적으로 매개된 상호 주관성의 차원에서 해결하고자 한다. 말하자면 그는 인식의 구성이나 정당화에 대한 문제를 "전통적 선험 철학의 주관과 객관의 상관관계"[23]라는 차원에서 이해하지 않고, "어떤 것에 대한 '상호 이해'의 주관과 주관의 관계"[24]라는 차원에서 해석한다는 것

22) I. Kant, KrV B 157 주석.
23) K.-O. Apel, TP I, 375.

이다. "인식-언표들 및 논거들의 타당성의 조건들에 대한 반성은 더 이상 간단히 ― 칸트에게서처럼 ― 경험의 대상성(객관성)의 구성의 조건들에 대한 반성으로 종결되지 않는다. 두 문제는 더 이상 의식 구조들 및 의식 기능들에 대한 분석의 문제로 주제화되지 않는다. 객관적 경험 및 경험 세계의 구성에 대한 문제는 생활 세계적 행위 연관들에 대한 문제로 정착되는 반면에, 타당성의 반성 및 정당화(정당한 것으로 인정함)에 대한 문제는 행위의 부담을 던 논증적 담론의 언어 분석적으로 주제화될 수 있는 분야에 속하게 된다."25)

칸트의 두 번째 가정을, 하이데거는 '현존재(Dasein)' 개념에 대한 실존론적 분석을 통해서 한편으론 인식의 형식에 관해 세계의 실재성에 전연 의존하지 않는 선험적 의식과 다른 한편으론 인식의 질료에 관해 세계의 실재성에 의존하는 경험적 의식 사이의 통일을 발견함으로써 해결하고자 한다. 즉, 현존재는 실존하는 경험적 존재면서 동시에 세계의 존재성을 구성하는 선험적 자아이기 때문에 두 번째 가정은 극복된다는 것이다.26) 그러나 선험화용론은 독아론적으로 해석된 선험적 의식 혹은 의식 일반의 개념을 의사 소통 공동체의 선천성이라는 의미로 재구성하면서 위의 가정을 해결하고자 한다. "어떻게 독백적인 확실성의 명증이 상호 주관적 타당성으로 변형될 수 있는가 하는 것은 전통적인 의식 철학과 인식 철학의 한계 안에선, 객관성이 합의에 따라 합법화된 타당성 요구의 책임으로 재구성될 수 없는 한 명백히 파악될 수 없다. 그러나 만일

24) 같은 책, 27.

25) K.-O. Apel, "Fallibilismus, Konsenstheorie der Wahrheit und Letztbegründung", 153.

26) 칸트의 가정들에 대한 하이데거의 비판과 해결에 관해선 R. Bubner, *Modern German Philosophy*, 21-25 참조.

어떤 주관이 인식 일반의 타당성 의미를 잘 처리하고 싶은 한에서, 자신에 의해 제시된 각각의 인식 요구와 함께 동시에 자신의 타당성 요구의 수신자로서의 의사 소통 공동체 혹은 논증 공동체를 전제해야 한다면, 이 경우엔 필연적으로 이 의사 소통 공동체 혹은 논증 공동체가 칸트의 '의식 일반'의 선험적 역할로 옮겨간다."[27]

3. 담론 윤리학과 칸트 윤리학의 변형

선험화용론의 엄격한 반성은 원칙적으로 이론의 실천에 대한 성찰이다. 그것은 유의미하고 상호 주관적으로 타당한 인식 혹은 사유와 행위의 필연적 조건들에 대한 선험적 반성으로서, 또한 합리적 논거들의 실천적 책임을 위한 최종적인 합리적 기준들을 보여주고자 한다. 선험화용론의 최후 정초에선, 최소한의 논증 조건들이 최종적으로 정초된다는 것과 이 전제 조건들은 논증 참가자들에 의해 상호 주관적 타당성을 인정받을 수 있다는 것이 밝혀진다. 이때 이 논증 전제들에 윤리적 규범들이 포함되어 있다. 선험화용론의 정초 논거는 행위자의 수행적 조건들을 강조하고, 이 행위의 가능성 조건들은 논증 전제들에 포함되어 있다. 의사 소통 혹은 논증 이론은 합리성의 기준에 대한 재구성을 추구하는 가운데 언어적으로 매개된 상호 작용을 주제화한다. 그러므로 그것은 또한 실천적 규범을 정립하는 윤리학의 차원을 다루어야 한다. 이처럼 아펠에겐 윤리적 문제의 해결을 위한 관건은 언제나 선험화용론인 것이다.

---

27) J. Kopperschmidt, *Sprache und Vernunft*, Bd. 1, 85.

1) 담론 윤리학

아펠의 선험화용론적 윤리학은 언어적 의사 소통 행위의 연관성을 위한 합리적 기준을 발견하여 행위의 규범을 정립하려는 하나의 철학적 시도다. 무엇보다도 그것은 행위의 합리적 원리에 대한 반성적 최후 정초를 수행하고 있으며, 더 이상 물러설 수 없는 논증 상황과 유의미한 논증 가능성의 조건으로서의 무제한적 의사 소통 공동체를 전제로 해서만 가능하게 되는 의사 소통 윤리학 혹은 담론 윤리학이다.[28]

아펠은 도덕적 행위의 궁극적인 검증 기준으로서 이상적 의사 소통 공동체라는 개념을 제안한다. 그는 칸트의 고전적 선험 철학과는 달리 모든 논증 가능성 및 타당성의 의미 비판적 조건으로서 의사 소통 공동체의 선천성을 언급한다. "논증하는 사람은 항상 이미 두 가지 것을 동시에 전제하고 있다. 첫째 그 스스로가 사회화 과정을 통해 그 구성원이 된 실재적 의사 소통 공동체, 둘째 원칙적으로 그의 논거들의 의미를 충분히 이해하고 이 논거들의 진리를 결정적으로 판단할 수 있을 이상적 의사 소통 공동체를 전제하고 있다는 것이다."[29] 이런 가정들에 따라 아펠은 "각 개인의 장기적인 도덕적 행위 전략을 위한 두 가지 기본적인 규제 원리"를 제안한다. "첫째로 모든 행위와 무위(Tun und Lassen)에서 실재적 의사 소통 공동체로서의 인류의 생존을 보장하는 것, 둘째로 실재적 의사 소통 공동체 안에서 이상적 의사 소통 공동체를 실현하는 것이 문제시되어야 한다."[30]

---

28) W. Kuhlmann, *Reflexive Letztbegründung*, 181 참조.
29) K.-O. Apel, TP II, 429.
30) 같은 책, 431.

아펠의 윤리학은 "논리학의 윤리학"으로도 표현된다. 논리학이란 모든 사유의 형식적(보편적·필연적) 규칙들만 다루지만, 논리적 사유의 타당성 요구를 검토하기 위해선 의사 소통 공동체가 필요하며, 이 공동체의 도덕적 근본 규범도 전제해야 한다. "논증 공동체에서는, 모든 구성원들을 동등한 권리를 가진 토론 상대들로 상호 인정하는 것이 전제되어 있다."31) 논증 구성원들 사이의 상호 존중이라는 합리적 논증의 규범들은 칸트의 목적 자체의 정식으로 표현되는, 인격들 사이의 상호 존중의 규범을 재구성한 것이다. 논증 구성원들이 비강제적이면서 기회 균등하게, 억압과 불평등으로부터 해방된 채 논증적 담론에 참여하기 위해선 무엇보다도 그들 사이의 상호 존중이라는 합리적 규범이 전제되어야 한다. 유의미한 논증의 이 같은 규범적 전제는, 결국 상호 주관적 타당성을 지닌 윤리학도 상호 작용이 성공하기 위한 필연적 조건들에 속한다.

선험화용론의 전제들에 따르면 우리는 유의미한 사유와 인식의 근본적 조건들의 타당성을 더 이상 물러설 수 없는 것으로 여겨야 한다. 또한 이러한 조건들의 타당성은 진지하게 논의하고자 하는 모든 사람들로 하여금 합리적 논증 행위의 상황을 더 이상 물러설 수 없는 것으로 여기게 한다. 이때 논증하는 사람들은 다음과 같은 윤리적 가정들도 해야 한다. 토론 상대에게 타당성 요구들을 제기하는 사람은 상대를 합리적 판단 능력과 책임 능력을 구비한 주관으로 인정해야 한다. 그런데 상대의 존재를 인정하면서 또한 자신의 의견과 입장을 납득시키고자 하는 사람은 강제적 억압으로부터 해방된 대화 상황을 위해 진력을 다할 때만 원하는 목표를 달성할 수 있다. 이때 이러한 이상적 대화 상황에는, 논증의 능력을 구비한 주

---

31) 같은 책, 400.

관들로서, 유능한 검증과 판단 및 비판적 질문의 능력을 구비한 주관들로서 토론 주관들의 상호 인정, 서로 타당성 요구들을 물을 수 있는 것처럼 동일한 권리를 가진 합리적 토론 주관들의 상호 인정, 자신의 주장들을 근거들을 통해서 정당화하고 다른 모든 토론 상대들의 더 나은 논거들의 비강제적 강제력을 설득력 있는 것으로 인정하고 이를 통해 발언의 합치를 추구해야 할 의무, 진실한 자기 표현에 대한 서로의 가정, 공동의 진리 추구를 위한 서로의 각오 등이 속한다. 이러한 규범적 규칙들을 정당화하거나 비판하는 노력은 논증적 절차를 통해서만 의미가 있기 때문에 결코 논증상황을 회피할 수 없다.

아펠의 의사 소통 윤리학은 그 자체가 도덕적 논증의 합리적 형식으로서, 말하자면 의사 소통 행위의 논리적 형식으로서, 윤리적 규범들의 최후 정초를 물을 때 더 이상 물러설 수 없는 논증 상황의 합리적 기준을 도덕 원리로 삼는다. 그것은 칸트의 의무론적 보편 윤리학을 현대 언어 철학의 용어들로 재구성한 이론이다. 말하자면 그것은 칸트의 정언명법을 윤리적 담론들의 검증을 위한 절차로 변형하고 정언적 보편화 원칙을 의사 소통 행위 및 담론적 논증의 언어적 전제 조건들로부터 정당화한다. "무제한적 의사 소통 공동체의 윤리학의 근본 규범으로서 이성 원리의 실질적 내용"은 "논증자들에 의해 옹호된 관심들의 상호 주관적 보편화 가능성에 따라 모든 규범적 타당성 요구들의 '담론적 이행 가능성'이라는 이념에 대하여 모든 논증자들이 갖는 의무"에 있다.[32] 아펠은, 각 개인의 행위 규범의 타당성을 검증하는 문제에서 칸트의 정언명법을 재구성하여 행위 원리에서의 기준을 정식화한 하버마스의

---

32) K.-O. Apel, "Sprechakttheorie und transzendentale Sprachpragmatik zur Frage ethischer Normen", 126.

보편화 원칙을 주목하고 변형한다. 아펠의 "보편화 원칙"은 "각 당사자의 이익을 만족시키기 위하여 준칙을 보편적으로 준수함으로써 야기되리라 예상되는 결과들과 부작용들이 실재적 담론에어서 모든 당사자들에 의해 강제 없이 수용될 수 있다는 것을, 네가 당사자들 및 이들의 대리인들과의 실재적 상호 이해를 근거로 혹은 ─ 그 대신에 ─ 이에 상응하는 사유 실험을 근거로 가정할 수 있는 그런 준칙에 따라서만 행위하라"33)는 것으로 정식화된다. 이에 따라 도덕적 규범은, 각자의 관심을 만족시키기 위해 모든 (잠재적) 관계자가 그것을 보편적으로 준수할 때 발생할 것으로 예상되는 결과들과 부작용들을 비강제적으로 수용할 수 있을 때 보편적 동의에 도달할 수 있다.

이처럼 확실히 아펠(및 하버마스)의 이러한 보편화 가능성의 원칙은 칸트의 정언명법의 의사 소통 윤리적 혹은 담론 윤리적 변형이다.34) 실천이성의 사실로서 정언명법은 이제 준칙들의 타당성을 검증하는 논증 규칙의 역할을 맡는다. 정언명법의 형식에서 행위의 준칙들에 대한 윤리적 검증의 규칙을 정식화한 칸트의 시도가 이제 주관들 사이의 도덕적-실천적 논의가 합리적 기초를 찾아가는 절차로 확대된다. 구체적 규범들을 그 보편화 가능성에 관해 검증하는 방식은 고독한 주관이 홀로 행하는 것이 아니다. 오히려 이런 검증은 의사 소통 공동체 이론의 차원에서 다루어져야 한다.

선험화용론적으로 정초된 "담론 윤리학은 … 다른 보편주의적 원리 윤리학들, 또한 예컨대 칸트의 윤리학과도 다르다."

---

33) K.-O. Apel, DV 123. 또한 하버마스의 보편화 원칙의 정식에 관해선 J. Habermas, MkH 103.

34) K. Düsing, "Kants Ethik in der Philosophie der Gegenwart", 245-251 참조.

"그것의 근본 원리는 … 다음과 같은 것이다. 말하자면 규범들의 보편적 준수가 모든 예상에 따라, 규범들의 합법화에 대한 논증적 담론('실천적 담론')에서 모든 관계자들에 의해 강제성 없이 인정받을 수 있는 그런 결론에 도달하면, 그런 규범들만이 최종적으로 정당화될 수 있다는 것이다. … 이런 근본 원리는 … 반성적 최후 정초가 가능하다. 왜냐하면 진지하게 논증할 때마다 우리는 그 근본 원리를 — 반사실적으로 예기된 — 이상적 의사 소통 공동체 안에서의 문제 해결을 위한 규범적 절차 원리로 필연적으로 이미 인정했기 때문이다. 그러므로 우리는 논증적 담론 가능성의 더 이상 물러설 수 없는 규범적 조건으로서의 그 근본 원리를 수행적 자체 모순을 범하지 않는 한 반박할 수 없다."[35]

2) 칸트의 비판적 변형

아펠이 선험화용론의 방법적 증명 원리를 토대로 재구성하고자 하는 칸트 윤리학의 문제들은, 특히 칸트 윤리학의 한계, 실천이성의 사실로서의 정언명법의 여러 관련된 특징들, 즉 정언명법의 형식성, 이성의 사실이라는 합리적 자명성에 내재한 형이상학적 유산, 유한한 인간에게 단적으로 강제적인 명령으로 부과된 이상적인 당위다. 이때 그는 칸트의 정언명법을 단순히 윤리적 담론들을 검증하는 절차로만 해석하지 않고, 의사 소통 행위의, 담론적 논증의 언어적 조건들로부터 정당화한다. 이에 따라 상호 주관적으로 타당한 윤리학도 상호 작용이 성공하기 위한 조건들에 속하며, 더 이상 물러설 수 없는 논증 상황의 이성적 원리를 도덕적 원리로 규정한다.

---

35) K.-O. Apel, DV 218-219.

칸트는 『도덕형이상학 정초』에서 "모든 실천 철학의 극단적 한계"를 고백하고 있다.36) 『도덕형이상학 정초』에서 자유의 이념과 도덕 법칙 사이에 이루어진 연역의 과정에서 순환 논증의 가능성을 회피하기 위해, 『도덕형이상학 정초』에서와는 달리 『실천이성비판』에선 그는 순수실천이성의 필증적으로 확실한 사실로서의 도덕 법칙에 대한 직접적이고 선천적인 의식으로부터 논의를 시작한다. 그러나 다른 한편으론 도덕 법칙의 바로 이러한 직접성과 필증적 확실성 때문에 전제된 조건들로부터의 모든 증명 방식은 무의미해진다.37) 그러기 때문에 『순수이성비판』에서와는 달리 『도덕형이상학 정초』와 『실천이성비판』에선 똑같이 매개적 제삼자를 통한 연역은 불가능하다는 결론이 나온다. 그러나 아펠은 칸트와는 달리 의사 소통 윤리학은 최종적으로 정초될 수 있다고 생각한다.

칸트 윤리학을 향한 아펠의 주된 관심은 철학사적으로 비판받아온 정언명법의 서로 연관된 특징들에 대해서다. 실천이성의 직접적 사실로서 칸트의 정언명법은 철저한 형식성, 형이상학적 특성, 초월적 이상을 포함하고 있다는 것이다. 첫째, 정언명법은 각 의지의 준칙의 형식적 보편화 가능성만을 명령할 뿐 내용상 공허하다. 둘째, 정언명법은 목적의 예지적 왕국의 근본 법칙이다. 이 목적의 왕국은 정언적 도덕 법칙에 의해서만 가능한 이상적 행위 질서며, 곧 감성적 현상들을 초월한 단적인 예지계다. 이 형이상학적 세계의 법칙으로서의 도덕 법칙을 따르는 자아는 바로 예지적 자아다. 셋째, 우리의 실천이성은 경향성이나 감정을 전적으로 지배하지 못하는 유한한 능력

---

36) I. Kant, GMS 455-463 참조.

37) "우리는 물론 도덕적 명법의 실천적인 무조건적 필연성을 이해하지 못하지만, 그러나 이 이해 불가능성을 이해한다"(I. Kant, GMS 463).

이기 때문에, 신성한 의지에서와는 달리 도덕 법칙은 언제나 강제적인 의무로 우리에게 부과된다. 바로 그러기 때문에 도덕 법칙은 단적으로 인간의 유한성을 초월하는 이념일 따름이다. 또한 목적의 왕국과 같은 이상적 사회도 그 자체가 현실성의 조건이 아니라 이 현실성에 대한 단적인 부정을 통해 이상적인 것으로 생각될 수 있는 소위 이성의 유토피아적 요청에 불과하다. 이처럼 이성의 사실로서의 정언명법이 포함하는 보편적이고 형이상학적이고 의무론적인 특징들로 인해 아펠은 칸트의 이성의 사실을 "양심의 '강제'의 '사실'"로, 이성의 사실에 근거하는 칸트의 윤리학을 "강제의 형이상학"으로 해석한다.38)

칸트의 정언명법의 형식성과 관련해서 아펠은 의사 소통 윤리학의 관점에서 칸트의 "이성의 비판"을 "의사 소통 공동체의 선천성"으로 변형하면서, 위에서 밝힌 "모든 도덕적 행위의 규제적 원리"를 "내용상의 목표"로 삼는다. 말하자면 그는 실재적 의사 소통 공동체의 "생존 전략"과 이상적 의사 소통 공동체의 "해방 전략"(사회 속에서의 역사적 실현의 전략)을 제안함으로써 칸트의 형식성에 대한 비판을 보완하고 있는 것이다.39) 또한 그는 한편으론 "의사 소통과 상관없이 생각된 상호 주관적 타당성이라는 의미에서, '예지적 자아'에 의해 요구된, 개개인의 '심정의 준칙'의 보편화"와 다른 한편으론 "원칙적으로 무제한적인 의사 소통 공동체 안에서 요구들에 대한 의미의 상호 이해와 합의의 형성을 통하여 상호 주관성의 사회적 실현에 대한, 의사 소통의 규칙에서 정초된 의무"를 구별함으로써, 이를 근거로 첫째 정언명법의 형이상학적 경향과 둘째 정언명법의 엄격한 의무주의를 비판한다. 아펠은 우선 "궁극

---

38) K.-O. Apel, TP II, 417.
39) 같은 책, 428-432 참조.

적으로 형이상학적 '이성의 사실'을 전제로 하며 그러는 한 '자연주의적 오류'라는 탁월한 형식에 지배되고 있는 제일의 '초주관성(Transsubjektivität)' 원리가, 원칙적으로 비언어적인 선험적 주관의 선험 철학에도 속한다"고 비판하면서, 다음과 같이 말한다. "우리가 염두에 두고 있는 '초주관성' 원리는 아무런 형이상학적 보증 없이 선험 철학을 정초한다. 이때 이 선험 철학의 '선험적 주관'은 물론 의미 비판적 근거에서 요청되어야 하지만, 그러나 더욱이 반사실적으로 예기되어야 하고 또한 — 결국에는 — 여전히 맨 먼저 실현되어야 한다."40) 이와 같이 아펠은, 첫째 의사 소통 행위의 구조와 기능에 대한 비형이상학적이고 언어적인 반성을 통해 실천이성의 사실을, 의사 소통의 필연적 전제로서의 더 이상 물러설 수 없는 담론적 논증의 선천성이라는 의미에서 정언명법의 기초로 재구성하고,41) 둘째 이상적 규범과 현실성을 구별시키는 당위의 도덕적 성격을 의사 소통 공동체의 도덕적 근본 규범으로 해석하면서 반사실적으로 예기된 당위의 역사적 실현을 강조한다.42)

4. 맺음말 : 담론적 합리성의 한계

이성의 자기 계몽은 또한 동시에 이성의 자기 비판, 즉 이성의 요구들에 대한 이성 자신의 비판적 검증과 평가이기도 하

---

40) K.-O. Apel, "Sprechakttheorie und transzendentale Sprachpragmatik zur Frage ethischer Normen", 126-127.

41) K.-O. Apel, TP II, 417-420.

42) 특히 정언명법의 형이상학적 유산과 의무의 초월성에 대한 아펠의 비판에 관해선 R. Bubner, *Modern German Philosophy*, 89-91 참조.

다는 것은 칸트 이래 선험 철학의 전개 과정이다. 뷜러와 쿨만과 함께 아펠의 선험화용론에서 전개된 담론적 합리성은 지금까지는 이러한 선험 철학적 전개 과정의 최종적 단계를 이룬다. 이 담론적 합리성에 대한 사유는 반성적 주관의 방법적 자기 전개뿐 아니라 사회적인 상호 주관적 담화의 방법적 자기 전개도 보여준다. 이를 통해 그러한 사유는 철학의 여러 개별적 분야들, 즉 인식론과 진리론, 윤리학과 해석학, 주관성 이론과 사회 이론의 탈관념론적이고 탈유물론적인 기초 이론의 패러다임을 형성한다.43)

아펠의 선험화용론과 담론 윤리학은 칸트의 인식 비판 및 도덕 이론을 의사 소통 공동체라는 합리적 모델을 통해 재구성한 영역들이다. 사실 아펠이 비판적 반성의 대상으로 삼고 있는 칸트의 인식론적 주제들 중, 특히 주객 관계 및 선험적 의식과 경험적 의식 사이의 매개는 칸트 자신이 해결하고자 시도했지만 철학사적으로 줄곧 비판받아온 일종의 난제들이었다. 그러한 주제들을 아펠은 현대 철학에서의 언어적 전환을 통해서 새로운 방법적 원리의 제시와 함께 해결하고자 한 것이다. 칸트의 윤리학은 현대 철학에서 더욱 심각한 재구성의 대상이었다. 실천이성의 사실로서의 정언적 도덕 법칙이나 실천 철학의 최종적 근거로서의 자유의 이념이 갖는 함축성에 형이상학적 유산과 과도한 이상이 포함되어 있기 때문이다.

칸트는 합리적 특수 형이상학의 모델을 비판하면서 이론적 혹은 실천적 학문으로 정립될 수 있는 그 자신의 비판적 형이상학을 정립하고자 했다. "형이상학은 순수이성의 사변적 사용과 실천적 사용으로 분류된다. 그러므로 형이상학은 자연 형이상학이거나 도덕형이상학이다. 전자가 모든 사물들의 이론

---

43) H.-J. Höhn, "Vernunft-Kommunikation-Diskurs", 122.

적 인식에 관한 단순한 개념들(수학을 제외하고)로 구성된 순수이성의 원리들을 포함하는 데 반해, 후자는 행위와 무위를 선천적으로 규정하고 필연적인 것으로 만드는 원리들을 포함한다. 따라서 도덕성은 원리에서 완전히 선천적으로 도출될 수 있는 행위의 유일한 합법칙성이다. 그러므로 도덕형이상학은 그 어떤 인간학에도(그 어떤 경험적 조건에도) 기초하지 않은 참으로 순수한 도덕이다."[44] 이때 물자체가 아닌 자연의 형이상학에 관해선 칸트는 그래도 시간과 공간 및 이 직관의 형식들에 대한 학문으로서의 수학의 도움을 받으면서 정당화를 시도하지만, 그러나 윤리학 자체에 내포된 형이상학적 잔재와 현대에서의 비형이상학적 경향 때문에 윤리학에 대한 비판적 변형의 필요성은 상대적으로 더욱 강력히 제기되어 있다. 이런 문제 의식에 따라 아펠은 이상적 의사 소통 공동체라는 궁극적 평가 기준을 제시함으로써, 윤리적 규범들의 보편적 정당화에 대한 물음에서 칸트의 도덕 이론을 칸트 내재적인 차원에서 설명하지 않고 의사 소통 패러다임의 차원에서 새롭게 재구성하고자 한 것이다.

아펠의 선험화용론과 담론 윤리학에서 나타난 담론적 합리성에 대한 사유는 합리적 의지 형성과 의사 결정의 절차를 발견하기 위해 근본적 규범들의 재생산에 대한 문제를 다룸으로써 인간적 현존에 대한 해석의 모든 가능한 방안을 사용할 수 있게 해준다. 그러나 그러한 사유는 어떤 특정한 실질적인 공헌도 할 수 없다는 것이 문제다. 그것은 담론의 합리성 개념이 지닌 특성들, 즉 고도의 추상성 및 순전히 형식적이고 절차적인 특징들로 인해 각 이성적 생활 실천의 일상적인 맥락으로부터 상당히 이탈해 있다. 반사실적으로만 가정된 보편적 의사

---

44) I. Kant, KrV A 841-842=B 869-870.

소통 공동체의 관념성만으로는 세속적 현실과의 구체적 연관성이 함께 고려될 수 없다. 역사의 어떤 시점에서도 항상 반사실적으로만 가정된 무제한적인 의사 소통 공동체는 가능하지 않다.

아펠의 선험화용론과 담론 윤리학이 우리의 공동의 인식과 삶에 대한 일련의 해석이라면, 의사 소통적 혹은 담론적 이성은 무엇보다도 먼저 서로를 인격으로, 즉 이성적 주관으로 인정함으로써만 공동의 영역에 들어설 수 있다. 이때 인격의 인정은 논증하는 능력을 갖춘 상대방의 존중이다. 그렇다면 비이성적인 사람들을 담론 광장에서 배제하는 것은 담론적 논증이 효과적으로 작동하기 위한 결정적인 조건이다. 논증한다는 것은 "실존주관이 이성 주관으로 이행되는 한 각각의 다른 실존주관의 의미를 박탈하는 것"을 의미한다. "논증하는 사람에게는, 그에 의해 개진되고 옹호되고 인정될 수 있는 것만이 속한다는 것, 이에 따라 논증하지 못하는 사람은 중요하지 않으며, 비이성적인 사람은 배제되어 있다는 것"은 논증의 필연적 조건이다.[45] 그러나 칸트에게 부담이 되었던 유사한 비판이 아펠에 의해 반사실적으로 가정된 담론적 합리성의 공동체의 개념에도 적용될 수 있다. 왜냐하면 이 가정은 고도의 추상성, 형식성, 순전히 절차적인 특성으로 인해 인간의 실천적 생활에서 발생하는 현실적 매개 변수들을 극복할 수 없기 때문이다. 만일 그렇다면, 설사 칸트의 이성 철학을 현대의 언어 철학적 용어들로 변형하는 아펠의 의사 소통 및 담론 이론은 그 논리적 그물망이 촘촘하게 짜여 있고 또한 그가 합리적 인격성과 인간성 사이의 갈등에 대한 문제를 의식하면서 논의를 전개하고 있다고 하더라도, 분명히 인간학적 요청은 아펠의 패러다임 밖

---

45) H. Ebeling, VW 196.

에서라도 제기될 수밖에 없다. 왜냐하면 그것은 구체적인 의미에서 인간의 공동의 삶을 위해 본질적인 사항이기 때문이다. "합리성의 의무는 논거의 인정에 관계하지만, 도덕적 의무는 인격의 인정에 관계한다. 내 적의 논거라도 훌륭하다면 인정하는 것이 합리성의 요구다. 아직 훌륭하게 논증할 수 없는 사람들이라도 말하게 하는 것은 도덕의 요구다. 과장해서 말하자면, 합리성의 의무는 인격의 배려 없이 논거에 관계하지만, 도덕적 의무는 논거의 배려 없이 인격에 관계한다."46) 칸트에게나 아펠에게나 이성의 한계는 이 한계조차도 합리성의 방법적 원리를 통해서 이성의 내부에서 논의될 수밖에 없다는 데 있는 것 같다.47)

이에 따라 오늘날의 이성 비판의 관점에서 본다면, 이성적인 것을 담론적 논증의 논리적이고 규범적인 핵심 구조에만 제한하는 합리성에 대한 어떤 사유도 만족스러울 수 없을 것이다. 그러므로 담론 이전의 조건들을 주목하는 것도 하나의 중요한 철학적 과제가 될 수 있다. 지성의 활동으로서 철학이 단순히 무지·자의·폭력·비양심·미신과 같이 비합리적이고 기대될 수 없는 것으로 이행해서도 안 되지만, "이성의 타자"를 단순히 담론의 지배에 예속시켜서도 안 된다. "이성의 타자, 그것은 내용상 자연·인간의 육체·환상·욕구·감정, 더 정확히 말하면 이성이 자신에 동화시킬 수 없는 한에서의 모든 것이다."48) 언어 행위들의 형식적 특징들이나 생활 세계의 형식적 질서만 구성하는 것이 아니라 담론적 이성의 결함

---

46) A. Wellmer, *Ethik und Dialog*, 108.
47) H. Ebeling, BMV 148 참조. 하버마스의 담론 이론에 대한 인간학적 비판(본서, 155-162)은 바로 아펠(과 칸트)에게도 적용될 수 있다.
48) H. Böhme / G. Böhme, *Das Andere der Vernunft*, 13.

을 극복하기 위해 이성의 실존론적 조건을 고려하고 특히 이성의 비인식적 구조들에 주목함으로써 이성적 담론의 새로운 좌표를 제시하는 것도, 인식론에서든 윤리학에서든 최후 정초를 추구하는 이성 철학의 하나의 중요한 주제가 될 수 있을 것이다.

제5장
한스 에벨링의 기초화용론적 윤리학과 저항 의식*

1. 문제 제기

서양의 근대 문명은, 이미 주어진 목표들을 효율적으로 달성할 수 있는 수단들을 추구하지만 그러나 이 목표들의 윤리적 책임을 해명할 수 없는 도구적으로 이해되는 목적 합리성에 주목하면서 사회와 자연의 과학 기술적 통제를 위해 인과적 설명을 합리적 인식으로 이해하는 관점을 낳았다. 이러한 문명은 과학주의의 합리주의적이고 실증주의적인 이상과 윤리적 무관심을 확산시켰으며 이성 능력을 왜곡할 수 있는 기술과 경제의 분야에서 주로 실현되었다. 20세기의 언어적 전환

---

* 이 글은, 졸고(「한스 에벨링의 기초화용론과 윤리적 기초 반성」)에서 지면의 한계로 인해 압축적으로 표현되거나 부분적으로 생략될 수밖에 없었던 내용들, 특히 에벨링에게 이성의 한계와 인간의 유한성을 일깨워준 하이데거에 관한 내용을 [2. 하이데거의 기초 존재론에서 주관성과 유한성]에서 체계적으로 확대·심화하고 있다.

은 새로운 합리성 패러다임을 위한 방법론적 전제들을 제공했다. 이제 언어는 대상 인식의 구체적 표현을 위한 하나의 특별한 수단이 아니라 바로 대상 인식의 결정적이고 근원적인 조건이 되었다. 이에 따라 철학적 반성의 출발점은, 주관과 객관의 논리를 통해서 외적 자연을 인과적 설명과 기술적 지배의 대상으로 삼는 데카르트와 칸트의 유아론적 주관이 아니라 언어 주관들의 의사 소통적 상호 주관성이다. 주관들의 상호 관계와 환경 세계와의 관계는 더 이상 비언어적인 것이 아니며 오직 언어적 매체와 조건들을 통해서만 가능하다. 계몽의 의식 철학적 독단을 비판하는 하버마스와 또한 아펠의 언어화용론은 언어에 독립적인 주관과 객관의 관계를 결코 인정하지 않는다. 주관의 자기 의식도 이러한 언어 연관성을 벗어날 수 없다. 주관의 자기 존재는 언어에 동화될 수 없지만 언어 없이는 주관은 자기 자신을 구체적으로 의식할 수 없다. 이에 따라 그들은 데카르트와 칸트의 의식 패러다임을 언어적, 상호 주관적, 의사 소통적 합리성의 패러다임으로 전환할 것을 요구한다.[1]

그러나 하이데거와 비트겐슈타인 이후 오늘날의 합리성 비판들은, 자연과 사회의 과학 기술적 통제를 거부하는 신화에 대한 관심이나 근대의 근본적 사유 기초들의 철저한 해체를 주장하는 포스트모던적 인식론 등으로 인해 매우 광범위해지고 또한 심각해지고 있으며, 이에 따라 회의가 정점에 달하고

---

1) 하버마스에 따르면 근대 초기에 아직 충분히 계몽되지 못한 사유가 언어적 구조와 사회적 조건을 지닌 상호 작용으로부터 이 상호 작용이 함께 구성하는 주관의 자기 의식의 계기를 추상하여 인식과 행위의 자립적 근거로 격상함으로써 고독한 자기 의식적 주관은 자연과 사회에 대립할 수밖에 없었다(J. Habermas, DM 참조). 근대성의 비판에 관해선 H.-J. Höhn, "Vernunft-Kommunikation-Diskurs", 95-106, 122-128, 특히 95-97 : 같은 이, "Krise der Moderne - Krise der Vernunft?", 20-28 참조. 또한 본서, 131-143 참조.

있다.2) 그런데 오늘날의 합리성 비판들은 윤리적으로 편협한 목적 합리성뿐 아니라 자신의 역할을 검증적 비판으로 제한하는 담론적 합리성에도 관계하고 있다. 이에 따라 담론적 합리성의 이론이, 계몽주의자들에 의해 인간적 존재의 종차(種差)로 규정되었던 이성이 인간적 존재의 일부분만을 차지할 수 있다는 사실을 은폐한다면 그것은 오늘날의 비판들을 극복할 수 없을 것이다. 그러나 그렇다고 해서 우리는 무지·자의·폭력·비양심·미신과 같이 비합리적이고 기대할 수 없는 것에 이성을 종속시키며 논리적으로 최종적인 것, 윤리적으로 해야 할 것 대신에 우연적인 것을 추구할 이유를 발견할 수 없다. 또한 우리는 이성과 도덕에 회의적인 오늘날의 상황이 과학 기술의 오용과 함께 죽음의 사회적 양상을 산출할 수 있다는 가능성을 숙고해야 한다.

회의주의, 이 회의의 독단이 정신적으로 뒷받침할 수 있는 기술의 광포 그리고 이 기술의 오용에 의해 발생할 수 있는 죽음의 사회적 차원은 현대의 병리적 현상들에 대한 비판 및 과학 기술의 진로 수정에 대한 요구와 함께 새로운 윤리적 반성을 요구하고 있다. 근대의 지성사적 유산을 전적으로 거부하지 않으면서 또한 유산의 일부를 제거해야 할 필연성도 고려함으로써, 또 하나의 문명 비판적 관점을 제공하는 새로운 합리성 개념이 한스 에벨링(Hans Ebeling)의 기초화용론(Fundamentalpragmatik)에서 제안된다. 근대성의 종말에 대한 논쟁에서 벌써 의식 철학의 종말을 선언하는 것은 시기상조며 의식 철학이 여전히 말

---

2) 이성 철학을 거부하는 것 대신 아예 이성 철학 자체에 무관심한 경향은 포스트모던적 냉소에서 잘 표현되어 있다. "포스트모던적 삶의 감정은 두 요소로 짜여 있다. 첫 번째는 전체는 더 이상 의미가 없다는 경험이고, 두 번째는 이것이 우리가 슬픔에 잠길 이유일 필요는 없다는 단호한 결심이다"(B. Guggenberger, *Sein oder Design*, 28).

할 것이 있는 한 계몽의 기획은 아직 미완성이라고 주장하는 그의 기초화용론은, 첫째로 오늘날 광범위하게 만연되어 있는 회의주의와 죽음의 현상들에 대한 이성의 의식적인 도전이며, 둘째로 하이데거의 실존 패러다임과 하버마스 및 아펠의 언어 패러다임에 대한 생산적 변형을 통해 칸트의 의식 패러다임을 현대의 문제 의식의 관점에서 재구성함으로써 고전적인 합리성 기준을 변형하려는 시도다. 기초화용론의 최초의 요구는 "하이데거의 실존론적 분석론을 하버마스와 아펠의 화용론 수준으로 고양시키는 것이다. … 이같이 서로 대면함은 … 이성과 유한성을 결합하는 공동의 화용론적 근본 구조를 해명할 수 있다는 의미를 갖는다. 이때 이 근본 구조는 실존의 패러다임과 언어의 패러다임과 의식적 존재(das bewußte Sein)의 패러다임을 통합하는 것이다. 맨 먼저, 전이성적 실존성과 언어적으로 침전된 이성적 특징이 동일한 기초화용론의 두 줄기로서 접근될 수 있어야 한다."3) "실천적 의도에서 기초화용론의 기획은 보편화의 이성과 경멸에 대한 저항을 통합하고 이성과 저항에서 도덕의 두 가지 기초들을 인식하는 기획을 의미한다."4) 오늘날은 회의주의가 정점에 달하는 시기다. 따라서 이성은 회의에 저항해야 한다. 더욱이 이성적 존재의 궁극적 한계는 유한성이다. 따라서 무엇보다도 이성은 죽어야 할 운명에 저항해야 한다. 이러한 "이성의 저항 의식은, 무엇이 의식적 존재로서의 이성의 본래적 과제인가, 즉 이성의 본래적 과제는 행복의 산출이 아니라 불행의 방지라는 것을 가르쳐준다. 실존

---

3) H. Ebeling, NS 169.
4) H. Ebeling, NS 60. 에벨링은 전통적인 "육체와 영혼의 문제"를 화용론적으로 "죽을 운명"과 "의식적 존재의 저항성"으로 변형한다. "육체성의 대표자는 결단 실존성의 대상으로서의 죽을 운명이고, 이성적 특징의 대표자는 도덕 이론의 대상으로서의 저항성이다." 이에 관해선 NS 83-85, 특히 85 참조.

의 저항과 언어의 저항을 근거로 이성의 봉기에 대한 반성과 정당화"는 바로 기초화용론의 본래적 과제다.5) 그러나 의식적 존재에 대한 기초화용론은 "결코 기존의 의식 철학으로의 귀환을 의미하는 것이 아니라 실존의 모든 가능한 내재성과 언어의 모든 가능한 외화 이전에 주관의 초주관성(Transsubjektivität)에 대한 인정을 의미한다. 이런 근본적 주관성은 … 실존의 패러다임과 언어의 패러다임을 통과하기 전에는 접근될 수 없다. 이런 통과 후에 비로소 맨 먼저 저항 의식으로서의 의식적 존재가 해명되며, 이 의식적 존재는 이성의 최후 정초(Letztbegründung)와 저항의 종말 정초(Endbegründung)가 실제적으로 통합될 수 있는 방식으로 먼저 실존 주관과 언어 주관의 매개를 가능하게 한다."6) 여기서 의식과 존재의 통일 개념으로서 이러한 이성의 의식적 존재의 개념은 사실 자기 의식과 이성의 칸트 개념들에 대한 변형이다.

에벨링은 모든 이론이 기존의 패러다임들과의 단절이 아니라 오히려 사상적 연속성을 포함하고 있기 때문에 기존의 패러다임들에 대한 생산적 변형을 추구해야 한다고 주장한다. 그러기 때문에 그는 자신의 이론의 유의미성을 기존의 패러다임들과의 끊임없는 논쟁들과 변형들을 통하여 찾는다. 이러한 그의 방법론적 기획에 따라 제2절에선 하이데거의 기초존재론에서 주관성과 유한성에 대한 문제가, 제3절에선 하버마스와 아펠의 언어화용론에서 담론적 합리성에 대한 문제가, 제4절에선 에벨링에게서 이성과 유한성에 대한 문제가 그의 실존화용론(Existentialpragmatik)과 기초화용론에 대한 논의들을 통해 다루어질 것이다. 제5절에선 포괄적 합리성에 대한 문제와 에

---

5) H. Ebeling, VW 16-17.
6) H. Ebeling, NS 59-60.

벨링에 대한 비판이 논의될 것이다.[7]

2. 하이데거의 기초존재론에서 주관성과 유한성

초기 하이데거는 결코 주관성 이론을 버리지 않고 있다. 오히려 그는 칸트에겐 미완성인 주관성 이론을 완수하기 위해 주관성 개념에 대한 해석학적이고 현상학적인, 존재론적이고 실존론적인 해석을 수행한다.[8] 그는 새로운 주관성 이론, 즉

---

7) 유럽 철학계에서 여전히 논의 중인 기초화용론(과 실존화용론)의 철학적 영향력은 현대의 성공적인 철학적 이론들이 사회학·정치학·문학·신학 등 여러 비철학적인 분야들에까지도 커다란 영향을 미친 것을 본다면 다른 분야들에 의한 그 이론의 실제적이고 포괄적인 수용에 달려 있는 것 같다. 하이데거·하버마스·아펠과는 달리 에벨링에 대한 국내의 연구는 아직까지는 전적으로 미진한 것 같다.

8) 헨리히에 따르면 대체로 전통적 해석 방식은 세 유형이다. "의역-설명하는(phrasierend-erläuternd) 주해, 발생적(genetisch) 주해, 논증적 재구성(argumentierende Rekonstruktion)"이 그것들이다. "설명에선 전 저서의 원문 현황이 핵심 부분들의 해석을 위해 제공된다. 발생적 주해는 철학자의 관점을 자기 자신의 저서에 전달한다. 따라서 그것은 이 저서가 어떤 난점들과 고찰들에서 생겨났는지를 보여주며, 이때 주해자는 이론의 이전 단계들을 이론 자체의 개념들로 미리 기술하지 않도록 조심해야 한다. 설명하는 주해는 모든 이해에 불가결한 최소한도이고, 발생적 주해는 원문과의 자립적인 관계 때문에 고차적인 가치를 가지고 있는데, 이는 맨 처음 저자 자신을 원문 발견의 길로 이끈 저자의 관점들을 그 발생적 주석이 명확히 하기 때문이다. 그러나 이 두 주해 형식들은 똑같이 원문 자체의 사고 연관성과 논거 연관성을 천착할 수 없는 단점을 보여준다. 설명하는 주해는, 이 연관성이 저자가 그 연관성에 주는 표현들에서 원칙상 무제한적으로 접근될 수 있다는 것을 전제로 하고 있으며, 발생적 주해는 물론 원문으로의 길을 결정하는 근거들을 전개하고 있기는 하지만 그러나 선택된 이론의 기본적 원문들을 반드시 대면한다. 재구성적 절차만이 원문을 해명하고자 한다. 그것은 맨 먼저 애매하게 남아 있는 개념들에 이것들을 명료하게 하는 정의들을 부여한다. 그리고 나서 그것은 불투명하게 표현된 복잡한

"'역사적' 주관의 주관성", "주관의 주관성의 선행적인 존재론적 분석론", 혹은 "주관의, 더구나 유한한 주관의 주관성의 순수한 현상학"을 제안하며, "주관의 적절한, 즉 전통 일체를 벗어난 존재론적 해석의 가능성을 묻는" 필연성을 고려하면서 "무엇이 주관의 주관성에 속하는가"라고 묻는다.9) 이 이론을 통해 그는 전통적 인간학과 심리학에 얽매인, 따라서 존재 망각적인 칸트의 주관성 이론을 극복하기 위해 주관주의와 객관주의 사이의 선택을 배제하고 주관성의 통일을 추구한다. 그의 새로운 주관성 이론에서 그는 시종일관 현상학적 방법에 따라 구체적 현존재를 사물 존재자(Vorhandenes)에 대한 추상적인 인식 태도에서가 아니라 세계-내-존재와 근원적 태도 방식들에서 다룬다. 결국 그는 근대 철학에서 자기 의식이라 불린 현존재를 칸트의 선험적10) 탐구 방식과 유사한 방식으로 고찰하

원문에서 전제들과 논거들을 따로 떼어내고, 이것들로부터 독립적인 추론들을 통해 원문의 결론들에 가능한 한 합치하는 그런 결론들에 도달하고자 한다. 따라서 그러한 재구성은 본래적으로 말하면 원문을 참된 기능을 갖고 있는 적절한 도출의 도식으로 번역하는 것이다"(D. Henrich, *Identität und Objektivität*, 9-10).

9) SZ 382 : SZ 24 : KPM 82 : GP 207 : GP 238. 하이데거의 주관성 이론과 칸트 해석에 관해선 특히 K. Düsing, "Objektive und subjektive Zeit", 27-34 : 같은 이, "Selbstbewußtseinsmodelle", 102-122 : 같은 이, "Typen der Selbstbeziehung", 107-122 : D. O. Dahlstrom, "Heidegger's Kant-Courses at Marburg", 293-308 : H. G. Hoppe, "Wandlungen in der Kant-Auffassungen Heideggers", 286-304 참조. 또한 졸고들 「자기 의식과 시간 의식」, 130-141 : 「칸트의 자기 의식에서 하이데거의 현존재로」, 93-106 참조.

10) '先驗的(transzendental)'이란 개념은 칸트에게는 다양한 함축성을 갖는다. 그것이 이론이나 이론 요소를 직접적으로 수식하는 경우에는 반성적, 비판적이라는 의미를 지닌다(I. Kant, KrV B 25 참조). 따라서 칸트의 '선험 철학(Transzendentalphilosophie)'이란 선천적인 것(das A priori), 즉 조건지어진 것에 논리적으로 선행하여 그것을 필연적으로 가능하게 하는 선천적 조건들에 대한 반성적, 철학적 이론을 의미한다. 이에 따라 예컨대 '범주의 선험적 연역(trans-

지만, 그러나 선천적 인식을 칸트처럼 단순히 인식 주관성으로
부터 정초하는 것이 아니라 모든 존재적 경험의 가능성 조건들
을 보여주면서 또한 윤리학, 인간학 등도 정초한다. 그는 기초존
재론의 입장에서 칸트의 독단들, 즉 존재 망각의 징조들을 발견
한다. 존재 망각의 징조들이란 감성과 오성의 원칙적 분리를 전
제로 이것들의 필연적 관계를 문제 삼는 것, 수학적 자연과학들
의 자연 개념 및 시간과 공간의 규정에 의존하면서 특히 시간을
물리학적으로 측량될 수 있는 지금-점(點)들(Jetztpunkte)의 한
없는 계기로 이해하는 것, 선천적인 것을 주관적인 것과 동일

---

zendentale Deduktion)'이란 범주의 객관적 타당성에 대한 반성적 이론을 뜻
한다. 문제는 왜 칸트가 선천적인 것의 반성적 이론으로서 자신의 이론을 '선
험적'이라고 표현했는가 하는 것이다. 이 용어는 칸트의 동시대에서는 매우
애매하게 사용되었고, 심지어 '형이상학적'이라는 용어와 혼용되곤 했다. 아
마 칸트는 자신의 선험적 이론이, 그 자체가 경험의 필연적 조건이라는 의미
에서 이 경험을 초월하는 것으로 여겨질 수 있는 것의 이론이기 때문에 형이
상학적 함축성을 갖는다고 생각했는지도 모른다. 그런데 'transzendental'이
란 개념이 '통각의 선험적 통일(transzendentale Einheit)'이나 '상상력의 선험
적 종합(transzendentale Synthesis)'과 같은 표현들에서 볼 수 있는 것처럼 대
상의 경험의 순수한 주관적 조건을 직접적으로 수식하는 경우에는, 그 개념은
이 경험에 논리적으로(시간적이 아니라) 선행하여, 말하자면 경험으로부터 독
립해 있으면서 또한 동시에 그것을 필연적으로 가능하게 한다는 의미를 지니
고 있다. 따라서 이 경우 'transzendental'은 先驗的으로도 또한 定驗的으로도
번역될 수 있다. 그런데 경험의 대상은 칸트에게는 의식의 영역 밖에 있는 물자
체가 아니고 그 자체로 현상이기 때문에, 그것은 대상의 경험과 마찬가지로 주
관적 의식에 의존하고 있으며, 그러므로 경험의 조건은 동시에 경험의 대상의
조건을 형성한다(A 111, A 158=B 197 참조, 또한 A 93=B 125-126, A 125-
126). 따라서 'transzendental'이라는 단어가 대상의 조건을 직접적으로 수식하
는 경우에는, 이 순수한 주관적 조건이 바로 대상을 가능하게 한다는, 즉 대상
의 대상성을 구성한다는 의미에서 그 단어는 "超越的"으로도 번역될 수 있다.
하이데거는 주관성의 존재론적 구조 속에서 주관과 객관의 통일의 형태로서의
초월(Transzendenz)을 발견함으로써 그 'transzendental'이라는 개념이 포함하
고 있는 존재 구성적 혹은 대상성 구성적 의미를 더욱 명확히 드러낸다.

시하는 데카르트적인 사고, 인식과 학문에서의 전통적 형식 논리학의 우위와 이에 따라 논리적 판단 형식들로부터의 범주들의 도출, 사물 존재성(Vorhandenheit)에 대한 전통적 존재론의 한계 안에서의 인식 주관성 이론의 전개 등이다.

하이데거는 새로운 주관성 이론을 전개할 때 독일 관념론의 문제 의식을 고려한다. 자기 의식의 관념론적 운동사는 근본적으로 하나로 통일될 수 있는 두 유형의 주관성 이론적 과제들, 말하자면 한편으론 주관성의 통일, 다른 한편으론 주관과 객관의 통일이라는 과제들을 갖는다. 이때 칸트는, 한편으론 정신의 여러 능력들을 하나의 원칙으로부터 체계적으로 전개하지 못하고 정태적으로만 병렬하는 능력 다원론을 전개했으며, 다른 한편으론 주관의 객관(객관성) 구성과 주관의 자기 의식적 자기 관계 사이에 놓여 있는 필연적 연관성을 체계적으로 설명하지 못했다는 비판을 받는다. 이것은 칸트가 결국 자기 의식의 독일 관념론적 모델, 즉 주관과 객관의 관계 혹은 통일의 모델을 보여주지 못했다는 것을 의미한다. 칸트의 『순수이성비판』을 수학적 자연과학의 철학적 정당화로 해석하는 코헨(H. Cohen)과 나토르프(P. Natorp) 같은 신칸트주의자들은 독일 관념론의 칸트 비판을 의식하면서 감성과 오성, 더 근본적으로 시간과 자기 의식(통각)의 통일을 추구한다. 그들은 결국 시간을 범주의 그룹에 귀속시킴과 동시에 인식의 통일의 근원을 논리적 판단 작용에서 찾아 주관과 객관의 통일이라는 독일 관념론적 자기 의식 모델을 제시한다.

초기 하이데거는 그러한 독일 관념론과 신칸트주의의 이성주의적 모델을 거부한다.[11] 그에 따르면 자아는 자기 자신에 대해 객관이 될 수 없다.[12] 왜냐하면 자아는 경험적 직관을 통

---

11) GP 225 참조.

해서만 객관이 될 수 있기 때문이다.13) 물론 초기 하이데거는 결코 주관성 이론을 배척한 것이 아니라 주관성 이론을 새롭게 현상학적-기초존재론적으로 정초하고자 한다. 그의 이런 주관성 이론은, 한편으론 칸트에 대해 제기된 독일 관념론의 비판들을 고려하지만 그러나 신칸트주의와는 다른 방식으로 위의 비판들을 극복하려는 하나의 시도며, 다른 한편으론 또한 동시에 칸트의 "비판적" 인식론을 사물 존재성에 대한 전통적 존재론의 주관성 이론적 정초로 해석하면서 『순수이성비판』에서 자신의 고유한 기초존재론의 철학사적 모델을 발견하려는 시도다. 그런데 이러한 시도로서 그의 새로운 주관성 이론은, 한편으론 유한성에 의한 인식 주관성(특히 오성)의 전적인 포획을 반대하지만, 다른 한편으론 인식 주관성의 한계를 명확히 보여주고 있다. 기초존재론적으로 해석된 인식 주관성(특히 오성)의 유한성이란, 무엇보다도 인간적 인식 주관은 객관과의 인식적 연관에서 이 객관의 지각적 소여를 전제로 한다는 것을 의미한다. 그의 새로운 주관성 이론이 포함한 이러한 의미들은 그의 칸트 해석에서 뚜렷이 나타난다.

하이데거는 『존재와 시간』에서 현존재의 기초존재론의 이념을 전제로 자기 의식적 자아에 대한 『순수이성비판』에서의 칸트 이론을 재구성하고, 이 재구성된 칸트 이론을 사물 존재성에 대한 전통적 존재론의 주관성 이론적 정초로 해석하면서,14) 기초존재론의 최초의 단계 및 철학사적 모델로 이해한다. 물론 그는 칸트가 후설보다 자아의 시간적 근본 구조를 더 명확히 파악했다고 생각하기 때문에 칸트에게서 시간적 자아

---

12) L 331 참조.
13) GP 183-185 참조.
14) L 306-307, 312-313, 116-117, PIK 40-68 참조.

의 이론으로서의 선험 철학의 역사적 모델을 찾지만, 그럼에도 불구하고 칸트가 시종일관 자아의 시간성을 전통적 존재론의 지반 위에서 다루었다고 비판한다.15) 그는 칸트가 "주관의 진정한 틀", 즉 세계-내-존재로서의 현존재의 특징을 간과함으로써 "주관의 주관성의 선험적 '분석론'"을 도외시했다고 비판한다.16) 『순수이성비판』은 초월의 내적인 가능성에 대한 해명, 유한한 주관의 주관성의 본질에 대한 해명으로 해석된다. 『순수이성비판』의 선험 철학은 선행적 존재 이해의 가능성에 대한 탐구를 통한, 초월의 본질의 개현이다. 이러한 의미에서 그것은 유한한 인간적 주관의 주관성의 새로운 현상학이다.17) "… 세계-내-존재는 고작 주관과 객관의 관계만이 아니라, 오히려 초월이 존재자의 존재에 대한 기투를 수행하는 한에서 그런 관계를 가능하게 하는 것이다." 초월은 바로 세계-내-존재로서의 "현존재의 본질적 틀"이다.18)

유한한 인간적 주관의 주관성의 본질을 초월로 해명하는 하이데거의 시도는 칸트가 근본적으로 설명하지 못한 것으로 여겨진 것, 즉 시간과 자기 의식(통각) 사이의 필연적 관계에 대한 해석으로 나아간다. 그는 피히테와 마찬가지로 여러 자발적 인식 능력들에 대한 칸트의 정태적 배열을 극복하기 위해 선험적 연역의 초판의 핵심 개념인 시간 구성적인 "생산적 상상

---

15) PIK 431 참조.

16) SZ 109 : KPM 210.

17) KPM 82 참조.

18) KPM 225 : PIK 319. 기초존재론의 이념을 결정적으로 확증하는 『칸트와 형이상학의 문제』에서 하이데거는 『순수이성비판』을 "형이상학의 정초(Grundlegung)"로 해석한다(KPM 1). 여기선 특수 형이상학이 아니라 존재론으로서의 일반 형이상학을 의미하는 이 형이상학의 정초는 본질적으로 "초월, 즉 인간적 주관의 주관성의 개현"(KPM 196)이다.

력"이라는 개념을 감성과 오성이라는 서로 다른 인식 원천들의 공통 뿌리로 해석하고 이를 통해 주관성의 통일적 구조를 현상학적으로 보여주고자 한다.19) 감성적 직관과 범주적 오성의 근원적 통일로서 생산적 상상력의 본질적 기능은 칸트에게나 하이데거에게나 『순수이성비판』의 초판의 견해를 따르는 개념인 선험적 도식의 구성이다. 생산적 상상력이 구성한 선험적 도식은, 이 선험적 도식을 시간적 현상들의 합법칙적 통일로 규정하는 칸트와는 달리 하이데거에게는 시간적 자연의 합법칙성이 아니라 바로 시간 자체를 의미한다. 이 시간은 범주들의 통일적인 "순수한 형상(Bild)"이다.20) 시간에 의하여 범주들의 감성화 혹은 도식화가 이루어지므로 그것은 범주들의 직관적 내용이 된다. 그러기 때문에 그것은 세계 내부적인 (innerweltlich) 대상적 존재자의 존재론적 시간 규정이고 대상 구성적 의미를 갖는다. 이러한 견해는 칸트의 실체 범주의 도식에 대한 하이데거의 해석에서 잘 나타나 있다.21) 하이데거에겐 실체의 도식은 시간 자체를 표상하는 "항구성(Beharrlichkeit)"이다. 시간은 순간순간의 변화에도 불구하고 언제나 지금으로만 존재하며 이에 따라 언제나 자기동일적이다. 하나의 지금이 동질적인 또 다른 지금에 뒤따르고 이것이 끝없이 되풀이되어 항구성이라는 시간의 표상이 생긴다. 그러므로 실체 범주의 도

---

19) KPM 32-33, 126-148 참조. 생산적 상상력은 "제삼의 근본 능력" 혹은 "순수한 인식을 형성하는 중심"이다(KPM 153, 154). 헨리히(D. Henrich)는 생산적 상상력을 감성과 오성의 공통된 뿌리로 해석하는 하이데거의 견해의 토대를 고전적 독일 철학, 특히 피히테가 다룬 개념, "근본 능력(Grundkraft)"에서 발견하고("Über die Einheit der Subjektivität", 30-39, 55-62 참조), 칸트는 하이데거와는 달리 주관성의 통일을 단지 목적론적으로만 다루고 있다고 주장한다(같은 논문, 40-48 참조).

20) KPM 97-98, 또한 L 377 참조.

21) KPM 101-102, L 352, 399, FD 180-183 참조.

식적 감성화를 통하여 획득된 항구적 시간은 평준화된 동질적인 지금-점들의 한없는 계기를 의미한다. 이러한 시간의 표상은 하이데거에 따르면 "통속적" 시간 규정이면서 동시에 아리스토텔레스 이래의 철학적 시간 이론까지도 지배하고 있다. 항구적 시간은 그에겐 존재를 대상성으로 이해하는 현존재의 존재 이해의 지평이 된다. 이때 시간적 감성화는 존재자 자체를 제공하지 않고 초월의 지평의 형상만을 부여한다.[22]

그러나 칸트의 상상력 개념에 대한 하이데거의 해석은 그에 의해 재구성된 칸트의 선험 철학적 주관성 이론과 주관성의 특정한 존재론으로서의 자기 자신의 고유한 기초존재론의 관계를 올바르게 설명하지 못하고 있다. 이에 따라 하이데거는 칸트의 선험적 연역의 재판에서 전개된 이론, 즉 주관의 "자기 촉발(Selbstaffektion)"에 대한 이론에서 감성과 오성, 더 정확히 말해 시간과 통각의 주관 내부적 통일의 단서를 발견한다. "순수한 자기 촉발이 유한한 자아 자체의 선험적인 근원적 구조를 부여한다."[23] 주관의 자기 촉발, 즉 순수 통각에 의한 내감의 범주적 규정에 대한 이론은 칸트에게는 이미 내감과 통각의 원칙적 구별을 전제하고 있는 데 반해, 하이데거에게는 오히려 유한한 주관성의 통일적 구조를 보여주고 있다. 이때 순수한 자기 의식의 자발성과 내감의 수용성은 서로 분리된 능력들이 아니라, 주관의 자기 촉발의 통일적 기능연관 내에서 상호 작용하면서 자기 촉발적 주관성의 두 계기들을 이룬다. 하나의 동일한 주관 속에서 한쪽의 자발적 주관이 다른 한쪽의 수동적 주관에 작용하여, 그 자체가 대상 구성적 규정들로서 존재자를 대상적 사물 존재자로 만나게 하는 시간 규정들

---

22) KPM 86, 또한 KPM 102 참조.
23) KPM 182-183. 또한 L 338-344 참조.

을 산출한다.

하이데거는 주관성의 본질을 시간에 의해 형성된 것으로 해석한다. "근원적이며 보편적인 자기 촉발"은 "시간 자체(Zeit selbst)"다.24) 이 시간 자체는 순수한 자기 촉발로서 주관성의 선험적 구조를 이룬다. 그것은 "자아가 자기 의식과 같은 것일 수 있도록 유한한 자기성"을 형성한다. 칸트에겐 분리된 것들로서 전제된 인식 원천들, 즉 감성적 직관과 사유의 공통된 뿌리로서 또한 "초월의 뿌리"로서 생산적 상상력은 이제 유한한 "자기의 자기성"이라는 특징을 지닌 "근원적 시간(ursprüngliche Zeit)"이다.25) 이 근원적 시간은 모든 세계 내부적 존재자의 경험에 앞서서 지금-점들의 한없는 계기를 비대상적으로 바라보면서, 존재자를 존재자로 만나게 하는, 바로 존재자의 존재론적 지평을 형성한다. 따라서 시간 자체는 "시간화(Zeitigen)"로서 본질적으로 자발적 활동이다. 이 시간화가 세계 내부적 존재자의 이해의 지평을 의미하는 시간 규정(선험적 도식)들을 구성한다. 그런데 세계 내부적 존재자로서의 자연에 대한 이론적 인식에서 시간화 방식은 "현재화(Gegenwärtigen)"다.26) 이 현재화로서 시간은 "순수한 다양성 자체[직관된 것]에 대한 선행적이고 비주제적인 바라봄[직관 작용]"이라는 자기 촉발의 주객 통일적 구조를 보여주고 있다. "이러한 바라봄은 … 칸트적으로 말하면 자신을 촉발시키는 자아의 존재의 근본적 방식이며," 그리고 이 같은 자아의 방식은, "어떤 것과 만날 수 있는 가능성의 존재 적합적 조건으로서의 자아의 자기 자신과 관계함[자기 의식의 자기 관계]"이다. 현재화 양상은 하이데거가

---

24) L 339 : KPM 180. 또한 KPM 180-187, L 338-344 참조.
25) KPM 181 : KPM 133 : KPM 179 : KPM 169, 185 등.
26) L 400-408 참조.

해석한 칸트의 실체 도식, 즉 "지금의 계기라는 순수한 연속"을 구성한다. "그러나 이러한 형성물로서의 시간이 아닌, 순수한 자기 촉발로서의 시간이 초월의 근원적 근거다." "따라서 시간은 주관의 항구적 자기 촉발, 즉 근원적이고 항존적인 촉발자다."27) 자기 촉발적 자아는 그 본질적 구조가 시간 자체로서, 존재자가 자신이 부여한 지금의 양상에서 주어질 때 비로소 그것을 대상적 사물 존재자로 이해한다.28)

칸트의 "항존적이고 지속적인 자아"29)는 논리적 의미에서 순수한 자기 의식(통각)을 의미한다. 그러나 하이데거에 따르면 시간이 항구성인 것처럼 자기 촉발을 통해 시간 규정들을 정초하는 순수 자아도 항구적이다. 시간 자체로서 순수 자아는 시간 규정들의 구성을 통해 주어지는 존재자의 이해의 지평을 선행적으로 형성한다. 그러나 시간 자체는 인식하는 자아에게는 현재적 시간이다.30) 그러기 때문에 하이데거에 따르면 칸트는 주관성의 존재론을 보았지만 사물 존재성에 대한 전통적 존재론의 한계에서 자기 관계적 자아의 존재 방식을 불완전한 방식으로 해명했다. "왜냐하면 주관의 존재론적 개념은 자기로서의 자아의 자기성을 특징짓는 것이 아니라 언제나 이미 사물 존재자의 동일성과 항존성을 특징짓고 있기 때문이다. 자아를 존재론적으로 주관으로 규정한다는 것은 언제나 이미 사물 존재자로 정한다는 것을 뜻한다. 자아의 존재는 사유하는 사물의 실재성으로 이해된다."31) 이처럼 칸트는 물론 시간의

---

27) L 338 : L 339 : L 339 : KPM 191 : L 354.

28) L 400-408, PIK 395 참조.

29) I. Kant, KrV A 123.

30) KPM 184-185, L 402-406 참조.

31) SZ 320.

문제점에 대해 나름대로 관심을 갖기는 했지만 고대 존재론의 영역, "실체적인 것의 부적절한 존재론"에 구속됨으로써, 데카르트의 실체론적 자아 규정에서 볼 수 있는 것처럼 자아의 존재를 사물 존재자인 양 모든 사유들의 기초가 되는 실체적인 것으로, 연장물과 대립된 사유물로 해석함으로써 결국 사물 존재성, 즉 실체의 존재론의 규정을 따르고 있다.[32]

현존재로서 시간적 자아의 자기 관계는 하이데거에게는 자아가 존재자로 하여금 자기 자신에 관계하도록 하는 가운데 자기 자신을 동일한 것으로 이해하는 것으로 여겨진다. 자아의 순수한 자기 촉발이 유한한 자아의 초월의 본질을 형성한다. 유한한 자아는 자발성과 수용성의 통일로서, 자기 촉발의 활동을 통해 대상성의 의미를 갖는 시간 규정들을 구성하고 직관할 때 항상 직접적이고도 "비주제적인 바라봄"[33]을 통해 자기 자신을 의식한다. 결국 하이데거에게는 자아의 자기 의식은 자아가 존재자의 존재를 이해하면서 존재자로 향할 때 비주제적으로 지평으로서 더불어 개현되어 있음을 의미한다. 이처럼 하이데거는 자신에 의해 재구성된 칸트의 자기 촉발 이론에서 자기 관계적 자아의 현상학적 지평 모델을 발견한다. 이러한 모델은 자기 촉발적 유한한 "자아는 존재자로 향하면서 그것의 존재를 이해할 때 더불어 드러나 있음"[34]을 의미한다. 결국 현상학적 지평 모델은 존재자의 의미를 구성하는 자아의 활동과 이 활동적 자아의 자기 관계 사이의 필연적 연관성을 명확히 보여줌으로써 독일 관념론에 의해 비판된 칸트를 넘어선다.

그런데 "염려(Sorge)를 시간성으로"[35] 해명하는 실존론적

---

32) SZ 318-319 참조.

33) L 338.

34) GP 224.

분석론의 전제들에 따르면 칸트의 시간 규정들(선험적 도식들)과 이 규정들의 주관적 정초(생산적 상상력 혹은 시간적 자아의 자기 촉발)를 현재와 현재화로 해석하는 하이데거는, 이 현재와 현재화를 항상 자기 자신의 존재와 이 존재의 이해가 문제시되는 현존재의 근본적 실존 범주로서의 시간 안에서 비근원적이며 파생적인 시간 양상과 시간화 양상으로 규정한다. 현재화는 사물 존재성에 대한 존재론의 근거가 되는 자아의 한 근원적 활동이자 실존 범주다. 그것은 세계-내-존재로서 일차적으로 세계 내부적 존재자로 향하면서 이런 존재자에 퇴락되어 있는(verfallen) 존재자의 시간화 양상일 따름이다. 현존재는 일단 세계에 내던져지면 우선 대개 세인(das Man)으로 퇴락해 있다. 퇴락은 도덕적 타락을 의미하는 것이 아니라, 그 자신 세계-내-존재로서 세계와 세인들의 공동 존재 속에 매몰되어 있는 현존재의 비본래성을 의미한다. 그런데 만일 현재화가 세계 내부적으로 만나는 도구 존재자(Zuhandenes)에 대한 직접적으로 둘러보는 배려(Besorgen)에서 퇴락의 시간화 방식이라면, 그것은 "위하여(Um-zu)"의 도식을 형성한다.[36] 그런데 사물 존재자는 현재화하는 자아의 시간의 지평 속에서 만난다. 여기서 칸트의 자기 의식적 주관을 의미하는 현존재의 이론적 인식은 도구 존재자에 대한 모든 실천적이고 구체적인 배려 양상들을 추상하는 가운데 단순히 사물 존재자를 이론적으로 관찰하기만 하는 태도에 불과하다. 하이데거에게 문제가 되는 것은 『존재와 시간』에서 세계-내-존재의 한 양상으로서 입증된, 바로 사물 존재자에 대한 "이론적 발견"이 아니다.[37] 말하자면 그것은 "'경험의 이론', 심지어 실증 과학

---

35) KPM 229.
36) SZ 365.

들의 이론"이 아니며 "인식론"과 아무 상관이 없다.38) 이에 따라 현재화는 세계 내부적 존재자로 퇴락하는 시간화 양상이라는 측면에서, 더욱이 이 퇴락에서 사물 존재자에 대한 추상적인 인식의 시간화 양상이라는 측면에서 비근원적이며 파생적인 것이다. 결국 인식은 현존재의 비근원적이고 파생적인 태도라는 것, 이 태도의 시간화 방식은 현재화라는 것 등은 세계-내-존재로서의 현존재의 존재 전체성, 염려(Sorge)에서 이해되기 때문에, 하이데거는 선험적 자아에 대한 이론으로서의 칸트의 선험 철학의 근거로, 즉 구체적 현존재에 대한 기초존재론으로 되돌아갈 것을 요구한다. 근대에선 자기 의식이라 불린 현존재의 실존론적 분석론과 함께 하이데거의 칸트 해석의 의미는 한편으론 인식적 이성(특히 오성)의 한계를 보여주는 것이며, 다른 한편으론 유한성에 의한 인식적 이성(특히 오성)의 전적인 포획을 반대하는 것이다.

현존재는 본래적으로 "죽음을 향한 존재(Sein zum Tode)"다. 죽음은 현존재가 결코 회피할 수 없는, 현존재의 가장 고유하고 가장 본래적인 가능성이다. 이 죽음 때문에 현존재는 평균적 일상성에 안주할 수 없는 불안을 느낀다. 불안은 궁극적으로 죽음에 대한 불안이다. "그러나 현존재는 세인 속에 상실되어 있기 때문에 먼저 자기를 찾지 않으면 안 된다." "양심의 부름은 현존재를 그의 가장 고유한 자기 존재 가능으로 불러낸다는 성격을 가지고 있다."39) 이제 양심은 현존재가 평균적 일상성 속에서 망각되어 있는 본래적인 자기 자신을 되찾을 것을 호소한다. 양심의 호소에 따라 현존재는 죽음 자체를 단

---

37) SZ 360.
38) KPM 16.
39) SZ 268 : SZ 269.

순히 불안을 통해서만 느끼는 것이 아니라 죽음을 각오하고 결의한다. 죽음을 향한 존재의 기투는 죽음으로의 선구다. 현존재는 물론 현사실적 피투성에서 벗어날 수 없다. 그러나 그는 이제 단순히 피투적 존재로 머물지 않고 자신의 본래적 실존을 회복하기 위해 자기 자신을 자신의 존재 가능성으로 기투한다. 그는 죽음으로의 선구적 결의성을 통해 죽음에 대한 불안을 느끼는 것 대신 죽음에 대한 자유를 추구한다.

그러나 하이데거의 실존론적 분석론은 원칙적으로 비의사소통 이론적 기획이다. 왜냐하면 죽음을 향한 존재로서의 본래적 현존재에 대한 그의 가정은 극단적 개별화로 이어진 유한성만을 문제 삼을 뿐 인간의 상호 주관성과 의사 소통 가능성의 지평을 파괴하기 때문이다. 물론 하이데거는 칸트 해석을 통해 이성의 전적인 배제를 반대하지만, "무성의 (무력한) 근거존재"[40]는 이성의 자기망각을 지적하고 있을 따름이다. 그러나 에벨링에 따르면 그의 이런 이론적 태도는 단지 유한성의 전통적 과소평가와 이성의 전통적 과대평가에 대한 조급한 반응일 뿐이다. 그러므로 에벨링에겐 『존재와 시간』은 미완성물에 불과하다. 왜냐하면 그는 이성의 추방은 더 이상 이성의 수단들을 가지고서는 이해될 수 없다고 생각하기 때문이다. 그럼에도 불구하고 그에 따르면 하이데거의 실존론적 분석론은 물론 화용론을 결여하고 있고 방법적 유아론과 유사한 형태를 보여주고 있지만, 현대에서 이성과 유한성의 관계에서 유한성의 의미를 분명히 밝히고 있다는 점에서 기초화용론에 하나의 공헌을 하고 있다.[41]

---

40) SZ 285.
41) H. Ebeling, 특히 NS 162-164 참조.

3. 하버마스와 아펠의 언어화용론에서 담론적 합리성

현대 철학의 새로운 패러다임은 언어적 전환의 덕분이었지만, 인식의 진리성 및 도덕의 보편성에 대한 회의는 여러 유형의 해석학 및 실용주의, 포스트모더니즘 등에 의해 확산되었다. 하버마스와 아펠은 후기 비트겐슈타인의 말놀이 개념을 수용하지만, 그들은 비트겐슈타인과는 달리 이상적 언어 상황의 이론 및 이상적 의사 소통 공동체의 이론을 제안한 이유는 경험주의에 반대하는 철학의 정체성 때문이다. 이제 철학은 언어적 전환의 도움으로, 인간적 이성의 의사 소통 능력에 대한 근대 철학적 경시를 합리적으로 충분히 비판하고 수정할 수 있게 되었다. 따라서 하버마스와 아펠(쿨만과 뵐러와 함께)의 언어화용론은, 현대 언어 철학의 관점에서 근대 의식 철학의 유아론적 편협성을 극복하고 오늘날 만연되어 있는 회의주의의 도전을 이겨내기 위해, 이성의 객관성을 이성의 상호 주관성으로 재구성하고 이론 이성과 실천이성의 타당성 요구들을 새로운 공통의 좌표에서 논의하고자 하는 기획이다. 그들은 또한 인간의 공동 생활을 위해 담론적 합리성을 윤리학에 적용시킨다. 담론 윤리학의 특징은 단순히 칸트의 정언적으로 표현된 보편화 원칙을 윤리적 담론들의 검증적 비판을 위한 절차로 변형하는 데 있지 않고, 담론이라는 말놀이의 언어적 조건들과 구조들에 대한 성찰을 통해 정당화하는 데 있다. 이에 따라 상호 주관적으로 타당한 윤리학도 상호 작용이 성공하기 위한 조건들에 속한다. 그것은 논증 상황의 이성적 근본 원리를 도덕적 원리로 요구한다. 결국 그들은 칸트의 비판 철학을 언어적 이성의 비판으로 변형할 것을 요구한다. 선험화용론과 보편화용론은 참된 인식과 정당한 행위의 가능성 조건들을 물을 때 선험적인 개별적 의식에 의존하지 않고, 오히려 인간적 사유의 상호 주관적으로 타당한 진리 요구를 발견하고 동시에 담론의 보편적 전제들을 보여준다는 점에서 고전적 선험 철학의 방법적 유아론과 구별되어야 한다. 개별적 의식 혹은 자기 의식을 모든 참된 인식의 형이상학적 보증인으로 실체화하는 방법적 유아론은, 맨 먼저 자발적 자기 정립을 수행하고 그러고 나서 자기 정립에서 타자 정립을 수행하는 자기 의식적 주관이 철학의 출발점이어야 한다는 결론을 낳았다.42) 이제 그것은 언어적 전환의 관점에 따라 지지받을 수 없게 되었다.

하버마스가 회의주의에 대항해서 이성 자체에 대한 새로운 관심에 따라 제안한 보편화용론은, 담화가 제기하는 타당성 요구들의 정당성에 대한 의사 소통적 상호 이해의 원리로서의 이성의 이념으로부터 출발하며, 이성의 객관성을 행위를 논증적 합의를 통해 인정하는 상호 주관성으로 변형한다. 담화가 의사 소통 행위로서 성공하기 위해 필요한 조건들을 발견하고자 하는 이러한 시도는 또한 진리의 발견 및 합리성의 비판을 위한 이론적 근거를 제시하고자 하는 시도다. 청자가 화자가 말한 담화의 의미를 이해하고 화자가 원래 의도한 상호 관계에 들어선다면 청자와 화자 사이에는 이상적 언어 상황이 발생한다. 이때 모든 의사 소통 참여자가 제기하는 보편적 타당성 요구들은 사실에 관계하는 진리, 규범적 정당성, 개인적 진실성, 언어적 이해 가능성의 네 종류다.

"사실성"은 대체로 진술들의 의미론적 불명료성에서 문제가 되는 타당성 요구다. "정당성"은 보편적으로 인정받은 법적

---

42) 방법적 유아론은 의사 소통과 역사성에 의존하지 않는 내재성의 형이상학과 윤리학을 위한 결정적인 전제들을 제공했다. 이에 관해선 D. Böhler, "Das solipsistisch-intuitionistische Konzept der Vernunft und des Verstehens", 271 참조. 하버마스와 아펠의 언어화용론에 관해선 본서, 144-151, 168-179 참조.

이고 도덕적인 배경에 의해 보장된 규범이나 가치가 순간순간의 담화 행위와 결합되어 있다는 것을 의미한다. "진실성"은 화자가 자신의 의도, 욕구, 관심에 대해 자신을 기만하지 말고 또한 상대방도 기만하지 말 것을 자신에게 요청하는 타당성 요구다. 그러나 이러한 요구는 논증적으로 충족될 수 없다. "이해 가능성"은 화자와 청자가 서로를 오류와 모순 없이 따를 수 있기 위해선 정통해야 하는 의사 소통 매체의 선택을 요구하는 타당성 요구다. 그러한 타당성 요구들은 각 화자가 찬성할 만한 발언을 했다고 주장할 수 있기 전에 각 의사 소통적 수행에 근거가 되어야 한다. 각 화자는 "ⓐ 자신과 청자 사이의 정당한 것으로 인정된 개인 간의 관계가 이루어지기 위해선 주어진 규범적인 맥락에 관해 정당한 담화 행위를 수행하는 것, ⓑ 청자가 화자 자신의 지식을 받아들이고 공유하기 위해선 참된 언표(및 적절한 실존의 전제들)를 하는 것, ⓒ 청자가 [화자 자신이] 말한 것을 신뢰하기 위해선 발언들·견해들·감정들·희망들 등을 진실하게 표현하는 것"을 시도해야 한다.43) ⓓ 또한 사용 언어의 규칙 체계에 정통하는 각 참여자가 자신의 발언을 오류와 모순 없이 재구성하기 위해선 이해 가능한 의사 소통 매체를 선택해야 한다. 따라서 의사 소통에 관계하는 상호 작용은 참여자들이 말놀이의 공통성, 자신들의 행위에서 관계하고 있는 규범들과 가치들의 정당성, 수행한 언표의 진리 그리고 관련된 개인들의 진실성을 의심하지 않을 때만 방해받지 않고 진행된다.

이와 같이 하버마스는 이성의 독단적 남용을 거부하고 이상적 언어 상황의 비독단적 예료를 제안한다. 그런데 진술들의

---

43) J. Habermas, TkH I, 413. 하버마스의 타당성 요구들에 관해선 특히 본서, 144-148 참조.

진리와 행위들의 정당성이 문제라면, 이성 자체를 반사실적으로 예료해야 한다. 왜냐하면 이상적 언어 상황이란 이미 그 자체가 사실성의 규정과의 모순이면서 동시에 또한 사실성에 대한 저항이기 때문이다. 그러므로 에벨링에 따르면 하버마스에겐 이러한 저항은 이성에 선행해서, 그리고 이성을 위해서 추후에 선택될 수 있는 것이 아니라, 이미 이성 자체로서 주어져 있다. 바로 이 점에서 에벨링은 이성과 저항의 통일을 하버마스에게서 발견한다. 그러나 에벨링은 하버마스에게서의 이성의 선구적 예료는 "최후 정초"의 예료가 아니기 때문에 그는 회의의 독단에 충분히 저항할 수 없다고 비판한다. 그의 생활세계 와의 결합은 회의에 대한 저항을 충분히 수행할 수 없다는 것이다.44)

하버마스의 노력에도 불구하고, 오늘날 이성의 자기 비판과 자기 정초라는 철학적 작업이 성공할 수 있기 위해선 하버마스를 보완하는 노력이 요구된다. 근대 의식 철학의 편협성과 언어 및 언어 공동체의 역사적 우연성에 관한 이중의 문제를 극복하려는 선험화용론은 고전적인 선험적 의식 철학과 언어 분석적 방향을 취하는 현대 인식론에 대한 검토와 비판에서 생겨났다. 근거에 대한 새로운 철학적 반성을 수행하는 선험화용론에서 최후 정초로 나아가는 철학은 회의의 독단을 충분히 제거하는 전망을 갖는 것으로 여겨진다. 쿨만은 "철학의 자기

---

44) H. Ebeling, 특히 NS 53-55 참조. 하버마스는 "비판될 수 있는 타당성 요구들과 함께 합의 형성 과정의 조건들에 삽입된 무조건성의 계기"를 단지 재구성적 이론의 가언적 요구만으로 확보하고자 한다(J. Habermas, TkH II, 586-593 참조). 그는 형식적 언어화용론에서 선험적 최후 정초의 요구를 필요로 하지 않는다. 재구성적 학문의 기초 이론에 대한 그의 견해에 나타나는 단점들과 모순들에 관해선 W. Kuhlmann, "Philosophie und rekonstruktive Wissenschaft", 224-234 참조.

자신에 대한 부족한 신뢰의 결정적인 근거들 중 하나"로서 "엄격한 반성 가능성에 대한 거의 완전한 등한시"를 말하고 있다.45)

아펠은, 칸트에게는 자기 의식의 궁극적인 이성적 기준에 근거하는 인식을 의사 소통 공동체의 맥락에서의 논증으로 대체한다. 논증자는 누구나 항상 이미 이상적 대화를 요청하지 않을 수 없다. 여기서 아펠은 선험적 반성을 통해 더 이상 물러설 수 없다는(unhintergehbar) 의미에서 최종적인 근거를 위한 인식론적 기준으로서 논증의 회피되어야 할 "화용론적 자기 모순(pragmatischer Selbstwiderspruch)"의 원리를 제안한다.46) 언명의 수행은 언명의 내용과 일치해야 한다는 것이다. 즉, 주장 행위에 의해 제기된 타당성 요구가 타당한 것으로 주장된 언명 내용과 일치해야 한다는 것이다. 모든 반박 가능성의 기초로서 그리고 그 자체가 더 이상 반박될 수 없는 것으로서 "유의미한 논증자의 상황은 우리에게 더 이상 물러설 수 없다."47) 만약 모든 이성 사용의 정점으로서 최후 정초에 대한 선험화용론의 주장이 타당하다면, 무한 역행과 논리적 순환과 독단적 절차 단절에서 알버트(H. Albert)의 "뮌히하우젠 삼도 논법(Münchhausentrilemma)"은 극복될 수 있을 것이다.

선험화용론의 엄격한 반성은 원칙적으로 이론의 실천에 대한 성찰이다. 그것은 의미 있고 상호 주관적으로 타당한 인식 혹은 사유와 행위의 필연적 조건들에 대한 선험적 반성으로서, 또한 합리적 논거들의 실천적 책임을 위한 최종적인 합리적

---

45) W. Kuhlmann, *Reflexive Letztbegründung*, 25-26.

46) D. Böhler, "Philosophischer Diskurs im Spannungsfeld von Theorie und Praxis", 313-355, 특히 350-351 참조.

47) W. Kuhlmann, *Reflexive Letztbegründung*, 15.

기준들을 보여주고자 한다. 선험화용론의 최후 정초에선, 최소한의 논증 조건들이 최종적으로 정초된다는 것과 이 전제 조건들은 논증 참가자들에 의해 상호 주관적 타당성을 인정받을 수 있다는 것이 밝혀진다. 이때 이 논증 전제들에 윤리적 규범들이 포함되어 있다. 선험화용론의 정초 논거는 행위자의 수행적 조건들을 강조하고, 이 행위의 가능성 조건들은 논증 전제들에 포함되어 있다. 의사 소통 혹은 논증 이론은 합리성의 기준에 대한 재구성을 추구하는 가운데 언어적으로 매개된 상호작용을 주제화한다. 그러므로 그것은 또한 실천적 규범을 정립하는 윤리학의 차원을 다루어야 한다. 단지 하버마스의 일차적 관심은 실천적 조명인 데 반해, 선험화용론자들에게는 윤리적 문제의 해결을 위한 관건은 언제나 선험화용론이다.

최후 정초 그 자체는 논증 공동체를 떠나면 어떤 규제도 함축할 수 없다. 그러나 에벨링에 따르면 회의의 독단에서 이성의 죽음에만 충분히 저항하고 싶은 것이 아니라, 유한한 이성적 인간들의 죽음에도 충분히 저항하고 싶어하는 이성이야말로 이 저항의 최종적 진원지로 남을 수 있다. 더 이상 물러설 수 없고 자체 모순 없이는 폐지될 수 없는 이론은 최종적인 것이 된다. 그러나 수행적 자기 모순의 방지 원리는 이성과 유한성의 선험화용론적 매개의 가능성을 보장할 수 없다. 논증자들의 논증 상황의 더 이상 물러설 수 없음에 대한 인정은 "질료적" 측면에서 본다면 전적으로 사소한 것에 대한 인정일 따름이다. 말하자면 이성의 자기 비판은 자기 자신으로부터 회의의 독단에 대한 충분한 반박 및 모든 무질서의 원칙적 거부 외에는 아무것도 할 수 없다는 것이다. 왜냐하면 이성의 자기 비판은 자신의 최종적인 근거를 자신에게서 찾고 있기 때문이다.[48] 아

---

48) H. Ebeling, 특히 NS 55-56 참조.

펠의 담론 윤리학도 비록 그것이 논증의 윤리적 전제들에 대한 분석과 적용 관점들을 주제화하고 있지만 또한 역시 선험화용론에 근거한 이상, 에벨링의 관점에서 본다면 유한성의 질료가 결핍된 형태일 뿐이다.[49]

4. 에벨링에게서 이성과 유한성

오늘날 회의주의나 이성의 경시는 담론 이론가들이 자각한 것보다 훨씬 위협적이라는 것이 에벨링의 시대 진단이다. 담론적 이성의 개념은 이 개념의 고도의 추상성 및 형식적 절차 등으로 말미암아 일상적 실천과의 연관성으로부터 멀어지면서 정당화 절차에서 비이성적인 것을 배제시킨다. 이에 따라 에벨링은 언어 행위들의 형식적 특징들이나 생활 세계의 형식적 질서만을 보여주지 않고, 담론적 이성의 단점을 극복하기 위해 이성의 실존론적 조건을 주제화하면서 특히 이성의 비인식적 구조들과 요소들에 주목한다. 담론이 담론적으로 도출될 수 없는 어떤 조건들(특히 실존)에 근거해 있고 무지·자의·폭력·비양심·미신 등이 때때로 논거들의 합리적 강제력보다 더 강력한 힘을 지니곤 한다는 사실이 무시될 수 없다. 이성적 주관들의 실존은 이성과 함께 실존적 우연성을 통해 규정된다. 인간의 실존은 하이데거에 따르면 "죽음을 향한 존재"다. 인간적 이성의 한계는 궁극적으로 죽음의 극복 불가능성에 있다. 그러므로 인간에겐 인간적 현존재의 위협에 대한 저항보다 더 절실한 것은 없다. 그런데 담론적 합리성은 이성 능력의 결핍으로 적절하게 논증할 수 없는 주관들을 이성의 결핍이란 이

---

49) H. Ebeling, NS 168-169 참조.

유로 무제한적 담론 공동체에 대한 참여로부터 배제시킨다. 왜 나하면 담론 이론에서 인격의 인정은 논증의 능력에 의존하므로, 비합리성의 배제는 바로 담론의 성공을 위한 기본적 조건이기 때문이다.[50] 이에 따라 인간의 삶을 위해서는 무엇보다도 운명적이고 강력한 무에 직면하는 행위자의 실존이 중요한 관건이 된다.

1) 에벨링의 실존화용론에서 보편적 실존의 가능성

유한성의 문제와 관련해서 무엇보다도 에벨링은, 방법적 유아론과 유사한 형태를 보여준다는 점에서 방법론적으로 여전히 불확실한 하이데거의 실존론적 분석론을 실존화용론(기초화용론의 선행 단계)으로 변형하고자 한다. 에벨링이 분석한 20세기의 사회 현실은 "실재적 폭력 상황"이다. 즉, "폭력의 사실들"은 "자살(Suizid)", "인종 학살(Homizid)", "인류 학살(Holozid)"이다. 모든 폭력 사용의 총체성으로서 실현될 수 있는 사회적 죽음의 보편적 형태는 인류 학살이다. 자살의 "실재적 타당성 요구"는 "백치"이고, 수동적 인종 학살의 그것은 "강자의 권한"이며, 인류 학살의 그것은 "광기"다.[51] 바로 여기서 실존화용론의 의미가 드러난다. "실존발생학(Existentialgenetik), 실존연애술(Existentialerotik), 실존논쟁술(Existentialpolemik)은 선천적인 실존화용론적 차원을 증명한다. 이 차원은 한편으론 단순한 주

---

50) 논증한다는 것은, "실존 주관이 이성 주관으로 이행되는 한 각각의 다른 실존 주관의 의미를 박탈한다는 것"을 말한다. 그것은 "논증하는 인간에 의해 보고되고 옹호되고 수용될 수 있는 것만이 그에게 속한다는 것, 이에 따라 논증하지 못하는 인간은 중요하지 않으며, 비이성적 인간은 배제되어 있다는 것"을 말한다(H. Ebeling, VW 196).

51) H. Ebeling, DiS 14-31 참조.

관성과 초주관성의 구별을 제거하고, 다른 한편으론 '실존과 이성'의 이제까지의 대결을 수정할 뿐 아니라 서로에 대한 불충분한 회피로 입증한다. 실존화용론의 다음의 의미는 하이데거의 분석론을 보편화용론 및 선험화용론의 수준으로 고양시키는 것이다. 그것의 본래적 의미는 이를 통하여 이성과 저항의 매개를 선행적으로 준비하는 것이다."52)

실존화용론의 첫 번째 과제는 실존 주관 및 이 실존 주관의 본래적 공동 실존성에 대한 분석이다. 에벨링에게 실존은 실존-주관으로 이해되며, 이 주관은 "선천적인 실존론적 상호-주관성(Inter-Subjektivität)의 주관, 말하자면 처음부터 발생학과 연애술과 논쟁술로 분리된 세계의 주관"이다. "이 주관은 죽음을 향한 하이데거적 존재와는 달리 바로 공동-실존-주관(Ko-Existenz-Subjekt)이라는 점에서 본래적 주관이다. 그것의 '본래성'은 처음부터 그것의 '더불어 존재함(Mit-sein)'이다. 그것의 저항성은 바로 공동-실존으로서의 본래적 실존을 하이데거 유형의 '죽음을 향한 존재'를 위해 포기하는 것이 아니다. 이러한 주관은 죽음을 향한 공동의 저항적 존재를 근거로 공동 주관들과의 동일화에서 실존론적-근원적으로 자신을 저항적으로 동일화하는 주관이다. 이성적인 인간들이든 또한 덜 이성적인 인간들이든 인간들의 죽을 운명으로서의 유한성의 근본 사실은 무시되지 못한다."53) 이때 실존발생학은 개별적 실존 주관들의 "자기 정립(Selbstsetzung)"을, 실존연애술은 개별적 실존 주관들의 "계승(Fortsetzung)"을, 실존논쟁술은 모든 실존 주관들의 "공동 정립(Mitsetzung)"을 과제로 삼는다.54)

---

52) H. Ebeling, VW 61-62.

53) H. Ebeling, VW 37-38.

54) H. Ebeling, VW 39.

실존 주관은 인간적 현존재의 보편적 부정에 대한 삼중의 결정들을 고려한다. 이에 따라 그것은 자살·인종 학살·인류 학살에 대한 입장들을 표명한다. 이 실존 주관의 근본적 특징은 현존재에 대한 실존 주관의 최초의 결정들은 "단독적이면서" 또한 "공동으로" 이루어진다는 것이다.55) 그런데 "실존 주관과 언어 주관의 관계의 실천적 계기는, 이 양자가 공통으로 이해 가능성과 정당성과 진실성의 관점들을 포함한다는 것이다. ⓐ 이해 가능성과 자살, ⓑ 정당성과 인종 학살, ⓒ 진실성과 인류 학살이 서로를 배제하고 또한 이 배제 과정에서 서로와 연결되어 있는 방식으로, 사람들은 이 두 주관들의 교차를 맨 먼저 정돈할 수 있다. 사람들은 또한, 어떻게 언어 주관의 세 타당성 요구들이 각각 실존 주관의 세 근본 규정들에 관계하고 이를 통하여 이성적 보편성은 근본 결정들의 전이성적 특징을 포함하고 또 배제하는가를 보여줄 수 있다."56)

　　실존발생학의 최초의 자기 관계는 참된 출발점이 자기 자신의 실존이라는 데 있다. 이때 전통(이전 세계 Vorwelt)의 강력한 압력으로 인한 자살은 스스로 실존술(Existenzkunst)의 출발을 이루는 실존화용론적 조건이다. 말하자면 그것은 자연적 출생으로 인해 자기 자신이 됨이 아니라 자기 스스로 자기 자신이 됨의 가능성의 조건이다. 그러나 자살은 비이성적인 백치적 행위의 결과다. 이에 따라 실존은 자살의 거부에서 자기 자신과 의사 소통 공동체의 인수를 경험한다. 이 자살의 거부는 그 자체가 고유한 부정의 의사 소통적 부정이자 본래적 동일성의 최초의 산출로서 실존발생학의 반사실적 자기 관계다.57)

---

55) H. Ebeling, NS 82 참조.
56) H. Ebeling, NS 82-83.
57) H. Ebeling, VW 39-48 참조.

발생학의 반성으로서의 자살의 성격은 당장에 의사 소통적 지반을 드러내지 못한 반면, 연애술은 인간들의 인간들과의 동일화를 추측하게 하는 계기가 된다. 또한 본래적 실존 주관이 자살의 가능성에 대한 회피에서 이전 세계와의 관계를 청산했다면, 연애술은 차후 세계(Nachwelt)를 위한 노력이다. 한편으론 이성은 모든 유한성의 초월을 요구한다. 다른 한편으론 유한성은 개인들의 개별화의 편협성에서 벗어나 인류 자체의 보편적 유한성으로 규정된다. 유한한 존재들의 무제한적 의사 소통 공동체의 요청에서 이성 자신은 계승을 위한 연애술적 경향을 반복한다. 그러나 신앙 때문이든 인종 차별의 이유에서든 강자의 권한에 의한 수동적 인종 학살은 차후 세계와의 동일화 가능성의 파괴다. 따라서 정당성 요구에 대한 논증을 통한 수동적 인종 학살의 극복은 유한성을 초월하려는 이성의 보편적 보충이다.58) 논쟁술은 지적인 순박한 논쟁들에 관계하지 않고 "다가올 전쟁"의 수행과 관련된 심각한 것이다. 전쟁에 모든 실존의 위험이 노출되어 있다. 인종 학살의 총체로서의 광기에 의한 인류 학살에 대한 저항은 죽을 운명의 사람들의 동일화에서 인류에 관계된 저항이다. 그러므로 이런 저항은 보편적인 것이다. 인류 학살은 의식적이고 인간적인 실존의 집단성이라는 실존화용론적으로 발전된 개념을 역설적으로 보여준다. 이것을 인정하는 것이 고통스러운 일이라고 하더라도 인류 학살에 대한 의식을 통해 비로소 전 인류의 공동 세계와 인간성은 하나가 된다.59)

이제 선천적으로 발생학과 연애술과 논쟁술로 분리된 실존 주관의 초실존성은 개별화된 자살과 부분적으로만 수동적인

---

58) H. Ebeling, VW 48-54 참조.
59) H. Ebeling, VW 54-61 참조.

인종 학살과 인류의 대량 학살에 대한 저항성에 있다. 그러한 실존 주관은 자신의 실존과 이웃들의 실존과 모든 실존에 대한 책임이 있다. 모든 실존의 계승을 위한 실존화용론적 조건들, 즉 세계 정립과 세계 거부의 예외적인 의사 소통적 결정들은, 이성의 유한성을 보여주는 실존적, 전이성적 조건들이다. 이런 조건들은 특히 실존을 이성의 언어적 구조와 관계시키면서, 아펠의 최후 정초 요구와 이와 함께 선험 철학의 근대적 과제를 고수하지만 그러나 선험 철학의 프로그램을 처음부터 유한성과 특히 죽어야 할 운명과 대결시킴으로써 유한성을 이성의 단적인 제한으로만 여기지 않게 하는 전이성적 조건들이다. 이처럼 실존화용론의 근본 구조들은 시인과 거부라는 예외적인 결정들에서 드러난다. 에벨링은 피히테의 변형을 통하여 세계 정립과 세계 거부의 근본 결정들로서 실존의 근본 결정들은, "자기 정립", "타자 정립", "자기 정립과 타자 정립"의 결정들이라고 주장한다.60) 이성과 대비될 수 있는 유한성은 그 자체가 보편성의 규정이며, 공동체적 성격을 지닌 시인과 거부라는 예외적인 결정들에 의해 정초된다. 이 공동체적 성격의 결정들은 인간의 자살이나 인종 학살이나 인류 학살의 극복을 위한 실천적 태도들이다. 죽어야 할 운명은 단독자의 것이지만 또한 인간의 보편적 역사에도 속한다. 이 점에서 개별적 관심과 보편적 관심이 충분히 결합되어 있다. 왜냐하면 생활 공동체 안에서 인간의 보편적 죽음에 대한 저항을 자신의 저항으로 여기는 실존적 결단은 단독적이면서 동시에 보편적이기 때문이다. 이처럼 실존화용론은 비록 실존에 기초한 철학이지만, 키에르케고르처럼 고독한 자기 관계에서 신과의 합일이 아니라 자기 관계에서 인간의 보편적 실존의 가능성을 지향하고

---

60) H. Ebeling, NS 170.

있다. 그러므로 그것은 하이데거의 실존론적 분석론과는 달리 방법적 유아론의 문제는 생기지 않는다.61)

실존화용론의 본래적 의미는 이성과 저항의 매개를 위한 준비다. "실존화용론의 의미는 이에 따라 실존을 선천적으로 초실존적인 것으로 입증하는 것이다. 그러므로 실존적 자기 관계는 또한 실존함의 선천적으로 보편적인 자기 관계, 즉 … 이성의 초월성 자체도 함께 인도하는 자기 관계이기도 하다."62) 그러나 실존화용론은 실존 주관이 궁극적으로 어떤 근거로, 무엇을 위해 자기 보존이라는 공동 주관적 관심을 가질 수 있는가를 설명하지 못한다. 즉, 그것은 인류의 자기 보존을 위한 이성의 본래적 차원을 제시하지 못한다. 이에 따라 "실존 주관의 무방향성의 불안정 때문에 어떤 경우에서든 이성으로의 실존 주관의 초월은 명령된다."63)

2) 에벨링의 기초화용론에서 이성과 유한성

에벨링에게 이성은 자유롭고 평등한 인격에겐 무조건적으로 요청되는 사태다. 그것은 단순히 수단으로서가 아니라 칸트적 의미에서의 "목적 자체"로서 요청되는 사태다. 그런데 인간적 공동 생활 속에서 이성의 완성은 이성 능력 자체만이 문제가 되는 것이 아니라 이성의 대상 혹은 목표와의 연관 속에서 이루어진다. 이같이 완성된 이성의 개념은 그에겐 인간성이다. 담론적 합리성과는 달리 인간성은 논증할 능력이 없는 인격들에 대해서도 무조건적 인정을 요청하기 때문에 무제한적인 윤

---

61) H. Ebeling, NS 170-171 참조.

62) H. Ebeling, VW 66.

63) H. Ebeling, NS 80.

리적 타당성을 획득할 수 있다. 이제 이성은 인간적 실천이성으로서 인간성의 보장을 그 자신의 윤리적 목표로 정한다.[64] 이성은 자신의 목표를 위해 합리성과 죽어야 할 운명 사이의 갈등에 관계한다. 무제한적 의사 소통 공동체의 윤리학은 이성의 무한한 진보뿐 아니라 이성적 존재들의 유한성도 고려해야 한다. 무제한적 의사 소통 공동체는 항상 반사실적으로만 가정될 뿐 인간 역사의 어느 시점에서도 실현될 수 없다. 이성의 무한한 진보를 실현하기 위해선 인간적 실존의 무한한 존속이 요청되어야 한다. 바로 이 때문에 에벨링은 이성의 실존론적 조건을 주제화한다. 이성과 유한성의 갈등은 하버마스와 아펠의 언어화용론을 에벨링의 기초화용론으로 수정하고 변형할 것을 요구한다.[65]

기초화용론은 이성적 존재들의 유한성을 토대로 언어적 이성의 공동체 안에서 이성적 상호 작용의 보편적 기초를 반성함으로써, 무제한적 의사 소통 공동체와의 관련 속에서 이성적 존재들의 유한성을 지양하고자 하는 인간학적이고 실천적인 기획이다. 이성의 한계는 유한성을 극복할 수 없다는 데 있다. 이에 따라 인간의 이성은 인간의 삶을 위하여 운명적인 죽음에 저항해야 한다. 기초화용론은 죽어야 할 운명에 대한 윤리적 저항을 통해 회의의 독단에도 저항하는 이성의 무한한 진보를 추구한다. 화용론적으로 변형된 실존의 의미와 이를 통해

---

64) "합리성의 의무는 논거의 인정에 관계하고 도덕적 의무는 인격의 인정에 관계한다. 내 적의 논거라도 훌륭하다면 인정하는 것이 합리성의 요구다. 아직 훌4륭하게 논증할 수 없는 인간들이라도 진술하게 하는 것은 도덕의 요구다. 과장해서 말하자면 합리성의 의무는 인격의 배려 없이 논거에 관계하고 도덕적 의무는 논거의 배려 없이 인격에 관계한다"(A. Wellmer, *Ethik und Dialog*, 108).
65) 기초화용론에 관해선 H.-J. Höhn, "Die Vernunft, der Glaube und das Nichts", 166-172 참조. 그러나 그는 기초화용론과 실존화용론을 혼동하고 있다.

실존과 연결될 수 있는 언어화용론은 일견 분리된 것처럼 보인다. 그러나 실존 주관은 이미 그 자체로 보편적이기 때문에, 실존 주관의 보편성은 언어적 이성의 상호 주관성의 수준으로 고양될 수 있다. 물론 그렇다고 실존 주관이 언어적 이성으로 소멸되지 않는다. 오히려 그것은 이런 언어적 이성에서 자기 자신을 확인할 수 있다. 따라서 생활 세계적 공동체에서의 실존과 언어적 의사 소통 공동체의 통일은 실존 주관이 언어적 이성의 상호 주관성으로 통합되는 원리다. 언어화용론과 실존 화용론의 갈등은 기초화용론을 통해서만 궁극적으로 지양될 수 있다. 기초화용론은 이성적 인간들과 죽어야 할 운명의 인간들의 저항적 동일성을 그 근본 규정으로 인식하고 있고, 이를 통하여 전이성적 실존의 패러다임과 이성적 담화의 패러다임을, 아직 고갈되었다고 말할 수 없는 의식적 존재의 패러다임 안에서 통합한다.66)

실존화용론을 통하여 기초화용론은 "무한한 이성과 유한한 실존술을 연결하는 이론이다. 그것은 아펠의 선험화용론의 원리들을 수용하면서 하이데거의 실존론적 분석론의 전통을 기억하고 양자의 통일의 근거를 생각한다. 그것은 이성적 특징의 파라미터를 시간성의 파라미터와 연결시킨다."67) 에벨링은 이 연결점을 칸트의 인식 및 특히 도덕의 이론에서 찾는다. "모든 실천 철학의 요점은 … 이성의 보편성을 또한 현실적으로 죽음의 보편성과 만나게 하는 것, 따라서 하이데거처럼 이성을 포기하지 않고 하버마스처럼 죽음을 … 포기하지 않고 또한 아펠의 절제를 떠나지 않는 것이다."68) 이때 "이성은 저항 의식, 즉

---

66) H. Ebeling, NS 32 참조.

67) H. Ebeling, GS 131.

68) H. Ebeling, NS 67-68. "아펠의 절제"란 아펠은 하버마스와는 달리 죽음에

시간의 혼란과 기술의 무질서와 회의의 독단에 대한 혐오다. … 저항이란 정확히 도덕적 의미에서 경멸에 대한 저항을 의미한다. 이성이란 정확히 도덕적 의미에서 보편화의 이성을 의미한다. 도덕의 두 기초들은 행위 규칙들의 충분한 보편화의 이성과 이성의 법칙의 경멸에 대한 충분한 저항이다. … 이성적 저항으로서의 양자의 통일에 대한 물음과 더불어 나는 이성과 의지의 통일에 대한, 특히 칸트에 의해 윤곽이 드러난 오래된 시각을 재수용하지만, 그러나 이성의 저항 의식이 실존화용론적으로 그리고 본래적 의미에서 기초화용론적으로 반성된 방식으로 그 시각을 재수용한다. 언어 자신의 남용에 대한 언어의 저항을 통해서처럼 실존 자신의 실패에 대한 실존의 저항을 통해서 이성의 저항 의식은 … 이성의 본래적 과제는 행복의 산출이 아니라 불행의 방지라는 것을 가르쳐준다." 그러므로 기초화용론의 본래적 과제는 "실존의 저항과 언어의 저항을 근거로 이성의 봉기에 대한 반성과 정당화"다.[69]

에벨링의 기초화용론에서 선천성은 무엇보다도 의사 소통 공동체, 논증 공동체, 동일화 공동체로 각기 주제화될 수 있는 공동체다. 논증의 근본 규칙은, 공동의 합의를 위해 더 나은 논거를 제시하고자 노력하는 논증하는 인간들의 상호 인정의 원리다. 여기서 아펠에게 논증하는 인간들의 무제한적 의사 소통 공동체는 하버마스에겐 이상적 예료의 공동체가 된다. 이때 단지 잠재적으로 이성적인 인간들일지라도, 이성적 인간들을 이성적 인간들로 이해하는 논증적 동일화가 논증의 가능성의 조

대한 "실존의미론적(existentialsemantisch)" 분석을 수행하고 있다는 점을 말한다. 그러나 그는 "죽을 운명에서 의미 이해의 주관적-실존론적 조건만"을 인정하고 있다고 에벨링은 비판한다. 이에 관해선 VW 101-107, 특히 101 참조.
69) H. Ebeling, VW 16-17.

건이다. 이와는 달리 실존화용론의 의사 소통 공동체에선 먼저 죽을 인간들로서의 죽을 인간들의 동일화가 우선적인 과제가 된다. 그러나 에벨링에겐 실재적 의사 소통 공동체들은 단명하고 논증 공동체들에서의 논거들은 논증하는 인간들의 죽음과 더불어 단지 기록들로만 보존될 수 있기 때문에, 인류가 존재하는 한, 동일화 공동체만이 무제한적 지반을 갖는다. 이에 따라 동일화 공동체는 의사 소통과 논증의 보존과 개선을 위해 전제되어야 한다. 이때 동일화란 항상 이성적 인간들과 죽을 인간들의 저항적 동일화다. "이성적 인간들의 진실성은 죽을 인간들과의 그들의 합일이다." 바로 저항적 동일화로서의 이 진실성에 진술들의 의사 소통적 이해 가능성과 규범의 논증적 타당성이 예속된다.70)

　선험화용론의 형식적 최후 정초 논거와 관련해서, 죽을 인간들로서의 죽을 인간들의 동일화가 실존화용론의 "질료적 종말 정초"라면, 기초화용론에서 저항적 동일화는 "최초 정초(Erstbegründung)"다.71) "실천이성"의 과제는, 비이성을 지양할 때 이성적 활동의 이성적 동기를 인식하고 이에 따라 행위하는 것이다. 죽음은 비이성의 총체다. 그러므로 죽음에 대한 저항은 이성의 "최초의(erst)" 요구며, 이성적 생존의 요구와 합치한다. 이를 통해서 실천이성은 "인간적" 이성이 된다. 그것은 더 이상 잠재적 이성 능력의 소유자들뿐이 아니라 비이성적으로 된 자들에게도 포함된다. 그것은 일찍 맞이하는 죽음이든 자연사든 모든 죽음에 관계한다. 따라서 그것은 "보편적" 실

---

70) H. Ebeling, DiS, 69-70 참조.
71) 실존화용론의 질료적 종말 정초에 관해선 H. Ebeling, NS 56-59 참조. 이성의 최후 정초와 실존적 저항의 종말 정초에 대한 통일로서 기초화용론의 최초 정초에 관해선 H. Ebeling, NS 59-60, 86-90, 173-174, DiS 69-76 참조.

천이성이다. 결국 죽을 운명에 저항하는 이성은 단지 인류와 함께 사라지는 이성처럼 보편적이고 인간적인 실천이성이다.[72] 인간적 실천이성이 인류의 자기 보존의 유일한 매체다. 이성의 사실은 폭력의 사실과 투쟁하기 위해서 작동한다. 죽을 인간들로서의 죽을 인간들의 동일화는 폭력의 사실을 통해 방해받을 것이기 때문에, 이성적 인간들은 저항적 동일화를 달성하도록 결심을 해야 한다. 또한 이런 노력은 이성적으로 규제된 의사 소통 공동체로서의 논증 공동체에서만 가능하다. 이성은 실현될 수 있는 죽음의 보편적 형태로서의 인류 학살에 개입하여 유한한 존재들의 무제한적 의사 소통 공동체를 실현하고자 노력해야 한다. 최소한 죽음을 추방하도록 노력해야 하는 것은 논증 공동체의 최초의 사명이다. 상호 인정의 근본 규범의 타당성은, 죽을 인간들로서의 죽을 인간들의 실존화용론적 동일화의 진실성에서 입증되어 있다. 죽음에 대한 이성의 저항적 동일화는 실존 공동체에서의 동일화의 사실뿐 아니라 논증의 사실도 전제하면서 또한 동시에 이 두 가지 사실들을 죽을 운명에 대한 이성적 저항에서 통합한다.[73] 에벨링은 이성적 저항 능

---

72) H. Ebeling, DiS 74-75 참조.

73) 인간들의 "욕구들과 관심들에 대한 보편화의 적절한 이성의 가능성 조건은 논증 공동체도 의사 소통 공동체도 아니라, 오히려 이성적 인간들과 죽을 인간들의 저항적 동일화의 공동체다. 이성 자체 안에 죽음에 대한 저항 잠재력이 갖추어져 있다." 이에 따라 이성의 사실로서 칸트의 정언적 보편화 원칙을 논증자들의 상호 인정의 규범으로 이해하는 담론 이론가들의 해석과 프로그램을 고려하면서, 에벨링은 "저항적 이성의 충분한 보편화 가능성의 원칙"을 제안한다. "각 타당한 규범은, 죽을 인간들과 보편적 근절에 이성적으로 저항하는 인간들로서— 각 개인들의 관심의 충족을 위한 규범의 보편적 순종으로부터 아마도 결과할 그런 결과들과 부작용들이 모든 저항적으로 죽을 인간들에 의해서 비강제적으로 수용될 수 있다는 조건을 만족시켜야 한다." 또한 이에 맞추어서 그는 "저항적 이성의 담론 윤리적 원칙"도 제안한다. "각 타당한 규범은, 만일 죽음의 테러에 저항하는 모든 인간들이 실천적 담론에만 참여할 수 있다

력의 목표를 행위의 "이상적 기초 가설들(Basisfiktionen)"에서 설명한다.74)

그런데 에벨링은 물론 자신이 생각한 이성을 칸트적 의미에서의 이념들의 능력으로 이해하지만, 저항적 동일화에 대한 이성의 의식, 곧 의식적 존재로서의 이성의 저항 의식을 칸트의 '나는 생각한다'(자기 의식적 통각으로서의 오성)에서 찾는다.75) 저항은 이성의 의식적 존재의 저항이며, 따라서 저항 의식은 곧 자기 의식이다. 칸트의 자기 의식 이론에 대한 선험 철학적 타당성은, 나의 모든 생각들에 동반될 수 있어야 하는 '나는 생각한다'는 것을 논증하는 인간들의 상호 주관적인 '우리는 생각한다'는 것으로 변형하는 데에서 완수될 수 있다. 이때도 논증하는 인간들은 자기 의식, 정확히 말하면 유아론적 의미에서 규정된 자기 의식이 아니라 저항 의식으로서의 자기 의식을 필요로 한다. 물론 또한 '나는 저항한다'는 것은 '우리는 저항한다'는 것으로 이행되어야 한다. 말하자면 '나는 저항한다'는 것에 대한 보편적 요구는 논증을 통해서 완수되어야 한다. 그러나 에벨링에 따르면 자기 의식의 '나는 저항한다'는 것은 본질적으로 이행 불가능한 개별적 저항이다. 그것은 바로 저항하는 인간들의 공동체 안에서 개별적 저항이다. 단지 상호 주관적으로만 정당화될 수 있는 '나는 생각한다'는 것은 항상 '우리는 생각한다'는 것의 대표자로서만 의미 있게 사용될 수 있지만, 그러나 '나는 저항한다'는 것은 원칙적으로 충분하며

면 그들의 동의를 얻을 것이다"(NS 69).

74) H. Ebeling, DiS 75-76 참조.

75) 자기 의식적인 '나는 생각한다'에 관해선 I. Kant, KrV, 특히 B 131-132 참조. 헨리히는 근대 철학의 근본적 구조는 "자기 의식과 자기 보존의 상호 함축성"을 보여주는 주관성의 이론에서 발견될 수 있다고 주장한다(D. Henrich, "Selbsterhaltung und Geschichtlichkeit", 308).

그러기에 '우리는 저항한다'는 것은 항상 '나는 저항한다'는 것의 대표자일 뿐이라는 것이 그의 생각이다.76)

이처럼 에벨링의 기초화용론은 아직 고갈되었다고 결코 말할 수 없는 이성의 의식적 주관의 패러다임을 통하여 기술의 광포와 이를 정신적으로 뒷받침하는 회의주의, 기술과 회의주의가 양산할 수 있는 보편적 죽음에 저항해야 하고 인간의 보편적 자유와 평등의 추구라는 이성의 목표를 실현해야 한다는 윤리적이고 형이상학적 요청을 완수하고자 하는 기획이다. 의식적 존재의 저항 의식은 회의의 독단에서의 이성의 죽음에 저항할 뿐 아니라 유한한 이성적 인간들의 죽음에도 저항하는 이성이다. 이런 지성적 저항 의식은 이성의 본래적 차원, 즉 "자유의 주장"과 "평등의 산출"과 "죽음의 흡수"라는 이상적 목표들을 실현해야 한다는 형이상학적 요청을 자각한다. 이처럼 이성의 본래적이고 이상적인 의미 차원은 실천이성의 목표들의 최종적 차원이며, 철학의 핵심부로서의 형이상학적 윤리학의 장소다. 자유의 주장은 진술들의 이해 가능성에 해당된 "이상적 기초 가설"이고 "책임"이라는 "이상적 기초 연역"을 수반하며, 평등의 산출은 규범의 타당성에 해당되고 "정의"라는 기초 연역을 수반하며, 죽음의 흡수는 진실성에 해당되고 "형제애"라는 기초 연역을 수반한다. 이처럼 자유와 평등의 실현 및 보편적 유한성의 극복이라는 이성의 기초화용론적 이념들, 더구나 규제적 이념들은 실천적 관점에서 칸트 형이상학의 변형이자 칸트 요청론의 수정이다.77)

---

76) H. Ebeling, NS 86-89 참조.

77) H. Ebeling, DiS 77-113 참조. 에벨링이 고려하고 있는 이성의 이상적 의미 차원은 "목적의 왕국"에 대한 칸트의 견해와 밀접한 관계가 있다. 목적의 왕국은 자유롭고 평등한 자립적인 의지 주관들로서의 모든 이성적 인격들이 도덕 법칙에 따라 목적 자체로 대우받아야 하는 "윤리적인 국가"다(I. Kant, VI 94).

5. 맺음말 : 포괄적 합리성의 가능성

오늘날의 이성 비판은 심각할 정도로 확산되고 있다. 심지어 현상들의 합법칙적 체계로서의 자연은 원료의 공급처로만, 인간의 육체는 해부학적 과정의 실험 대상으로만, 환상과 욕구와 감정은 상업적 광고 전략의 동인으로만 허용되고 또한 이러한 점에서만 이성적인 것으로 여겨지기도 한다.78) 이러한 배경 앞에 놓인 오늘날의 합리성 비판은 목적 합리성의 윤리적 편협성뿐 아니라 검증적 비판으로의 담론적 합리성의 역할 제한에도 관계하고 있다. 인간의 이성의 궁극적 한계는 죽음을 극복할 수 없다는 데 있다. 따라서 인간의 이성은 인간의 삶을 위하여 운명적인 죽음에 저항해야 한다. 하이데거의 실존론적 분석론은 죽음을 향한 개별적 실존만을 고려할 뿐 인간의 이성을 과소평가하며, 하버마스와 아펠의 언어화용론은 인간의 유한성을 과소평가하여 무에 직면하는 행위자의 실존을 등한시한다. 그러나 에벨링의 기초화용론은 죽어야 할 운명에 대한 윤리적 저항을 통해 또한 회의의 독단에도 저항함으로써 이성의 무한한 진보를 추구한다. 또한 그것은 보편적 죽음에 대한 저항을 자신의 고유한 죽음에 대한 저항으로 결단하는 인간의 보편적 실존을 주제화하는 실존화용론과도 본질적으로 다르다. 왜냐하면 실존화용론적, 전이성적 저항은 단순히 실존적 가능성만을 위할 뿐 이성의 이상적 의미 차원(자유·평등·유한성의 극복)을 목표로 삼을 수 없기 때문이다. 기초화용론에서 제기된 새로운 패러다임은 지성적 저항 의식으로서의 의식적 존재의 패러다임이다. 이성의 의식적 존재란 에벨링에겐 독단적 회의에 대한 투쟁과 보편적 죽음에 대한 의식적 저항으

---

78) H. Böhme / G. Böhme, *Das Andere der Vernunft*, 13 참조.

로 규정된다. 이와 같이 에벨링의 기초화용론은 결코 아직 고
갈되었다고 말할 수 없는 의식적 주관의 패러다임을 보완하고
이를 통해 전이성적 실존의 패러다임과 이성적 담화의 패러다
임을 통합함으로써, 기술의 광포와 이를 정신적으로 뒷받침하
는 회의주의, 그리고 기술과 회의주의가 양산할 수 있는 보편
적 죽음에 저항하고 인간의 보편적 자유와 평등의 추구라는
실천이성의 목표를 실현하고자 하는 이론이다. 윤리적이고 인
간학적이며 또한 형이상학적인 이론으로서 기초화용론은 하
이데거와 하버마스 및 아펠을 넘어서 다시금 칸트에게로, 그러
나 기초화용론적으로 변형된 형태의 칸트에게로 귀환하자는
의도가 담겨 있다.

그런데 기초화용론에 의해 규정된 의식적 존재의 패러다임
은 포괄적이라고도 말할 수 있는 언어적 이성이다. 즉, 기초화
용론에서 다루어지는 언어적 이성은 담론적 이성을 확대한
"포괄적 합리성(komprehensive Rationalität)"으로도 이해될
수 있다. 이때 '포괄성'이라는 개념은 담론으로부터 도출될 수
없는 이성의 타자(특히 인간의 실존)와 이성적인 관계를 맺음
이라는 의미를 포함한다. 포괄적 합리성은 단순히 양자택일의
방식으로 담론적 합리성과 비합리성에 대해 묻는 것이 아니라,
오히려 담론의 외부에 있는 이성의 타자를 단순히 비이성적인
것으로 배척하지 않으면서 이성의 한계에서 이해한다.79) 이제
이성은 이성의 타자 없이는 자신의 목표를 실현할 수 없지만
그렇다고 이 타자를 자신에 동화시켜서는 안 된다. 이성은 비

---

79) "이성의 수단들을 통해서 이성의 한계들은, 이성 한계의 내부에서 토의되
는 방식으로만 규정될 수 있다. 각 다른 전략은 실로 이성 자체를 포기하는 것
일 것이다"(H. Ebeling, BMV 148). 포괄적 합리성에 관해선 H.-J. Höhn,
"Krise der Moderne - Krise der Vernunft?", 32-37 : 같은 이, "Die Vernunft,
der Glaube und das Nichts", 169 참조.

이성이 드물지 않게 이성의 무한한 진보를 중단시킬 수 있다는 것, 보편적 의사 소통 공동체의 관념만으론 비이성의 실재성을 극복할 수 없다는 것을 이미 알고 있다. 그렇다고 이성은 단적으로 비이성적인 것을 위해 이성의 몰락으로 이어지거나 아니면 언어 행위들의 단순히 형식적인 특징들이나 생활 세계의 단순히 형식적인 질서를 구성하는 것만을 그 자신의 목표로 삼지 않는다. 여기서 에벨링은 의사 소통 행위 가능성의 전담론적 조건들에 주목하면서 이성을 이성의 타자와 관계시킨다. 그리하여 그는 이성의 한계에서 이성과 유한성의 결합을 위한 새로운 이성적인 좌표를 제시한다. 이에 따라 기초화용론의 구체적 관심사는 무제한적 의사 소통 공동체와의 관련 속에서 인간들이 합리적인 방식으로 접근할 수 있는 인간적 실존 차원의 근본 규정들, 즉 이성의 타자의 인간적 의미 차원을 발견하는 것이다. 이것이 에벨링에겐 철학, 더 정확히 말해 윤리학의 기초 이론의 핵심 주제다.

그러나 H. Böhme와 G. Böhme의 지적에서 볼 수 있는 것처럼, 위와 같이 포괄적이라고 말할 수 있는 언어적 이성에 대한 에벨링의 견해도 여전히 이른바 "전체주의적인" 이론이라는 비판이 제기될 수 있다.80) 이러한 비판은 그의 기초화용론의 형이상학적 성격과 관계한다. "왜 우리는 죽음을 개인의 차원이 아니라 상호 주관성의 차원에서 극복해야 하는가" 하는 질문에 대한 근본적인 답변은 그에겐 여전히 형이상학적 전제, 즉 이성의 이상적 의미 차원을 가정할 수밖에 없다. 종교에 대한 확신이 없더라도 최소한 이성의 보편성에 대한 신뢰가 없

---

80) H. Böhme와 G. Böhme는 "포괄적 이성"이라는 개념을 비판한다. 왜냐하면 이 개념에서도 이성에게 또다시 "전체성 요구(Totalitätsanspruch)가 용인되고 있다"고 그들은 생각하기 때문이다(*Das Andere der Vernunft*, 12).

다면 죽음의 상호 주관적 극복에 대한 올바른 문제 제시는 성립할 수 없을 것이다. 그러나 이러한 형이상학적 전제들을 가정하고 제기된 문제는 우선 그 타당성이 증명되어야 한다. 그럼에도 불구하고 에벨링은 그의 기초화용론에서 현대에 확산되고 있는 회의주의의 독단을 극복하고 인간의 보편적 죽음에 의식적으로 저항하며 인간의 자유와 평등의 실천적 이념들을 추구함으로써, 근대성의 종말에 대한 논쟁에서 사람들이 벌써 의식 철학의 종말을 선언하는 것은 시기상조라는 주장을 뒷받침할 수 있는 결정적인 전제들을 제공하고 있다.

□ 참고 문헌

강영안, 『도덕은 무엇으로부터 오는가 : 칸트의 도덕 철학』, 소나무, 2000.

권용혁, 『이성과 사회 : 실천철학 I』, 철학과현실사, 1998.

―――, 「이성과 합리성」, 『철학연구』 제57집, 2002 여름.

김석수, 『칸트와 현대 사회 철학』, 울력, 2005.

김정주, 「칸트의 『순수이성비판』에서의 통각 이론」, 『철학연구』 제42집, 철학연구회, 1998 봄.

―――, 「자기 의식과 시간 의식 : 칸트의 자기 의식 이론과 하이데거의 현상학적 해석」, 『철학』 제55집, 한국철학회, 1998 여름.

―――, 「칸트의 『실천이성비판』에서의 연역」, 『철학』 제61집, 한국철학회, 1999 겨울.

―――, 「데카르트와 칸트의 "Cogito"」, 『칸트연구』 제4집 : 『토마스에서 칸트까지』, 한국칸트학회, 1999년 5월.

―――, 「선험화용론과 철학적 기초 반성」, 『철학연구』 제48집, 철학연구회, 2000 봄.

―――, 『칸트의 인식론』, 철학과현실사, 2001.

―――, 「합리성과 인간성 : 하버마스의 담론 윤리학과 그 한계」, 『범한철학』 제32집, 범한철학회, 2004 봄.

―――, 「칸트의 자기 의식에서 하이데거의 현존재로 : 칸트의 『순수이성비판』에 대한 하이데거의 해석과 관련해서」, 『범한철학』 제37집, 범한철학회, 2005 여름.

―――, 「이성과 상호주관성 : 칸트의 인식 및 도덕 이론과 아펠의 비판적 변형」, 『칸트연구』 제17집, 한국칸트학회, 2006년 6월.

―――, 「연역과 사실 : 칸트의 인식과 도덕 이론에서 연역들에 대한 연구」, 『철학연구』 제79집, 철학연구회, 2007 겨울.

_____, 「한스 에벨링의 기초화용론과 윤리적 기초 반성」,『철학연구』제80집, 철학연
　　　구회, 2008 봄.

_____, 「칸트에서 교육학의 윤리학적 정초에 대한 연구」,『철학연구』제84집, 철학연
　　　구회, 2009 봄.

김　진,『아펠과 철학의 변형』, 철학과현실사, 1998.

맹주만, 「아펠의 선험화용론적 담론 윤리학과 실천이성」,『칸트연구』제18집, 2006년 12월.

문성학,『칸트 윤리학과 형식주의』, 경북대 출판부, 2006.

박찬구,『개념과 주제로 본 우리들의 윤리학』, 서광사, 2006.

박해용,『아펠·철학의 변형』, 울산대 출판부, 2001.

백종현, 「존재와 진리의 토대 : 칸트의 초월적 의식과 하이데거의 현존재」,『칸트연구』
　　　제7집 :『칸트와 현대 유럽 철학』, 200년. 6월.

_____, 「『실천이성비판』연구」,『실천이성비판』(임마누엘 칸트 저·백종현 역)에 수
　　　록, 아카넷, 2002.

이삼열 외(홍윤기 편집),『철학의 변혁을 향하여 : 아펠 철학의 쟁점』, 철학과현실사,
　　　1998.

장춘익 외,『하버마스의 사상 : 주요 주제와 쟁점들』, 나남출판, 1996.

정호근 외,『하버마스 : 이성적 사회의 기획, 그 논리와 윤리』, 나남출판, 1997.

최인숙, 「선험적 종합 명제로서의 칸트의 도덕 원리」,『칸트연구』제2집,『칸트와 윤리
　　　학』, 1996년 12월.

Albert, H., *Traktat über kritische Vernunft*, Tübingen 1968.

Allison, H. E., "The Concept of Freedom in Kant's 'Semi-Critical' Ethics", in : *Archiv
　　　für Geschichte der Philosophie* 68 (1986).

Ameriks, K., "Kant's Deduction of Freedom and Morality", in : *Journal of the History
　　　of Philosophy* 19 (1981).

Apel, K.-O., *Transformation der Philosophie*, 2 Bde., Frankfurt a.M. 1976. [TP I, II]

_____, "Sprechakttheorie und transzendentale Sprachpragmatik zur Frage ethischer
　　　Normen", in : *Sprachpragmatik und Philosophie*, hg. von K.-O. Apel, Frankfurt
　　　a.M. 1976.

_____, "Kant, Hegel und das aktuelle Problem der normativen Grundlagen von
　　　Moral und Recht", in : *Kant oder Hegel? Über Formen der Begründung in der
　　　Philosopohie*, hg. von D. Henrich, Stuttgarter Hegel-Kongreß 1981, Stuttgart
　　　1983.

_____, "Das Problem einer philosophischen These der Rationalitätstypen", in :
　　　Rationalität. Philosophische Beiträge, hg. von H. Schnädelbach, Frankfurt a.M.
　　　1984.

_____, "Grenzen der Diskursethik? Versuch einer Zwischenbilanz", in : *Zeitschrift für philosophische Forschung* 40 (1986), Heft 1.

_____, "Fallibilismus, Konsenstheorie der Wahrheit und Letztbegründung", in : *Philosophie und Begründung*, hg. vom Forum für Philosophie Bad Homburg, Frankfurt a.M. 1987.

_____, "Die Herausforderung der totalen Vernunftkritik und das Programm einer philosophischen Theorie der Rationalitätstypen", in : *Philosophie und Poesie*, hg. von A. Gethmann-Siefert, Stuttgart-Bad Cannstatt 1988.

_____, *Diskurs und Verantwortung. Das Problem des Übergangs zur postkonventionellen Moral*, Frankfurt a.M. 1990. [DV]

_____, "Intersubjektivität, Sprache und Selbstreflexion. Ein neues Paradigma der Transzendentalphilosophie?", in : *Anknüpfen an Kant. Konzeptionen der Transzendentalphilosophie*, hg. von W. Kuhlmann, Würzburg 2001.

Baum, M., *Die transzendentale Deduktion in Kants Kritiken. Interpretation zur kritischen Philosophie*, Köln 1975.

Beck, L. W., *A Commentary on Kant's Critique of Practical Reason*, Chicago 1960.

Beck, U., *Risikogesellschaft. Auf dem Weg in eine andere Moderne*, Frankfurt a.M. 1986.

Berger, J. (Hg.), *Die Moderne - Kontinuitäten und Zäsuren*, Göttingen 1986.

Böhler, D., "Philosophischer Diskurs im Spannungsfeld von Theorie und Praxis", in : *Funkkolleg Praktische Philosophie / Ethik. Studien Texte* Bd. 2, hg. von K.-O. Apel u.a., Weinheim / Basel 1984.

_____, Das solipsistisch-intuitionistische Konzept der Vernunft und des Verstehens. Traditionskritische Bemerkungen", in : *Zeitschrift für philosophische Forschung* 38 (1984).

_____, *Rekonstruktive Pragmatik. Von der Bewußtseinsphilosophie zur Kommunikationsreflexion : Neubegründung der praktischen Wissenschaften und Philosophie*, Frankfurt a.M. 1985.

_____ u.a. (Hg.), *Die pragmatische Wende. Sprachspielpragmatik oder Transzendentalpragmatik?*, Frankfurt a.M. 1986.

Böhme, H. / Böhme, G., *Das Andere der Vernunft. Zur Entwicklung von Rationalitätsstrukturen am Beispiel Kants*, Frankfurt a.M. [3]1996.

Brandt, R., "Der Zirkel im dritten Abschnitt von Kants *Grundlegung zur Metaphysik der Sitten*", in : *Kant. Analysen, Probleme, Kritik*, hg. von H. Oberer / G. Seel, Würzburg 1988.

_____, "Habermas und Kant", in : *Deutsche Zeitschrift für Philosophie* 50 (2002).

Bubner, R., *Modern German Philosophy*, tr. by E. Matthews, Cambridge 1981.

Dahlstrom, D. O., "Heidegger's Kant-Courses at Marburg", in : *Reading Heidegger from the Start. Essays in his earliest thought*, ed. by T. Kisiel and J. v. Buren, Albany 1994.

Detel, W., "Zur Funktion des Schematismuskapitels in Kants Kritik der reinen Vernunft", in : *Kant-Studien* 69 (1978).

Düsing, K., "Das Problem des höchsten Gutes in Kants praktischen Philosophie", in : *Kant-Studien* 62 (1971).

_____, "Objektive und subjektive Zeit. Untersuchung zu Kants Theorie und zu ihrer modernen kritischen Rezeption", in : *Kant-Studien* 71 (1980).

_____, *Hegel und die Geschichte der Philosophie. Ontologie und Dialektik in Antike und Neuzeit*, Darmstadt 1983.

_____, "Constitution and Structure of Self-Identity. Kant's Theory of Apperception and Hegel's Criticism", in : *Midwest Studies in Philosophy* 8 (1983).

_____, "Cogito, ergo sum? Untersuchungen zu Descartes und Kant", in : *Wiener Jahrbuch für Philosophie* 19 (1987).

_____, "Selbstbewußtseinsmodelle. Apperzeption und Zeitbewußtsein in Heideggers Auseinandersetzung mit Kant", in : *Zeiterfahrung und Personalität*, hg. vom Forum für Philsophie Bad Homburg, Frankfurt a.M. 1992.

_____, "Typen der Selbstbeziehung. Erörterung im Ausgang von Heideggers Auseinandersetzung mit Kant", in : *Systeme im Denken der Gegenwart*, hg. von H.-D. Klein, *Studien zum System der Philosophie* Bd. 1, Bonn 1993.

_____, *Selbstbewußtseinsmodelle. Moderne Kritiken und systematische Entwürfe zur konkreten Subjektivität*, München 1997.

_____, "Spontaneität und Freiheit in Kants praktischer Philosophie", in : (K. Düsing) *Subjektivität und Freiheit. Untersuchungen zum Idealismus von Kant bis Hegel*, Stuttgart-Bad Cannstatt 2002.

_____, "Kants Ethik in der Philosophie der Gegenwart", in : *Warum Kant heute? Systematische Bedeutung und Rezeption seiner Philosophie in der Gegenwart*, hg. von K. Engelhard / D. H. Heidemann, Berlin 2003.

_____, *Fundamente der Ethik. Unzeitgemäße typologische und subjektivitäts-theoretische Untersuchungen*, Stuttgart-Bad Cannstatt 2005.

Ebeling, H., *Die ideale Sinndimension. Kants Faktum der Vernunft und die Basis-Fiktionen des Handelns*, Freiburg / München 1979. [DiS]

_____, *Freiheit-Gleichheit-Sterblichkeit. Philosophie nach Heidegger*, Stuttgart 1982.

_____, *Rüstung und Selbsterhaltung*, Paderborn 1983.

_____, *Gelegentlich Subjekt. Gesetz : Gestell : Gerüst*, Freiburg / München 1983. [GS]

_____, "Betroffenheit, Mitleid und Vernunft", in : *Funkkolleg Praktische Philosophie Ethik*, hg. v. K.-O. Apel u.a., *Dialoge* Bd. 2, Frankfurt a.M. 1984. [BMV]

_____, *Vernunft und Widerstand. Die beiden Grundlagen der Moral*, Freiburg/München 1986. [VW]

_____, *Das Verhängnis. Erste Philosophie*, Freiburg/München 1987.

_____, *Neue Subjektivität. Die Selbstbehauptung der Vernunft*, Würzburg 1990. [NS]

Engelhard, K./Heidemann, D. H. (Hg.), *Warum Kant heute? Systematische Bedeutung und Rezeption seiner Philosophie in der Gegenwart*, Berlin 2003.

Gebauer, R., *Letzte Begründung. Eine Kritik der Diskursethik von Jurgen Habermas*, München 1993.

Guggenberger, B., *Sein oder Design. Zur Dialetik der Abklärung*, Berlin 1987.

Haag, K. H., *Der Fortschritt in der Philosophie*, Frankfurt a.M. [2]1985.

Habermas, J., *Theorie des kommunikativen Handelns*, 2 Bde., Frankfurt a.M. 1981. [TkH I, II]

_____, *Zur Rekonstruktion des Historischen Materialismus*, Frankfurt a.M. [3]1982.

_____, *Moralbewußtsein und kommunikatives Handeln*, Frankfurt a.M. 1983. [MkH]

_____, *Der philosophische Diskurs der Moderne. Zwölf Vorlesungen*, Frankfurt a.M. [3]1986. [DM]

_____, *Vorstudien und Ergänzungen zur Theorie des kommunikativen Handelns*, Frankfurt a.M. [3]1989. [VE]

_____, *Erläuterungen zur Diskursethik*, Frankfurt a.M. 1991. [ED]

_____, *Die Moderne – ein unvollendetes Projekt*, Leipzig 1995.

Hegel, G. W. F., *Gesammelte Werke*, hg. im Auftrag der Deutschen Forschungsgemeinschaft, Bd. 4, Hamburg 1968.

Heidgger, M., *Logik. Die Frage nach der Wahrheit*, [1925/26년 겨울학기 강의], *Martin Heidegger Gesamtausgabe* [GA] Bd. 21, hg. von W. Biemel, Frankfurt a.M. 1976. [L]

_____, *Sein und Zeit*, [1927년 봄 초판], Tübingen [12]1972. [SZ]

_____, *Die Grundprobleme der Phänomenologie*, [1927년 여름학기 강의], GA Bd. 24, hg. von F.-W. von Herrmann, Frankfurt a.M. 1975. [GP]

_____, *Phänomenologische Interpretation von Kants Kritik der reinen Vernunft*, [1927/28년 겨울학기 강의], GA Bd. 25, hg. von I. Görland , Frankfurt a.M. 1977. [PIK]

_____, *Kant und das Problem der Metaphysik*, Bonn 1929. [KPM]

_____, *Die Frage nach dem Ding. Zu Kants Lehre von den transzendentalen Grundsätzen*, [1935/36년 겨울학기 강의], Tübingen 1962. [FD]

_____, *Kants These über das Sein, in: Martin Heidegger, Wegmarken*, Frankurt a.M. 1962. [KTh]

Hennig, R., "Die Sozialethik vor den Herausforderungen heute: Was kann sie, was kann sie nicht leisten?", in : *Alternative Ökonomie*, hg. von A. Rauscher, Köln 1982.

Henrich, D., "Über die Einheit der Subjektivität", in : *Philosophische Rundschau* 3 (1955).

_____, "Der Begriff der sittlichen Einsicht und Kants Lehre vom Faktum der Vernunft", in : *Die Gegenwart der Griechen im neueren Denken*, Festschrift für H.-G. Gadamer, Tübingen 1960.

_____, "Das Problem der Grundlegung der Ethik bei Kant und im spekulativen Idealismus", in : *Sein und Ethos. Untersuchungen zur Grundlegung der Ethik*, hg. von Paulus Engelhardt OP, Mainz 1963.

_____, "Fichtes ursprüngliche Einsicht", in : *Subjektivität und Metaphysik*, hg. von D. Henrich u.a., Frankfurt a.M. 1966.

_____, "Die Beweisstruktur von Kants transzendentaler Deduktion", in : *Kant. Zur Deutung seiner Theorie von Erkennen und Handeln*, hg. von G. Prauss, Köln 1973.

_____, "Die Deduktion des Sittengesetzes. Über die Gründe der Dunkelheit des letzten Abschnitts von Kants *Grundlegung zur Metaphysik der Sitten*", in : *Denken im Schatten des Nihilismus*, hg. von A. Schwan, Darmstadt 1975.

_____, "Selbsterhaltung und Geschichtlichkeit", in : *Subjektivität und Selbsterhaltung. Beiträge zur Diagnose der Moderne*, hg. von H. Ebeling, Frankfurt a.M. 1976.

_____, *Identität und Objektivität. Eine Untersuchung über Kants transzendentale Deduktion*, Heidelberg 1976.

_____, "Zwei Theorie zur Verteidigung von Selbstbewußtsein", in : *Grazer Philosophische Studien* 7/8 (1979).

_____ (Hg.), *Kant oder Hegel? Über Formen der Begründung in der Philosophie*, Stuttgarter Hegel-Kongreß 1981, Stuttgart 1983.

_____, "Die Identität des Subjekts in der transzendentalen Deduktion", in : *Kant. Analysen, Probleme, Kritik*, hg. von H. Oberer / G. Seel, Würzburg 1988.

_____, "Kant's Notion of a Deduction and the Methodological Background of the First *Critique*", in : *Kant's Transcendental Deductions. The Three "Critiques" and the "Opus postumum"*, ed. by E. Förster, Stanford 1989.

_____, "Self-consciousness and Speculative Thinking", in : *Figuring the self. Subject, absolute, and others in classical German philosophy*, hg. von D. E. Klemm / G. Zoller, New York 1997.

Hiltscher, R., *Kant und das Problem der Einheit der endlichen Vernunft*, Würzburg 1987.

Höhn, H.-J., "Krise der Moderne – Krise der Vernunft? Motive und Perspektiven der aktuellen Zivilisationskritik", in : *Zeitschrift für katholische Theologie* 109

(1987).

_____, "Sozialethik im Diskurs. Skizzen zum Gespräch zwischen Diskursethik und Katholischer Soziallehre", in : *Habermas und die Theologie. Beiträge zur theologischen Rezeption, Diskussion und Kritik der Theorie kommunikativen Handelns*, hg. von E. Arens, Düsseldorf ²1989.

_____, "Vernunft-Kommunikation-Diskurs. Zu Anspruch und Grenze der Transzendentalpragmatik als Basistheorie der Philosophie", in : *Freiburger Zeitschrift für Philosophie und Theologie* 36, Freiburg, Schweiz 1989.

_____, "Die Vernunft, der Glaube und das Nichts. Zur Rationalität christlicher Existenzhermeneutik", in : *Theologie, die an der Zeit ist. Entwicklungen, Positionen, Konsequenzen*, hg. von 같은 이, Paderborn u.a. 1992.

Holenstein, E., *Menschliches Selbstverständnis. Ichbewußtsein - Intersubjektive Verantwortung - Interkulturelle Verständigung*, Frankfurt a.M. 1985.

Honneth, A., *Kritik der Macht. Reflexionsstufen einer kritischen Gesellschaftstheorie*, Frankfurt a.M. 1985.

Hoppe, H. G., "Wandlungen in der Kant-Auffassungen Heideggers", in : *Durchblicke. M. Heideggers zum 80. Geburtstag*, Frankfurt a.M. 1970.

Hösle, V., "Die Krise der Gegenwart und die Verantwortung der Philosophie", in : *Transzendentalpragmatik, Letztbegründung, Ethik*, München 1990.

Kant, I., *Kritik der reinen Vernunft* :『순수이성비판』, hg. von R. Schmidt, Hamburg 1971 — [KrV] 의 초판(1781)과 재판(1787)은 [A]와 [B]로 표기됨.

_____, *Prolegomena zu einer jeden künftigen Metaphysik, die als Wissenschaft wird auftreten können* :『형이상학 서론』, hg. von K. Vorländer, Hamburg 1969. [Prol.]

_____, *Grundlegung zur Metaphysik der Sitten* :『도덕형이상학 정초』, hg. von K. Vorländer, Hamburg 1965. [GMS]

_____, *Kritik der praktischen Vernunft* :『실천이성비판』, hg. von K. Vorländer, Hamburg 1974. [KpV]

_____, *Kritik der Urteilskraft* :『판단력비판』, hg. von K. Vorländer, Hamburg 1974. [KdU]

_____, *Kant's gesammelte Schriften* :『칸트 전집』, hg. von der Preußischen (Deutschen) Akademie der Wissenschaften, Berlin 1902~.

_____, *Die Religion innerhalb der Grenzen der bloßen Vernunft*,『칸트 전집』 VI. [Rel.]

_____, *Immanuel Kant's Logik : ein Handbuch zu Vorlesungen*,『칸트 전집』 IX. [『논리학』]

_____, *Über Pädagogik*,『칸트 전집』 IX. [Päd.]

_____, *Reflexionen*,『칸트 전집』 XVIII. [Refl.]

_____, *Logik Pölitz*, 『칸트 전집』 XXIV-2. [『논리학 Pölitz』]

Kaulbach, F., *Immanuel Kants "Grundlegung zur Metaphysik der Sitten". Interpretation und Kommentar*, Darmstadt 1988.

Kimmerle, G., *Kritik der identitätslogischen Vernunft. Untersuchung zur Dialektik der Wahrheit bei Descartes und Kant*, Königstein 1982.

Kopperschmidt, J., *Sprache und Vernunft*, Bd. 1, Stuttgart 1978.

Korsgaard, C. M., *Creating the Kingdom of Ends*, Cambridge / New York : Cambridge UP, 1996 - 김양현 · 강현정 역, 『목적의 왕국 : 칸트 윤리학의 새로운 도전』, 철학과현실사, 2007.

Kuhlmann, W., *Reflexive Letztbegründung. Untersuchungen zur Transzendentalpragmatik*, Freiburg / München 1985.

_____, "Philosophie und rekonstruktive Wissenschaft. Bemerkungen zu Jürgen Habermas' Theorie des kommunikativen Handelns", in : *Zeitschrift für Philosophische Forschung* 40 (1986).

_____, *Kant und die Transzendentalpragmatik*, Würzburg 1992.

_____, *Sprachphilosophie, Hermeneutik, Ethik. Studien zur Transzendentalpragmatik*, Würzburg 1992.

Lafont, C., "Realismus und Konstruktivismus in der kantianischen Moralphilosophie. Das Beispiel der Diskursethik", in : *Deutsche Zeitschrift für Philosophie* 50 (2002).

Landmeier, R., *Wissen und Macht. Studien zur Kritik der naturbeherrschenden und sozialtechnologischen Vernunft*, Münster 1986.

Locke, J., *An Essay Concerning Human Understanding, in : The Works of John Locke*, London 1823, reprinted Darmstadt 1963.

Luków, P., "The Fact of Reason. Kant's Passage to Ordinary Moral Knowledge", in : *Kant-Studien* 84 (1993).

Lumer, Chr., "Habermas' Diskursethik", in : *Zeitschrift für philosophische Forschung* 51 (1997).

Natorp, P., *Einleitung in die Psychologie nach kritischer Methode, Freiburg* i.Br. 1888.

Paton, H. J., *Kant's Metaphysics of Experience. A Commentary of the First Half of the "Kritik der reinen Vernunft"*, 2 vols., London [4]1965 : [1]1936.

_____, *The Categorical Imperative. A Study in Kant's Moral Philosophy*, Chicago 1948.

Pöggeler, O., *Der Denkweg Martin Heideggers*, Pfullingen [2]1983.

Prauss, G., *Kant über Freiheit als Autonomie*, Frankfurt a.M. 1983.

Rawls, J., *Lectures on the History of Moral Philosophy*, ed. by B. Herman, Cambridge / Mass. / London 2000.

Reese-Schäfer, W., *Karl-Otto Apel zur Einführung*, Hamburg 1990.

Reich, K., *Rousseau und Kant*, Tübingen 1936.

_____, "Die Tugend in der Idee. Zur Genese von Kants Ideenlehre", in : *Festschrift für J. König*, Göttingen 1964.

Schnädelbach, H., "Transformation der kritischen Theorie", in : *Kommunikatives Handeln*, Frankfurt a.M 1986.

_____, "Über Rationalität und Begründung", in : *Philosophie und Begründung*, hg. vom Forum für Philosophie Bad Homburg, Frankfurt a.M. 1987.

Schönecker, D., "Die 'Art von Zirkel' im dritten Abschnitt von Kants *Grundlegung zur Metaphysik der Sitten*, in : *Allgemeine Zeitschrift für Philosophie* 22 (1997).

Spaemann, R., "Funktionale Religionsbegründung und Religion", in : *Die religiöse Dimension der Gesellschaft. Religion und ihre Theorien*, hg. von P. Koslowski (*Civitas Resultate* 8), Tübingen 1985.

_____, "Religion und 'Tatsachenwahrheit'", in : *Wahrheitsansprüche der Religion heute*, hg. von W. Oemüller (*Religion und Philosophie* 2), Paderborn 1986.

Wagner, H., "Der Argumentationsgang in Kants Deduktion der Kategorien", in : *Kant-Studien* 71 (1980).

Wandschneider, D., "Der Begriff praktischer Vernunft in objektivistischer, formalistischer und kognitivistischer Verkürzung", in : *Zeitschrift für philosophische Forschung* 31 (1977).

Weizenbaum, J., *Die Macht der Computer und die Ohnmacht der Vernunft*, Frankfurt a.M. 1978.

Wellmer, A., *Ethik und Dialog. Elemente des moralischen Urteils bei Kant und in der Diskursethik*, Frankfurt a.M. 1986.

□ 찾아보기

□ 김 정 주 ───────────────

한국외국어대 중국어과를 졸업하고 서울대 철학과에서 석사 학위를 받았으며,
동대학 박사 과정 중 독일로 유학하여 쾰른대에서 『칸트의 "순수이성비판"에서
선험적 도식론』으로 박사 학위를 받았다. 호남신학대 연구 교수를 거쳐 지금은
전남대와 광주교육대, 호남신학대에서 강의하고 있다. 주요 논문으로는 「칸트에
서 교육학의 윤리학적 정초에 대한 연구」, 「이성의 사실과 도덕적 구성주의의
정당화 : 칸트와 롤즈의 도덕적 정당화에 대한 연구」, 「한스 에벨링의 기초화용론
과 윤리적 기초 반성」, 「연역과 사실 : 칸트의 인식과 도덕 이론에서 연역들에 대한
연구」 등이 있으며, 저서로는 『칸트의 인식론』(2002년 대한민국학술원 선정 우수
학술도서)이 있다.

판 권

이성과 윤리학
....
초판 1쇄 인쇄 / 2009년 5월 25일
초판 1쇄 발행 / 2009년 5월 30일
■
지은이 / 김정주
펴낸이 / 전춘호
펴낸곳 / 철학과현실사
서울특별시 종로구 동숭동 1 - 45
전화 02 - 579 - 5908~9
■
등록일자 / 1987년 12월 15일(등록번호 제1 - 583호)
■
ISBN 978-89-7775-690-8 03190
*잘못된 책은 바꾸어 드립니다.
값 13,000원